《四大检察文库》编委会

主　任：童建明

副主任：潘毅琴

委　员：（按姓氏笔画排列）

　　　　万　春　马怀德　王　轶　王利明　卞建林
　　　　龙宗智　朱孝清　刘仁文　汤维建　孙　谦
　　　　苏德良　杨春雷　张守文　张志杰　张雪樵
　　　　陈兴良　陈国庆　宫　鸣　韩大元

四大检察文库

民法典实施背景下民事诉讼精准监督研究

冯小光 刘 霞 滕艳军 刘 卉
李大扬 赵 格 戴哲宇 刘丽娜 / 著

2020年度最高人民检察院检察理论研究重点课题研究成果

中国检察出版社

图书在版编目（CIP）数据

民法典实施背景下民事诉讼精准监督研究／冯小光等著 . —北京：中国检察出版社，2022.3
ISBN 978－7－5102－2457－7

Ⅰ.①民… Ⅱ.①冯… Ⅲ.①民事诉讼－司法监督－研究－中国 Ⅳ.①D926.4

中国版本图书馆 CIP 数据核字（2021）第 177436 号

民法典实施背景下民事诉讼精准监督研究
冯小光　等著

责任编辑：王伟雪
技术编辑：王英英
美术编辑：曹　晓

出版发行：中国检察出版社
社　　址：北京市石景山区香山南路 109 号（100144）
网　　址：中国检察出版社（www.zgjccbs.com）
编辑电话：（010）86423707
发行电话：（010）86423726　86423727　86423728
　　　　　（010）86423730　86423732
经　　销：新华书店
印　　刷：河北宝昌佳彩印刷有限公司
开　　本：710 mm×960 mm　16 开
印　　张：14.75　插页 4
字　　数：198 千字
版　　次：2022 年 3 月第一版　2022 年 12 月第二次印刷
书　　号：ISBN 978－7－5102－2457－7
定　　价：68.00 元

检察版图书，版权所有，侵权必究
如遇图书印装质量问题本社负责调换

作者简介

◇ 冯小光　最高人民检察院检察委员会委员、最高人民检察院第六检察厅厅长，法学博士
◇ 刘　霞　最高人民检察院第六检察厅副厅长（挂职），新疆生产建设兵团人民检察院党组成员、副检察长，法学硕士
◇ 滕艳军　最高人民检察院第六检察厅办公室副主任，法学硕士
◇ 刘　卉　最高人民检察院第六检察厅检察官助理，法学博士
◇ 李大扬　最高人民检察院第六检察厅检察官助理，法学硕士
◇ 赵　格　最高人民检察院第六检察厅检察官助理，法学硕士
◇ 戴哲宇　最高人民检察院第六检察厅检察官助理，中央财经大学法学院博士研究生
◇ 刘丽娜　山西省人民检察院第六检察部检察官，法学博士

《四大检察文库》出版说明

在第二个百年奋斗目标新征程中,面对社会主要矛盾转化,面对人民群众在民主、法治、公平、正义、安全、环境等方面更高层次、更丰富内涵的需求,检察机关要以更加强有力的履职,推进"四大检察""十大业务"全面协调充分发展,进而以自身高质量发展服务保障经济社会高质量发展。在这艰巨而复杂的过程中,一系列重大命题等待实践者去探索、去破解,一系列重大理论问题等待研究者去总结、去回应。可以说,党绝对领导下的检察事业90年辉煌历程中,从来没有像今天这样对理论武装需求如此迫切!

为深入贯彻落实《中共中央关于加强新时代检察机关法律监督工作的意见》,切实肩负起加强新时代检察理论研究的重任,助推检察工作高质量发展,经高检院党组批准,我们设立专项资金支持检察著作出版,推出《四大检察文库》系列丛书。《四大检察文库》旨在深入研究四大检察中丰富的实践和理论问题,特别是其中的新思想、新理念、新问题、新举措、新成效。基本要求是:

一是坚持以习近平新时代中国特色社会主义思想、习近平法治思想武装头脑、指导研究。坚持用马克思主义立场、观点、方法分析和解决检察工作发展中的问题，以创新发展的检察理论，发出新时代检察最强音，推动、引领中国特色社会主义法治道路自信、理论自信、制度自信、文化自信。

二是聚焦四大检察实践中的前沿、重大、复杂问题。围绕检察实践中的基础性、全局性、重大性、复杂性问题，反映四大检察重大实践创新成果，力求在解决重大理论问题和现实问题、推进检察理论和检察实践发展中具有重大指导意义。

三是理论联系实际。坚持以人民为中心的研究方向，着眼于人民群众关心关注的检察实践问题，回应人民群众的普遍关注问题，解决检察人员、司法人员的困惑、难处，推理严密，论证充分，文字畅达，具有较强的原创性、理论性和实用性。

高检院对《四大检察文库》系列丛书的出版高度重视，专门成立编辑委员会，常务副检察长童建明担任编辑委员会主任，政治部主任潘毅琴担任编辑委员会副主任，其他院领导、检委会专职委员和专家学者担任委员，对作品质量予以把关。

《四大检察文库》的出版得到了理论界与实务界的广泛关注和大力支持，得到了全国广大检察人员的积极参与。我们对社会各界给予的关注和厚爱表示衷心感谢。希望《四大检察文库》能够成为荟萃优秀作品的开放平台，慧聚更多名家大腕、实务精英，共同推动检察理论研究深入发展，推进中国特色社会主义检察事业不断走向新境界，为服务保障第二个百年目标实现作出应有的贡献！

中国检察出版社
2022 年 1 月

总序

以习近平法治思想指引检察理论研究
为检察工作高质量发展提供理论支撑

近年来，全国检察机关坚持以习近平新时代中国特色社会主义思想为指导，深入学习贯彻党的十九大和十九届历次全会精神，认真学习贯彻习近平法治思想，紧紧围绕党中央关于全面依法治国重大决策部署，紧盯事关检察事业长远发展的主要矛盾和突出问题，不断加强和深化检察理论研究，研究的广度深度不断拓展、成果不断丰富、力量不断壮大，为新时代检察工作创新发展提供了有力理论支持。问题是工作的导向。对照以检察工作自身高质量发展服务保障经济社会高质量发展的目标要求，检察理论研究总体还是跟不上，理论供给与实践需求不适应，理论研究工作发展不平衡。做好新发展阶段的检察理论研究工作，根本要在习近平法治思想指引下，以高度的政治自觉、法治自觉、检察自觉，持续深化、更新理念，锚定正确研究方向，围绕服务高质量发展的目标，切实找准理论研究的着力点和切入点，更加积极主动担当作为，服务、引领与时代同步蓬勃发展的检察实践。

一、检察工作身处"变局"之中，检察理论研究必须跟上、适应进而走向引领

习近平总书记深刻指出，实践没有止境，理论创新也没有止

境。当前，我国正值全面建设社会主义现代化国家开局起步之时，又逢百年变局和世纪疫情交织叠加，经济社会发展内部条件和外部环境都在发生深刻复杂变化。尤其是进入新发展阶段，面对高质量发展对高水平法治保障的要求，面对人民群众在民主、法治、公平、正义、安全、环境等方面更趋多元多样的需求，法治产品、检察产品"好不好"的问题更鲜明、更突出摆在我们面前。

理论是实践的先导、行动的指南。习近平总书记强调："要坚持实践第一的观点，不断推进实践基础上的理论创新。"形势、环境、任务、要求的变化，使得检察工作比以往任何时候都更需要理论上的支持，以引领、助力检察人准确识变、科学应变、主动求变。越是实践中急需解决的问题，越要在理论上作出回答。必须看到，近些年来，在习近平法治思想指引下，司法检察工作快速发展，步幅更大、影响深远。相应的理论总结、阐释、研究远未跟上！比如，适应国家治理体系和治理能力现代化要求，深化认罪认罚从宽制度检察适用、公益诉讼检察、行政争议实质性化解等工作；针对网络犯罪持续攀升，最高检专设惩治网络犯罪指导组，促进网络综合治理；组建知识产权检察办公室，开展知识产权刑事、民事、行政三位一体综合司法保护试点；依法有序推进涉案企业刑事合规试点，促进"严管"制度化，不让"厚爱"被滥用；改版检察指导性案例，既指导办案又向社会释法；推行"案－件比"质效评价标准，完善检察人员"全员、全面、全时"考核机制，促进监督办案求极致，等等。所有这些，作为检察新实践、新举措，社会广泛认同、效果良好。怎样理解这些工作创新是时代大背景下的"应运而生"？怎样做到持续、深化发展？迫切需要从理论上去总结、阐释、论证。

检察理论研究工作存在的不足，根本还是认识问题、观念问题，没有认清检察理论研究肩负的责任，没有认清理论滞后与实践创新之间的脱节，是更深层、更实质的"跟不上""不适应"！问题表现在面上，根子在思想、头脑里。一定要正视问题所在、认清责任所在，关键就在"关键少数"！"关键少数"的认识跟不上，因此组织、推动理论研究工作跟不上。《最高人民检察院关于加强和改进新时代检察理论研究工作的意见》强调，"要鼓励研究能力强的同志积极参加年会、培训、申报课题和案例分析研讨。对于高层次检察理论研究人才，可以采取推荐研修、支持在检察学研究会任职、参加科研成果评奖等方式，为其提供锻炼机会和展示平台。在干部选拔任用、考核中，要把是否有研究能力作为选任领导干部、遴选检察官、择优晋升检察官等级的重要参考，把检察理论研究成果作为衡量检察人员绩效的一个重要方面"。这些要求在落实中还有许多不足，营造更好的检察理论研究氛围还远远不够！各级检察院领导都应当以习近平法治思想为指引，进一步增强深化检察理论建设的政治自觉、法治自觉、检察自觉，组织广大检察人与专家学者们携手，高度重视、积极开展检察理论研究，进而引导检察实践产出更优法治产品、检察产品，更好地为全面建设社会主义现代化国家提供更有力服务、保障。

二、深入学习贯彻习近平法治思想，深刻把握新时代检察理论研究的正确方向

习近平法治思想是做好检察工作的根本遵循，是检察理论研究的根本指引。要坚持以习近平法治思想为指引，让检察理论研究始终沿着正确道路前行、发展！

深刻把握检察理论研究的政治性。检察工作是政治性极强的业务工作，也是业务性极强的政治工作。检察理论研究是检察工作的重要组成部分，必须旗帜鲜明讲政治，深入学习领会"两个确立"的决定性意义，不断增强"四个意识"、坚定"四个自信"、做到"两个维护"，从理论上深刻领悟为什么必须坚持党对检察工作绝对领导、怎样更好地捍卫党的领导。抓检察理论建设，首先必须把握根本、认清本质，坚定中国特色社会主义道路自信、理论自信、制度自信、文化自信，坚定不移走中国特色社会主义法治道路。要不断提高政治判断力、政治领悟力、政治执行力，坚持正确政治方向，始终自觉用习近平法治思想指引检察理论研究，始终自觉围绕中国特色社会主义法治体系建设认识、研究、解决重大检察理论和实践问题，形成独具特色、符合中国特色社会主义法治规律的检察理论体系。对鼓吹西方所谓"宪政""三权鼎立""司法独立"等错误思潮和言论，要敏于辨识其本质、要害所在，旗帜鲜明抵制、有力有效批驳，坚决维护理论研究领域意识形态安全。

深刻把握检察理论研究的人民性。坚持以人民为中心，是贯穿习近平法治思想的根本政治立场。人民检察为人民，必须把以人民为中心贯穿检察工作包括检察理论研究全过程。经济社会发展、人民群众根本利益对检察工作的需求，就是检察理论研究的着力点、动力源。比如，杭州"取快递女士被造谣出轨案"。网络时代侮辱诽谤的危害、对名誉权的保护能和几封信、小字报、口口相传的过去一样吗？新时代、新发展阶段，老百姓维权门槛那么高、违法犯罪成本那么低，人民群众何以感受公平正义？检察机关推动自诉转公诉，不少法学专家撰文予以理论上的阐释，这就是对检察工作直接、强有力的支持，更是对中国特色社会主义法治、司法的促进！检察人更应该自觉、深入从理论上加以探讨、研究！经此一案，产生一批理论成果，今后再遇到类似案件，依法公诉不就顺理成章了吗？再比如，最高检将人民群众的诉讼体验、当事人的实际感受纳入案件质量评价指标体系，研究提出"案-件比"质效评价标准，根本是为了满足新时代人民群众对司法公正的更高要求！"案-件比"的实证分析、研究成果已经有不少，学理、法理研究还要跟上，深入阐释"案-件比"的政治、社会、法治意义。

深刻把握检察理论研究的系统性。习近平总书记强调，全面依法治国是一个系统工程，要整体谋划，更加注重系统性、整体性、协同性。加强检察理论研究也要强化系统观念，跳出检察研究检察。要深入思考和研究，在党和国家工作大局中，在国家治理大格局中，在中国特色社会主义法治体系中，检察工作、检察制度处于什么样的位置，应该发挥怎样的作用，践行中还有哪些差距、怎样跟上、进而引领？等等。检察机关办理的每一起案件，都事关人民权益。越是贴近百姓生活的"小案"，越能让老百姓体会到司法的公平正义；越是发生在群众身边的"小案"，越关涉人心向背这个最大的政治。要深入研究检察监督办案与厚植党的执政基础的关系，从理论上探析、深化办案与民生、办案与民心的内在联系，用理论引领、推动检察办案融通法理情，更加自觉助力实现监督办案"三个效果"的统一。随着经济社会关系更趋多元复杂，涉案刑事、民事、行政法律关系往往相互交织，对"四大检察"的理论研究要有系统思维，研究某项业务要系统地考虑关联效果，不能孤立地、局部地看问题；不仅"四大检察"之间要融通，而且应当将司法与行政执法乃至整个法治建设相融通，才能更好地促进检察职能的发展，促进党和国家法治事业的发展。

三、准确把握检察理论研究重点，助推检察工作高质量发展

新发展阶段、新的征程中，要紧扣推动检察工作高质量发展这一目标，紧密结合党和国家工作大局和检察中心、重点工作，

坚持理论联系实际，坚持问题导向，切实找准检察理论研究的着力点和切入点，在检察实践中彰显、检验理论的指导作用。

深化对人民检察制度、规律和历史经验的研究。百年发展历程，我们党始终在探索运用马克思主义关于国家与法的理论指导人民民主专政政权建设。人民检察制度发展历史脉络、规律经验的深入研究基础扎实，已形成一批重要成果。但相对于中国特色社会主义国家与法的制度建设，特别是进入新时代新发展阶段，"有法可依"问题总体解决后，"有法必依、执法必严、违法必究"问题对中国特色社会主义司法检察制度提出的新课题、形成的新考验，我们从历史中总结规律、寻找方法还不够。一些时候，有的检察工作是在推着干、干着看的"必然王国"中游历，与时代的发展，与人民群众对民主、法治、公平、正义、安全、环境等更高水平的要求不相适应。比如，随着时代发展，法律监督的内涵、外延应有怎样的发展、深化？人民检察独特的成长背景、制度特征，与其他国家检察制度根本区别在哪里，共性发展规律、可以相互借鉴的有哪些？又比如，法律监督与侦查、审判、监察机关之间相互配合、相互制约的关系该如何认识、正确把握？什么是监督？什么是办案？如何更加自觉、自如地做到在办案中监督、在监督中办案？回答好这样的时代之问、发展之问，对检察机关法律监督的功能和定位，对中国特色社会主义检察制度内涵、本质的认识就更深一层，投身人民检察事业发展、人民检察制度成熟定型的"自由王国"就更进一步。为此，必须紧密结合百年党史和党绝对领导下的90年人民检察史加以研究、把握，在历史演进中寻找发展脉络，系统探究我国检察制度发展规律、检察职权配置规律和检察活动基本规律，以更好地认识、把握中国特色社会主义根本制度和发展规律，为建成富强、民主、文明、和谐、美丽的社会主义现代化国家作出中国特色社会主义检察制度和检察人的贡献。

深化对检察实践创新和发展的研究。实践每向前推进一步，理论支撑就要跟进一步。落实认罪认罚从宽制度，法律有明确规定，实践中取得很好的效果。要深化这个领域的理论研究，通过理论认同进一步形成实践共识。民法典实施赋予检察机关更重责任，特别是民事诉讼范围进一步扩大，相应民事诉讼监督范围也将扩大、难度增加，如何把民法典人格权保障等立法精神贯彻到"四大检察""十大业务"中去，有效保障民法典统一正确实施？最高检提出行政检察"一手托两家"，针对一些行政诉讼程序空转，开展行政争议实质性化解，实践效果很好，这项工作的法理依据该怎样认识？维持形式上并无不当裁判的同时，促进行政机关调整原不当决定，争议化解、讼争平息，相关法律制度当如何完善？党的十九届四中全会对公益诉讼检察工作作出新部署，强调要"拓展案件范围"，实践中获得了充分认可。法律供给还在过程之中，各级检察机关积极、稳妥办理群众反映强烈的公益损害案件，法理上该如何深化规律性认识？所有这些，既是实践发展、创新，当然也应当是理论研究的重点课题。检察理论研究就要着眼于这些新的实践和新的发展，不断拓展深化。同时，要把能够融入、引领检察、司法、法治实践作为检验理论研究成果科学性、合理性的重要标准，避免检察理论研究"自说自话""自我评价"。

深化对检察理念、检察政策的研究。理念、政策是引领检察监督办案的思想和灵魂。伴随经济社会快速发展，司法检察理念、政策都在不断适应调整。比如，改革开放40多年来，刑事犯罪结构发生巨大变化。最高检主动适应国家治理体系和治理能力现代化要求，落实、践行少捕慎诉慎押的刑事司法政策。实践中如何有效落实、正确适用，恰当把握追诉程序宽严适当与实体处理宽严适当的关系？又比如，在正当防卫问题上，检察机关严格依法处理了几个影响性案件、发布"昆山龙哥案"等指导性案例"激活刑法正当防卫条款"后，促进社会观念深刻转变，"法不能向不法让步"日益深入人心。"法不能向不法让步"的内涵是什么？理论上的探讨还需深化，结合办理的一系列正当防卫案件，深研有哪些司法规律应当探索、遵循？"不让步"的把握为什么深得民心？理念的转变、政策的落实不可能一蹴而就，形成共识和自觉更不容易，亟需通过理论的研究、引领去促进、推动、深化。再比如，党的十九大以来，对标新时代人民群众新期待，检察机关不断深化检察改革、优化检察管理，推动落实"案－件比"、业绩考评机制改革，对检察办案产生了哪些深层次影响？促进了检察官哪些方面履职能力的提升？对司法检察事业发展，进而对检察制度、司法制度的建设与发展将产生怎样的影响？脚踏实地着眼国家治理体系和治理能力现代化这一重大课题，检察理论研究无止境！

党绝对领导下的人民检察制度90年辉煌历程告诉我们，检察理论研究始终是推动检察事业不断创新发展的基础性工程。新发展阶段、新的征程，全国检察机关要始终坚持以习近平法治思想为指引，更加奋发有为、砥砺奋进，努力开创检察理论建设新局面，推动新时代检察工作高质量发展！

最高人民检察院
2022年1月

目 录

绪 论 / 1

    一、民法典实施背景下民事诉讼精准监督研究的缘起 / 1

    二、民法典实施背景下我国民事诉讼精准监督研究现状 / 4

第一章 民事诉讼精准监督的缘起与沿革 / 10

第一节 民事检察监督概述 / 10

    一、我国检察权的性质 / 10

    二、民事检察权属性与职能定位 / 12

    三、民事检察监督制度的价值目的 / 21

    四、民事检察监督的范围 / 25

第二节 民事检察监督的理念变迁 / 36

    一、延安时期的民事检察理念 / 36

    二、当代民事检察监督理念之发展理路 / 39

    三、习近平法治思想指导下的精准监督理念 / 52

第三节 民事诉讼精准监督的现实考量 / 56

    一、检法两院近年来案件办理数据情况 / 56

    二、调查问卷情况 / 61

三、结论分析 / 65

第二章 民事诉讼精准监督制度的内涵解构 / 73
第一节 精准监督理念的内涵 / 73
一、精准监督理念的公共价值内涵 / 74
二、贯彻民事诉讼精准监督理念应处理好六个关系 / 82

第二节 类案——精准监督的核心 / 86
一、类案的界定 / 87
二、类案化精准监督模式 / 90
三、类案检索机制 / 95

第三节 精准监督与民事诉讼模式 / 100
一、精准监督对民事审判权的影响 / 101
二、精准监督对民事诉权的影响 / 105
三、精准监督对民事检察裁量权的规制 / 109

第三章 民法典颁布实施对民事诉讼精准监督的影响 / 113
第一节 民法典中的价值元素体系 / 114
一、民法典内在价值体系与精准监督的同一性 / 114
二、民法典的外在形式体系与精准监督的统一性 / 130

第二节 民法典对民事诉讼精准监督的指引与规制 / 138
一、实体法精准监督依据 / 139
二、体系化精准监督思维 / 143
三、全方位精准监督范围 / 147
四、法律思维与法律意识 / 151

第四章　精准监督理念指导下民事检察监督制度的构建 / 156

第一节　民事诉讼精准监督模式的确立 / 156

一、精准监督标准的界定 / 156

二、民事诉讼精准监督的方式 / 158

三、检察机关"诉中监督"的探索 / 162

四、民事案件分类法律监督 / 166

第二节　检察案例指导制度 / 170

一、检察指导性案例的功能定位 / 170

二、检察指导性案例的参照适用规则 / 174

三、检察指导性案例的构建思路 / 177

第三节　精准监督体系化思维考量下的改革路径 / 179

一、全方位公开的检察办案机制 / 179

二、案件繁简分流机制 / 183

三、以法治思维推进民事检察听证 / 186

四、坚持强基导向，构建多层次多维度的工作格局 / 193

五、注重系统观念，构建业务数据实时共享机制 / 199

第五章　民事诉讼精准监督的立法完善 / 204

第一节　民事检察监督范围和手段的完善 / 204

一、对民事调解书的监督与完善 / 204

二、民事检察调查核实权的规制与保障 / 205

三、民事虚假诉讼监督的强化 / 206

第二节　民事（再审）检察建议程序的立法建议 / 207

一、目前存在的主要问题及原因分析 / 207

二、完善民事（再审）检察建议程序的具体路径 / 209

第三节 支持起诉制度的立法规范 / 211
一、"国家义务与公民权利"框架下的支持起诉职能辨析 / 211
二、检察机关支持起诉的对象和范围廓清 / 212
三、检察机关支持起诉的制度架构 / 213

第四节 民事检察和解 / 215
一、民事检察和解的价值和范式 / 216
二、民事检察和解面临的问题与困惑 / 217
三、明确民事检察协议的效力和案件范围 / 218

绪 论

一、民法典实施背景下民事诉讼精准监督研究的缘起

（一）习近平法治思想对检察事业的引领

党的十九届五中全会把"基本建成法治国家、法治政府、法治社会"作为2035年基本实现社会主义现代化的重要目标之一，这是我们党从坚持和发展中国特色社会主义出发，为更好治国理政作出的重大战略部署。2020年11月16日至17日，党中央召开中央全面依法治国工作会议，会议的重大理论成果，就是明确提出习近平法治思想。习近平法治思想从统筹国内和国际两个大局、实现党和国家长治久安的战略高度，深刻回答了新时代为什么实行全面依法治国、怎样实行全面依法治国等一系列重大问题。这是马克思主义法治理论中国化最新成果，是习近平新时代中国特色社会主义思想的"法治篇"，也是引领法治中国建设在新发展阶段实现更大发展的思想旗帜，具有强大的真理力量和实践伟力。

深入学习宣传贯彻习近平法治思想，是当前和今后一个时期各级检察机关一项重大政治任务。各级检察机关要坚持以习近平新时代中国特色社会主义思想为指导，认真贯彻习近平法治思想，要把深入学习贯彻习近平法治思想作为长期重大政治任务、检察职责，与学习贯彻党的十九大和十九届二中、三中、四中、五中全会精神紧密结合起来，自觉从中探寻创新推进检察工作的思路、方法，切实增强政治自觉、法治自觉和检察自觉，以高质量检察履职，在全面依法治国新征程中展现新担

当,实现新作为。要充分运用线上线下相结合的方式,让每一位检察人员都准确掌握习近平法治思想的精髓要义,将其作为做好各项检察工作的根本遵循和行动指南,真正用以谋划和推动各项检察工作,把科学思想更好转化为推动社会主义法治国家建设的生动实践。

(二)民法典颁布实施对检察工作的深刻影响

编纂一部具有中国特色、时代特色的民法典,是几代民法学人乃至全体中国人民的夙愿。我们党先后于1954年、1962年、1979年、2001年4次启动制定和编纂民法典相关工作,党的十八届四中全会专门对编纂民法典作出部署。2020年5月28日,十三届全国人大三次会议审议通过民法典,标志着我国民法典时代正式来临。这是我国第一部以法典命名的法律,是新时代社会主义法治建设的里程碑,对于推进全面依法治国、维护人民群众合法权益、实现国家治理体系和治理能力现代化等均具有重大意义。作为一部立足于中国国情和法治实践、回应中国社会现实需求、具有浓厚中国特色的民法典,必将作为中国特色社会主义法律制度的代表,为包括民事检察工作在内的法治实践提供更加坚实的制度基础,并将与民事审判制度、民事检察制度一同形成合力,为推动国家治理体系和治理能力现代化作出应有的法治贡献。

2020年5月29日,习近平总书记在中共中央政治局就"切实实施民法典"举行的第二十次集体学习时强调:"严格规范公正文明执法,提高司法公信力,是维护民法典权威的有效手段……要加强民事检察工作,加强对司法活动的监督,畅通司法救济渠道,保护公民、法人和其他组织合法权益,坚决防止以刑事案件名义插手民事纠纷、经济纠纷。"习近平总书记的重要讲话,对贯彻实施民法典从政治的高度、法治的维度向全党、全国提出明确要求。一方面是因为民法典本身极其重要,是一部固根本、稳预期、利长远的基础性法律;另一方面也是树立标杆和导向,以上率下推进民法典学习贯彻,让检察工作能够跟上,积极适应经济社会发展、治国理政要求，特别是适应新时代人民群众日益增长的美好生活需要。民法典的颁布施行对民事检察工作必将产生重要影响，而民事检察工作的有效开展对于维护民法典权威亦具有重要意义。法律的生命力在于实施，法律的权威也在于实施。张军检察长在全国检察机关贯彻实施民法典工作会议上的讲话中指出，检察机关在贯彻实施民法典中肩负双重责任：既要在办案中严格践行民法典，又要通过法律监督保障民法典统一正确实施，这是沉甸甸的政治责任和法律责任。

（三）精准监督理念对检察工作的指引

张军检察长在向全国人大常委会所作的《关于人民检察院加强民事诉讼和执行活动法律监督工作情况的报告》及多次讲话中指出，① 民事诉讼要树立精准监督的理念，在精准监督上下功夫，通过优化监督实现强化监督，不搞粗放式办案，防止片面追求办案数量。张军检察长指出，民事法律关系纷繁复杂，检察机关必须聚焦突出问题，精准履行监督职责，及时监督纠正与民法典精神和规定不相符的司法裁判，维护司法公正和人民群众合法权益。什么是精准监督？"精"：就是要注重选择在法治理念、司法活动中有纠偏、创新、进步、引领价值的典型案件，努力做到监督一件，促进解决一个领域、一个地方、一个时期司法理念、政策、导向问题；"准"：就是要做到案件事实认定清楚、法律适用正确，在此基础上根据案件具体情况，选择适当的监督方式。从检察职能视角来看，民事诉讼监督的体系化思维方式、法律适用的实体法依据、对民事检察权的规制等均将受到民法典颁布实施深刻影响。

理念是行动的先导。在"四大检察"格局已显、民事行政检察机构分设的利好背景下，如何以新理念引领民事检察工作创新发展，真正做

---

① 参见 2018 年 10 月 24 日在第十三届全国人民代表大会常务委员会第六次会议上张军检察长所作的《关于人民检察院加强民事诉讼和执行活动法律监督工作情况的报告》、2021 年 1 月 10 日张军检察长在第十五次全国检察工作会议上的讲话。

强民事检察工作，成为摆在我们面前的一道重要课题。民事检察监督是以裁判结果监督、执行活动监督、司法人员违法监督三种片段式的、以事后监督为主的监督方式，各级检察机关民事检察部门应当以精准监督理念为指引，牢记宪法法律赋予的法律职责，全面加强对民事诉讼的法律监督。一方面，对一些典型性、引领性案件，要提升精准抗诉的能力。精准抗诉要了解社会需求，掌握法律本意，把握法院类案裁判情况。另一方面，民法典的体系化、现代化、协调化将使得民事检察工作得以更深入地切入类型化监督和研究，对新类型案件、同类型案件、重大争议案件有更明确、清晰的遵循，将为民事检察工作的精准、深入推进提供全方位的新契机。"要持续转变司法理念，引领检察工作创新发展。"精准监督是尊重民事检察监督的活动规律，取得以点带面放大效应的行之有效的工作方法，是对民事检察应当实施重点监督的精辟概括，是今后一段时期民事检察的工作方向。

二、民法典实施背景下我国民事诉讼精准监督研究现状

综观国内现有的学术研究成果，对于检察机关民事诉讼精准监督的研究，是我国目前法学研究领域较少关注的课题，并且，专门以民法典为视角对民事诉讼精准监督进行研究的成果更是屈指可数。

(一) 以"民事诉讼""精准监督"为对象的现有主要研究成果

学术著作方面，与民事诉讼精准监督相关的学术研究成果寥寥无几，从现有的民事检察专著来看，均是从整体上来论述民事检察监督工作，对民事诉讼精准监督的研究仅停留在理念表述层面，对精准监督理念的内涵、价值、实现路径与保障机制没有进行系统的研究。学术论文方面，在中国期刊网的全文数据库中，以"民事诉讼""精准监督"作

为"主题"进行交叉检索,共有9条检索结果,其中学术论文5篇。①

(二) 以"民法典""民事检察"为对象的现有主要研究成果

以"民法典""民事检察"作为"主题"进行交叉检索,共有17条检索结果。最高人民检察院张军检察长提出,检察机关要以保障民法典切实实施为重点,加强对民事司法活动的监督,畅通司法救济渠道,健全对不服生效民事裁判申诉的受理、审查机制,加大监督力度。对正确的裁判,依照民法典向当事人释法说理,促进息诉服判;对认为确有错误的裁判,通过发出检察建议或者提出抗诉,及时监督纠正。② 全国民事检察部门应当以贯彻实施民法典为契机,努力实现民法典学习贯彻与民事检察创新发展"同频共振",不断拓展民事检察的广度和深度,促进民事检察工作创新发展。③ 检察机关应当进一步提高对民法理论研究在检察理论研究中重要地位的认识,理论联系实际,创造出更多的民法理论研究成果,使民法理论研究成果为民事法律监督工作提供更加强有力的支撑,同时对其他各项法律监督工作提供理论支持,全面发挥民法理论研究对检察工作的重要作用。④

(三) 关于民事检察权的界定

关于法律监督的界定,最高人民检察院童建明副检察长提出,法律

---

① 参见冯小光:《以精准监督理念为指引做强民事检察工作》,载《人民检察》2019年第15期;庄永廉、蔡虹、冯小光等:《做强民事检察工作的方略》,载《人民检察》2019年第17期;刘传稿:《树立精准监督理念加大民事检察力度——专访最高人民检察院第六检察厅厅长冯小光》,载《人民检察》2020年第3期;汤维建:《民事检察精准化发展路径探析》,载《人民检察》2019年第10期;滕艳军:《民事诉讼精准监督的实现与保障》,载《人民检察》2019年第13期。

② 参见张军:《把实施民法典贯穿法律监督始终》,载《人民周刊》2020年第12期。

③ 参见冯小光:《努力实现民法典学习贯彻与民事检察创新发展"同频共振"》,载《检察日报》2020年8月5日,第7版。

④ 参见杨立新:《民法理论研究在检察理论研究中的地位与成果转化》,载《人民检察》2019年第11期。

监督是检察机关的性质特征,是从各项检察职能中抽象出来的共性特征,它与各项具体职能之间是一般与具体、共性与个性的关系,不是并列关系。① 关于民事检察权的性质,北京大学傅郁林教授在《我国民事检察权的权能与程序配置》一文中将民事检察权归类为执法监督权②。徐汉明、蔡虹等编写的《中国民事法律监督程序研究》一书中,将民事检察权界定为一种涵盖了民事公益诉讼权、民事诉讼监督权和司法弹劾权的复合性权力。③ 关于民事检察监督的本质,中国人民大学汤维建教授认为,检察监督是在国家审判权力的单一结构中,添附另一个同质性的司法监督权力,使它们在统一的公权力范畴中形成既分工又制衡的分权状态,从而起到制衡审判权、保障诉权,使失衡的诉讼结构在新的层面重新恢复平衡状态的作用。④

(四) 关于民事诉讼精准监督理念

关于民事诉讼精准监督理念,张军检察长在向全国人大常委会所作的《关于人民检察院加强民事诉讼和执行活动法律监督工作情况的报告》及多次讲话中指出,民事诉讼要树立精准监督的理念,在精准监督上下功夫,通过优化监督实现强化监督,不搞粗放式办案,防止片面追求办案数量。要优先选择在司法理念方面有纠偏、创新、进步、引领价值的典型案件,争取抗诉一件促进解决一个领域、一个地方、一个时期司法理念、政策、导向的问题,发挥对类案的案例指导作用。最高人民

---

① 参见童建明:《学习新检察官法做新时代高素质检察官》,载《人民检察》2019 年第 15 期。

② 参见傅郁林:《我国民事检察权的权能与程序配置》,载《法律科学(西北政法大学学报)》2012 年第 6 期。

③ 参见徐汉明、蔡虹等:《中国民事法律监督程序研究》,知识产权出版社 2009 年版。

④ 参见汤维建:《民事诉讼法的全面修改与检察监督》,载《中国法学》2011 年第 3 期。

检察院发布的《2018—2022年检察改革工作规划》明确提出，要健全以"精准化"为导向的民事诉讼监督机制。最高人民检察院第六检察厅冯小光厅长提出，要加大民事检察办案力度，把精准监督理念落实到具体的办案工作中，一是要处理好民事诉讼监督的原则性与灵活性之间的关系；二是要处理好审判权监督与矛盾纠纷实质性化解之间的关系；三是要处理好监督数量与监督质量、效果之间的关系；四是要处理好自我提升与借助外脑之间的关系。①

（五）关于民事诉讼精准监督的具体架构

关于民事诉讼精准监督的具体架构，中国人民大学汤维建教授认为，精准监督应当以监督准、质量高、效果好为具体目标，需要处理好同级监督与上级监督、抗诉型监督与建议型监督、程序型监督和实体型监督、私权救济型监督与公益保障型监督、法治型监督与政策型监督、本体型监督与延伸型监督、息诉型监督与纠错型监督的关系。② 最高人民检察院滕艳军检察官认为，贯彻民事诉讼精准监督理念需要在厘清权力监督与权利救济、对事监督与对人监督、办案数量与办案质效、个案监督与类案监督、监督与支持等关系的基础上，科学界定民事诉讼精准监督标准，合理设置民事诉讼精准监督方式，优化设计民事诉讼精准监督程序，建立健全民事诉讼精准监督机制，在制度保障层面为民事诉讼监督效果提供刚性保障，为民事诉讼监督调查核实权提供强制性保障，为民事诉讼监督制度运行提供规范化保障。③

---

① 参见冯小光：《努力实现民法典学习贯彻与民事检察创新发展"同频共振"》，载《检察日报》2020年8月5日，第7版。
② 参见汤维建：《民事检察精准化发展路径探析》，载《人民检察》2019年第10期。
③ 参见滕艳军：《民事诉讼精准监督的实现与保障》，载《人民检察》2019年第13期。

（六）关于民事诉讼精准监督方式的优化

关于优化监督方式，区分抗诉与再审检察建议的适用情形，冯小光厅长认为，一是从领导讲话层面来看，应坚持精准监督，优先选择在司法理念方面有纠偏、创新、进步、引领价值的典型案件提出抗诉，发挥对类案的案例指导作用，对不具有典型性、确有错误的个案，以再审检察建议的方式促进法院纠正。二是从政策引导方面来看，最高人民检察院在《关于深入推进民事行政检察工作科学发展的意见》中指出："检察机关发现人民法院已经发生法律效力的民事行政判决、裁定确有错误或者发现民事调解书损害国家利益、社会公共利益的，应当提出抗诉或者再审检察建议；不宜提出抗诉或再审检察建议以及不适用再审程序的，可以通过检察建议等方式进行监督。应当区分不同情形，合理运用提请抗诉和再审检察建议：提请抗诉一般适用于案件比较重大或者裁判确实明显不公、发生了重大错误的情形；再审检察建议主要适用于已经发生法律效力的判决、裁定虽有错误，但实体处理上错误并不严重或突出等情形。"三是从法律规定方面来看，《人民检察院民事诉讼监督规则》（以下简称《监督规则》）第81条至第86条对于再审检察建议和提请抗诉的适用情形作出了适当区分，但两者之间仍存在重合部分。从《监督规则》第81条至第86条的规定来看，再审检察建议在适用范围上排除了实体法上的"适用法律确有错误"和"审判人员审理该案件时有贪污受贿，徇私舞弊，枉法裁判行为"两种情形，在程序上排除了"判决、裁定是经同级人民法院再审后作出"和"判决、裁定是经同级人民法院审判委员会讨论作出"两种情形，但是在多数情况下，再审检察建议与提请抗诉的适用范围是重合的，因而在实践中有必要对其作出适当区分。从《民事诉讼法》第207条关于监督事由的规定来看，民事裁判结果的监督事由大致可以分为适用法律错误类、事实认定错误类、程序违法类、审判人员违法类。根据《监督规则》第83条规定，对涉及适用法律错误类与审判人员违法类监督事由的案件,原则上应当提请上一级人民检察院抗诉。对涉及事实认定错误类和程序违法类监督事由的案件,原则上以向同级人民法院提出再审检察建议为宜。①

---

① 参见冯小光、滕艳军:《民法典实施背景下民事检察实现高质量发展的路径》,载《中国检察官》2021年第1期。

第一章 民事诉讼精准监督的缘起与沿革

第一节 民事检察监督概述

一、我国检察权的性质

谈及民事检察权的属性,有一个基础性的问题不容回避,这就是检察权的性质问题,因为民事检察权派生于检察权,其性质由检察权的性质决定。检察机关的性质和地位是一国检察制度的基础,决定着整个检察制度的发展目标、组织结构、运行方式及权限范围等重大问题,因此往往由该国宪法加以规定。我国宪法就明确规定,人民检察院是国家的法律监督机关。不同于宪法的明确定位,围绕检察权的属性,理论界争议较大,代表性的观点如行政权说、司法权说、双重属性说和法律监督权说。持"行政权说"的学者多认为,检察机关对外一体化、对内上命下从的组织关系,以及行使侦查权和追诉权时的积极主动性,均与行政权的核心特征相一致。① 但随着对检察权性质研究的深入,关于检察权就是行政权的论断明显与检察权运行的现状不符。持"司法权说"的学者认为,检察权的独立性、检察官的客观公正义务与司法权所要求的独立性和中立性等特征相契合,并且我国检察官的任职条件和职业管理模

---

① 关于"行政权说"的主要文献,参见郝银钟:《检察权质疑》,载《中国人民大学学报》1999年第3期;夏邦:《中国检察体制应予取消》,载《法学》1999年第7期;洪浩:《检察权论》,武汉大学出版社2001年版;陈卫东:《我国检察权的反思与重构——以公诉权为核心的分析》,载《法学研究》2002年第2期。

式与法官没有本质区别。① 面对上述学说的争议和各自缺陷，有学者引入了"双重属性说"，认为检察权和检察机关具有司法与行政的双重属性。② 目前，"法律监督权说"的观点显然已经获得了检察系统和多数学者的认同，成为界定检察权性质的主流学说。③ 该学说以宪法依据和法理依据作为论证基础，主张宪法是检察机关行使职权的权力来源和基本出发点，我国宪法明确规定检察机关是国家的法律监督机关，在列宁的国家理论中，法律监督权是独立于立法权、司法权、行政权的第四种权力，有其独特属性。④

综合分析，现有争议产生的主要原因有两方面：一是不同主体在界定基本概念时所采用的标准和关系线索不同，有的以行为主体作为定义标准，有的以主体的具体行为作为定义标准，还有的采用主体与行为相混合的定义标准，这必然导致检察机关的性质、检察权的性质、检察权的权能等不同位阶的问题，被置于同一场域的讨论。二是对比较法资源的误读或盲目套用，即脱离我国的宪法体制和客观国情，照搬三权分立国家的权力结构体系来界定我国检察权的性质。笔者认为，对我国检察权性质的判定，应当以根本法为规范依据，以我国人民代表大会制度的政权组织形式为宪法依据，以检察权在我国社会中的实然功能为实证依据。一方面，我国宪法将检察机关的性质界定为法律监督机关，由此决

---

① 关于"司法权说"的主要文献，参见陈兴良：《从"法官之上的法官"到"法官之前的法官"》，载《中外法学》2000年第6期；倪培兴：《论司法权的概念与检察机关的定位——兼论侦检一体化模式》，载《人民检察》2002年第4期；等等。

② 关于"双重属性说"的主要文献，参见林钰雄：《检察官论》，学林出版社1999年版；龙宗智：《论检察权的性质与检察机关的改革》，载《法学》1999年第10期；等等。

③ 关于"法律监督权说"的主要文献，参见孙谦：《中国的检察改革》，载《法学研究》2003年第6期；朱孝清：《中国检察制度的几个问题》，载《中国法学》2007年第2期；张智辉：《检察权研究》，中国检察出版社2007年版；樊崇义：《一元分立权力结构模式下的中国检察权》，载《人民检察》2009年第3期。

④ 韩大元：《法律监督是宪法赋予检察机关的神圣职责》，载《检察日报》2011年11月7日。

定了其所依法享有的权力,即检察权亦应为法律监督性质。行政权说和司法权说都是在西方三权分立的政治结构中得出的理论,而我国实行的是"议行合一"的人民代表大会制,与三权分立国家完全不同。正如我国著名的检察理论专家王桂五所述:"我国的人民检察制度,是由人民代表大会制度决定和产生的一项法律监督制度。检察权是统一的国家权力的一个方面,法律监督职能彻底从行政、司法(审判)权中分离出来,得以专门化。"① 因此,只有将检察权放在我国人民代表大会制度的政治架构下定位,才能得出中国检察权的科学属性。另一方面,对程序法中的相关原则、制度和规则进行系统观察,通过厘清检察权在四大检察中的运行现状,才能从实然层面对检察权的性质进行定性。从立法模式和结构体例来看,三大诉讼法均采用了"基本原则+具体制度"的方式规定检察权在诉讼程序中的职能,如刑事诉讼法在总则部分规定了刑事诉讼检察监督这一基本原则,同时在不同的程序环节对检察机关的具体权能进行了系统规定;2012年全面修订后的民事诉讼法扩张了检察监督的范围,扩展了检察监督的方式;行政诉讼法则规定了行政诉讼检察监督基本原则和行政抗诉及行政检察建议制度;2017年民事诉讼法和行政诉讼法修改,赋予了检察机关提起公益诉讼的职权。尽管检察机关在三大诉讼法中所享有的具体权能存在诸多差异,但检察权都是作为一种独立的国家权力即法律监督权存在的,这些检察权能都是法律监督的表现形式和实现法律监督这一目的的手段。

二、民事检察权属性与职能定位

民事检察权源于检察权,因此民事检察权也是一种法律监督权,其效能的范围在于对民事诉讼进行法律监督。在我国,民事检察权是人民

---

① 王桂五:《中华人民共和国检察制度研究》,法律出版社2008年版,第115页。

检察院依照宪法和法律对民事法律的实施所进行的法律监督权。① 民事检察监督权作为检察权的一种,既有检察权的基本特征,也有不同于其他检察监督权的特征。

(一) 民事检察兼具权力监督与权利救济的属性

2021 年最高人民检察院工作报告提出:"以贯彻实施民法典为契机,树立权力监督与权利救济相结合的民事检察思维,确立法定性与必要性相统一的民事检察监督标准。"这一论述明确了民事检察兼具权力监督与权利救济的属性。

首先,民事检察权在性质上是对公权力的监督。2010 年最高人民检察院《关于加强和改进民事行政检察工作的决定》提出:"民行检察监督作为检察机关法律监督的重要组成部分,在性质上是对公权力的监督,监督对象是民事审判、行政诉讼活动。"这一论述明确了民事检察对公权力监督的属性。不论是民事审判活动,还是民事执行活动,本身已经体现了公权力对私人事务的介入,并且是以公权力为中心的活动,它和一般的民事活动有着本质区别,故不能把民事诉讼排除在检察监督的对象之外。民事检察监督在性质上是对公权力的监督,这是民事检察的基本定位和职责所在。

审判,是国家权力通过法律适用形式在社会纠纷解决领域进行的活动,是国家"为当事人双方提供不用武力解决争端的方法"。② 在法治社会中,审判被视为社会冲突"最终解决的方式",但是滥用审判权导致司法不公的现象仍然存在,给当事人权利保护和司法公信力造成极大的危害。为了防止审判权的滥用,一些大陆法系国家引入检察权以制约审判权。在法国,检察官的身份非常特殊,被形容为"站着的法官",参加民事诉讼被视为检察机关的重要职能。1790 年法国《司法组织法》

---

① 参见李忠芳、王开洞:《民事检察学》,中国检察出版社 1996 年版,第 89 页。
② 顾培东:《社会冲突与诉讼机制》,四川人民出版社 1991 年版,第 64 页。

规定了检察机关有权监督法律实施和判决履行①；1806年法国民事诉讼法典则进一步明确检察机关参与民事诉讼的方式，检察机关可以作为主要当事人起诉，或者作为联合当事人参加起诉，或者代表他人起诉。②在德国，检察机关参与民事诉讼的范围比法国窄，但是确立了"公共利益代表人"制度。德国民事诉讼法规定，检察官对于婚姻无效案件，申请禁治产案件、雇佣劳动案件等，都有权提起诉讼，或者参与诉讼，并可以独立地提出申请并提起上诉。③在日本，检察权对审判权的制约也是通过参与民事诉讼的方式实现的。日本检察机关是作为公益代表人参与民事诉讼，参与范围和参与程度比法德两国更广。在婚姻、收养、亲子等案件中，检察机关有权提出诉讼、参加诉讼，并对违法裁判享有上诉权。④

与审判权类似，民事执行权也是一种重要的国家权力，属于诉讼范畴，既包含有决定实体权利是否实现的裁定、决定权，也包含有是否实现实体权利的公务行为，直接关系到法院的权威、当事人的合法权益能否有效地得到维护，因此也必须受到其他国家权力的制衡。⑤民事执行权作为一种权力，同样不可避免地具有一定的腐蚀性和扩张性。因此，将民事执行权纳入检察监督的范围，通过加强监督的方式防止执行权的滥用，是非常有必要的。

通过以上论述，我们可以清晰地看到，检察机关的法律监督职能是监督公共权力运行和保护公共利益的国家职能，但公权监督是否就是检

---

① 参见1790年法国《司法组织法》第751-2条规定："在民事诉讼程序中，检察机关有权监督法律实施和判决履行。"

② 参见1806年法国《民事诉讼法典》第421条规定："检察机关可以作为主要当事人起诉，或者作为联合当事人参加起诉。检察机关，在法律规定的案件中，代表其他人。"参见李忠芳、王开洞：《民事检察学》，中国检察出版社1996年版，第27—29页。

③ 参见施卉：《撬开公益诉讼的大门》，载《法学理论》2012年第8期。

④ 参见张书铭：《韩国、日本检察制度之概要及启示》，载《中国检察官》2011年第7期。

⑤ 参见樊崇义主编：《检察制度原理》，法律出版社2009年版，第168页。

察机关法律监督职能的全部，公私之间是否有明确的界线。随着民事诉讼法的修订，特别是《民事诉讼法》第215条的规定，使人们不得不重新思考检察机关的法律监督职能到底有没有私权救济功能，以及这个功能与公权监督功能之间的关系。《民事诉讼法》第215条第3款规定："各级人民检察院对审判监督程序以外的其他审判程序中审判人员的违法行为，有权对同级人民法院提出检察建议。"最高人民法院、最高人民检察院有关民事、行政诉讼法律监督的改革意见也规定，司法机关和司法人员在诉讼中侵犯当事人及其代理人的诉讼权利时，都可以向检察机关申诉或者控告，检察机关经过调查属实的，应当提出纠正违法的意见或者检察建议。这既是检察机关对司法机关和司法人员诉讼违法行为的监督，也是对当事人诉讼权利的一种程序救济。

其次，检察机关的法律监督职能具有一定的权利救济功能，但是这种权利救济不是完整意义上的或者典型的权利救济。它有三个特点：一是通过权力监督来实现权利救济，而审判机关既通过权力监督实现权利救济，又通过审理民事纠纷来实现私权救济。二是通过参与诉讼和保障诉讼程序依法进行来实现权利救济。易言之，检察机关只是司法救济的参与者和保障者，而审判机关是作为裁判主体来实现权利救济的，两者在司法救济程序中的地位有主辅之分。三是检察机关的权利救济功能相比其权力监督功能而言，是从属性或者附带性的，在某些情况下只是间接的功能。权利救济只是法律监督的一种功能，与权力监督处于同一个层次，但具有不同的地位。法律监督的着力点和重点仍在于权力监督，但又不局限于权力监督。《民事诉讼法》第216条虽然把申请检察建议和抗诉作为当事人申请再审的一道后置程序和可选择的诉讼环节，使其成为当事人申请再审的救济程序，但是检察机关仍然是主要作为法律监督机关发挥对审判权的监督功能，与审判机关在启动再审程序中进行分工制约，并不承担实体性的权利救济功能。

(二) 民事检察履职应坚持客观公正立场

客观公正义务是指检察机关为了实现司法公正，在诉讼中不应站在当事人立场，而应站在客观立场上进行活动，努力发现并尊重案件事实真相。① 检察官客观公正义务产生于19世纪中后期的德国，先后被世界上不同法系国家和地区所借鉴，并被国际准则所确认。在实行职权主义诉讼模式的德国、法国、荷兰等国，检察官客观义务在诉讼理论和法律上都有不同程度的体现。如在法国，检察官在刑事诉讼中负有不同于当事人的权利义务，不能把获得有罪判决作为唯一目标，而应从社会的立场出发，客观公正地按照事实和法律进行公诉，在检察官认为符合总体利益的情况下，可以要求对被告人免予起诉而不对被告人作出有罪判决。② 在实行当事人主义诉讼模式的英美等国，虽然检察官被认为是当事人，但也同样负有客观公正义务。1963年美国联邦最高法院明确将检察官开示一切与定罪量刑有关的证据，包括有利于被告人的证据规定为检察官的宪法义务。③

1999年联合国《关于检察官作用的准则》第12条、第13条、第14条规定，检察官应始终一贯，迅速而公平地依法行事，尊重和保护人的尊严，维护人权，从而有助于法定诉讼程序和刑事司法系统的顺利进行；检察官在履行职责时，应当保证公共利益，按照客观标准行事，适当考虑犯罪嫌疑人和受害人的立场，并注意到一切有关的情况，无论是否对犯罪嫌疑人有利或不利；如若一项不偏不倚的调查表明起诉缺乏依

---

① 参见朱孝清：《检察官客观公正义务及其在中国的发展完善》，载《中国法学》2009年第2期。
② 参见［法］卡斯东·斯特法尼、乔治·勒瓦所、贝尔纳·布洛克：《法国刑事诉讼精义》，罗结珍译，中国政法大学出版社1999年版，第135页。
③ 参见范愉、彭小龙、黄娟：《司法制度概论》，中国人民大学出版社2016年版，第142页。

据，检察官不应提出或继续检控，而应竭力阻止诉讼。①

在我国，检察官客观义务不仅是检察官的重要行为准则，也是检察机关履行职能的坚定立场。早在陕甘宁边区的延安，人民检察制度初创时期，客观公正义务就为法学家所倡导。延安时期的人民法学家朱婴在《论检察制度》一书中谈道，"建立独立的检察制度，就是为了防止司法专制。一方面，国家设立检察机关以监视和辅助独立审判的行使；另一方面，检察机关也同样受到审判机关的限制和匡正，二者相辅而行。二者都同样地规定在当时的宪法中，同样地向当时的法律看齐。因此，法律好像一根线，审判机关和检察机关一个在线的左边，一个在线的右边，彼此互为照应地沿着这条线前进而已。所不同的是，审判机关专司裁判，而检察机关则是代表该国家为原告，它一方面要检察被告，一方面要保护被告。"②

随着检察机关的任务、职能及运行方式的不断变化，检察官客观公正义务被法定化。2019年修订的《检察官法》第5条明确规定，检察官履行职责，应当以事实为根据，以法律为准绳，秉持客观公正的立场。传统意义上的客观公正义务主要集中在刑事诉讼领域，而随着检察职能的变化，检察机关法律监督的履职范畴被提到了一个更高的层面。民事检察官秉持客观公正立场，源于其国家公权力代表的特殊身份，也源于其宪法赋予的法律监督职责。就检察官客观义务在民事诉讼中的内涵而言，首先，它是一种诚信义务。依据诚信义务，一方面，检察机关应本着追求客观真实的精神和目标参与民事诉讼，围绕着客观真实行使诉讼监督权，消除、防止诉讼中出现任何违背客观真实的事实主张和证据材料；另一方面，检察机关在民事诉讼中实施任何诉讼监督和审判监督的

---

① 参见杨宇冠、杨晓春：《联合国刑事司法准则》，中国人民公安大学出版社2003年版，第371—372页。

② 转引自巩富文主编：《陕甘宁边区的人民检察制度》，中国检察出版社2014年版，第145页。

行为，均应在真实的基础上客观地进行，而不得违反诚信原则。其次，它是一种全面义务。检察官客观义务要求参与民事诉讼的检察官以独立诉讼参与者的角色实施监督行为，履行全面的义务。其一，检察官参与民事诉讼，并不代表任何一方当事人，其既要照顾到原告的利益，又要关注被告的利益，并对任何一方当事人违反民事诉讼法而实施的行为实施监督，而无论检察机关是根据何方当事人的请求参与民事诉讼的。其二，检察官参与民事诉讼后，便应肩负起全部的监督职能，不仅要保障人民法院依法公正行使审判权，同时还要确保诉讼程序的文明、有序、和谐进行。最后，检察官客观义务是一种效率义务。现代民事诉讼要遵循诉讼经济和诉讼效率原则，我国民事诉讼法也体现了这一原则。检察机关参与民事诉讼实施诉讼监督，既要对违背诉讼经济和诉讼效率原则的诉讼行为和审判活动实施监督，同时其监督行为本身也要恪守诉讼经济和诉讼效率的原则。

然而检察实践中，对民事检察官应尽的客观公正义务重视不足。为此，民事检察官在办理案件过程中，应进一步提高办案工作的公开性和透明度，积极采取公开听证方式，做到"应听尽听"，保障各方当事人充分表达诉求。此外，民事检察行使调查核实权时也应秉持客观公正立场，确保监督申请人以外的其他当事人的诉权和实体权利不因此受到损害。《民事诉讼法》第217条规定，人民检察院因履行法律监督职责提出检察建议或者抗诉的需要，可以向当事人或者案外人调查核实有关情况，即调查核实权规定。依此，提出抗诉或检察建议等监督措施是调查核实的前提基础，但检察官不能为达到监督的目的而仅收集支持监督的证据，不收集不支持监督的证据，应当围绕核心争议焦点全面客观收集证据，对全案证据综合分析判断后，作出监督与否的客观结论。

（三）民事检察监督是对民事诉讼的全流程监督

在民事检察制度的起步阶段，不少学者主张坚持有限监督原则，认为检察院对民事审判活动所实施的法律监督,应当坚持有限主义,而不是全面开花。诚然,这种观点在当时是有现实依据的。但衡之以发展的目光,有限主义的监督原则是一种保守的观念,它没有看到民事检察监督制度的基本发展规律。民事检察监督制度的基本规律是:从抗诉这种点状的监督出发,逐渐地扩散到诉讼的全过程,最终演化为对诉讼活动的全流程监督。检察机关对法院的法律监督贯穿诉讼活动的所有领域,横跨诉讼活动的全部环节,其监督权的行使具有过程性、程序性、即时性和阶段性特征,在任何一个环节和阶段,只要法院的审判出现了违法因素,检察机关都可以监督,而无须等到诉讼结果产生后才予以介入。这种监督特征,用传统的办案概念,已不能确切地表达其含义,有学者称为全流程监督。

所谓全流程监督,就是检察院对民事诉讼应当从立案到执行实施全程监督。其基本内涵在于,哪里有审判权和执行权的运行,哪里就应有检察院的监督,检察监督的触角应当分布于民事诉讼的全过程。具体包括四大领域的监督:诉前监督,包括对诉前保全的监督;诉中监督,对诉讼全过程所实施的监督;诉后监督,对生效裁判实施的抗诉监督;执行监督,对法院执行活动所实施的监督。[①] 全流程监督的理念有两层基本的含义:一是在检察机关对民事案件的监督权能上,已不再局限于作为诉后监督抗诉的一个领域,而已延伸和扩展到了民事诉讼的全过程。二是检察机关对于所有类型的监督案件应当同等看待,不宜厚此薄彼。长期以来,检察机关对办理生效裁判的抗诉案件已经比较熟悉,但对于其他新领域的监督案件则相对陌生。全流程监督的理念要求检察机关改变过去以抗诉为中心的观念和理念,甚至首先要求积极开拓新类型案件的法律监督工作,做到抗诉监督与其他监督并进,改变监督格局中的薄弱环节,平衡推动民事检察监督工作的全面发展。

提出全流程监督的理念是有充分的法律依据和实践依据的:首先,

---

① 参见汤维建:《民事检察法理研究》,中国检察出版社2014年版,第93页。

在我国，检察机关是宪法规定的国家法律监督机关，宪法对检察院的职能定位和权力分工为民事检察监督的全流程铺开提供了根本依据。其次，民事诉讼法规定了检察院对人民法院的诉讼活动实施法律监督的基本原则。这是全流程监督赖以成立的诉讼法依据。《民事诉讼法》第14条规定："人民检察院有权对民事诉讼实行法律监督。"这里的"诉讼"显然既包括了诉讼的结果，也包括了诉讼的过程。这一点可以在民事诉讼法立法史的变迁中得到说明。回溯民事诉讼法的发展过程，检察院有权对民事审判活动实施法律监督，其作为一项基本原则，从1982年《民事诉讼法（试行）》就开始出现了。然而，其最初的出现仅仅是一项空洞的基本原则，缺乏具体的制度保障和程序规范，因而基本上形同虚设。1991年民事诉讼法对此稍有改观，规定了检察院的诉后监督形式，即抗诉制度。2007年部分修改民事诉讼法，对抗诉制度进一步予以完善。抗诉制度虽然取得了明显的实践效应，使司法裁判的公正度大大提升。然而，仅仅局限于诉后监督的抗诉制度难以矫正失衡的诉讼体制和模式，诉权保障不力和审判权易致滥用的局面无法得到切实改变。检察机关的监督权被限定在"民事审判活动"中，执行活动、特别程序不属于审判活动，人民检察院无权监督。然而司法改革提出加强法律监督的要求，以及检察机关近年来推行的一系列强化法律监督职能改革措施，2012年全面修改民事诉讼法，将对"民事审判活动"修改为对"民事诉讼"实行法律监督，进一步突出了法律监督权在民事诉讼法上的地位和作用，使民事检察监督制度从单一的抗诉制度中走出来，步入了涵盖诉中监督、诉后监督、调解监督和执行监督等在内的全面监督新阶段。再次，全流程监督具有政策依据。2008年12月5日，中央印发了《中共中央转发〈中央政法委员会关于深化司法体制和工作机制改革若干问题的意见〉的通知》（中发〔2008〕19号），该文件扩大了检察监督的范围，提示了全流程监督的发展方向。最后，检察实践表明，检察院对民事诉讼活动实施全流程监督具有必要性。事实上，现在关于民事检察监督是否实行全面监督,其争论也已画上句号了。民事诉讼法修改表明,检察机关全面介入民事诉讼已成为现实。

三、民事检察监督制度的价值目的

所谓目的,既是人类行为的价值取向,又是人类行为的目标选择。也可以说,目的是指"想要达到的地点和境界,想要得到的结果"。古今中外,任何法律制度的设计和运用都是为了实现一定的法律目的。民事检察监督制度亦是如此,民事检察监督制度的目的是设计和运用民事检察监督制度想要追求的结果。研究民事检察制度的目的,可以为民事检察制度的设计和完善提供一种基本理念,其理论和实践意义,不亚于民事诉讼目的论对于整个民事诉讼制度的意义。因为,"目的是全部法律的创造者,每条法律规则的产生都源于一种目的,即一种事实上的动机"。①

关于民事检察监督的目的,曾有观点认为,民事检察监督目的是"维护权益""解决纠纷"。反对者则认为这一观点实质上是将"检察"与"审判"混为一谈,把民事检察的间接功能误认为其直接功能②,而且如果将解决纠纷作为民事检察监督目的,则会导致其他法律监督功能虚化。基于此,有学者提出民事检察监督目的应该是维护司法公正和维护公共利益。③ 这一观点也为检察实践所认同,2001年全国第一次民事行政检察工作会议提出"维护司法公正和司法权威"。最高人民检察院《关于进一步加强对诉讼活动法律监督工作的意见》提出,全面加强人民检察院对诉讼活动的法律监督,促进司法公正。最高人民检察院《关

---

① [美] E. 博登海默:《法理学——法哲学及其方法》,邓正来译,华夏出版社1987年版,第104页。

② 参见孙加瑞:《民事行政检察的审判化误区与检察化回归》,载《国家检察官学院学报》2012年第3期。

③ 参见张步洪:《略论民事行政检察程序的目的》,载《人民检察》1998年第7期。

于加强和改进民事行政检察工作的决定》提出,"民事行政检察监督的基本目标是通过依法监督纠正诉讼违法和裁判不公问题,维护司法公正,维护社会主义法制统一、尊严、权威"。具体来说,民事检察监督的目的体现在以下几个方面:

(一) 维护司法公正

司法公正是法治的永恒主题,也是司法制度赖以存在和具有至上权威性的基础。不公正的司法裁判不但使司法权威难以树立和彰显,而且将直接污染和破坏司法权合法存在的生存土壤。正如培根所言:"一次不公的裁判比多次不平的举动为祸尤烈。因为这些不平的举动不过弄脏了水流,而不公的裁判则把水源败坏了。"[①] 公平与正义历来都是人类社会追求的最高价值目标,司法作为维护社会公平正义的最后一道防线,司法公正更是社会公平正义的关键内容和社会公众的热切期盼。但是,在任何一个法治国家,要真正实现司法公正都绝非易事,因为现实中存在大量影响司法公正的因素。检察机关是独立于法院系统外部的监督机构,能够客观、中立、理性地对民事审判活动实行法律监督,因此更加有利于维护司法公正。在我国,民事检察作为监督民事审判活动,维护司法公正的一项制度,其存在的前提,便是由于司法的公正秩序受到了错误裁判的破坏,国家设立民事检察的目的就是要恢复被破坏的司法公正,因而民事检察的整个制度设计都应以公正为基本价值取向。

司法公正包括实体公正和程序公正。实体公正,是指裁判结果的公正,强调的是纠纷解决中情理与规则的综合平衡所追求的"实质正义"。程序公正,主要是指诉讼过程的公正,强调的是审判过程的严格和平等。检察机关开展民事检察监督,一方面监督实体法律的适用和落实,保障法院裁判完整地体现实体法的正义性;另一方面,监督法院的审判活动是否严格按照程序法来进行,对于程序性违法以及剥夺或限制当事

---

① [英] 培根:《培根随笔》,康泽译,青岛出版社2013年版,第324页。

人诉讼权利的行为进行纠正，以实现程序正义。因此，民事检察监督制度既有利于实体公正的实现，又有利于程序公正的实现，这两方面构成检察机关对民事法律实施进行监督的完整职能。

（二）维护司法权威

权威是人类社会生活中不可或缺的。托克维尔认为，权威是秩序的最大保护者。① 司法权威作为一种特殊的权威类型，是指司法在社会生活中所处的令人信从的地位和力量。② 司法机关通过正确适用法律，解决当事人之间的各种权益纠纷，从而树立司法的权威，这是厉行法治的应有之义。

司法权威来源于法治权威。对于一个法治国家来说，司法的权威性是由法律所确定的，它是包括各种保障机制在内的一个完整的司法程序链。在我国，人民法院是审判机关，检察机关是对民事审判活动进行监督、保障其公正司法的专门机关，所谓"裁判公正"，正是在这样一个司法架构之下得以产生的。人民法院行使审判权与人民检察院行使检察权，其追求公平正义的目标是共同的，都是为了法律所确定的民事权利义务关系得以实现，从而树立法治的权威。因此，将司法权威简单等同于审判权威，或者将审判权威与检察权威对立起来的观点都是不全面的。

检察监督不会动摇法院的司法裁判权。在依法进行的民事审判和执行活动中，法官审理案件的程序操作、证据采信、事实认定、法律适用、实体判定，不会受到检察机关的"干扰"，民事检察不应当也不会达到一种危及程序安定性、动摇裁判稳定性的地步。从过去多年实践情

---

① 参见［美］托克维尔：《论美国的民主》（上卷），董果良译，商务印书馆1991年版，第305页。

② 参见陈光中、肖沛权：《关于司法权威问题之探讨》，载《政法论坛》2001年第1期。

况看，检察机关决定抗诉的案件只占检察机关全部受理申诉案件的极少数，大部分情况下，检察机关所做的是释法说理和息诉罢访工作，客观上对于维护法院的审判权威发挥了积极作用，这也体现了检察监督与司法审判在维护法治权威上的共同性和一致性。

（三）维护法律统一正确实施

维护法律统一、正确实施，是民事检察监督的最终目的，也是现代法治的必然要求。亚里士多德曾经说过，"法治应当包括两重意义，已成立的法律获得普遍良好的服从，而大家所服从的法律又应当是本身制定良好的法律"。① 可见维护法律统一、正确实施是现代法治的必然要求。"检察机关在民事诉讼中行使法律监督权，始终处于法律监督者的地位，但就检察机关参与民事诉讼的全部意义而言，法律监督还只是一种手段，它所追求的是通过法律监督而纠正民事诉讼中的违反法律的行为。"② 检察机关是专门法律监督机关，监督并保障法律的统一实施是其重要职能。与英国、美国等实行当事人主义诉讼模式的西方国家的检察机关不同，我国的检察机关并不是以一方当事人的地位参与民事诉讼活动的，检察机关参与民事诉讼的目标即是维护社会主义法律的尊严，在全国范围内维护法律的统一、正确实施，这也就决定了民事检察监督制度作为履行这一职能的重要手段之一而存在的深层次意义。在我国当前的基本国情下，一方面，法律在具体的适用过程中，由于适用者个体认识的分歧、客观实施环境的差异，相同案件在不同情形下也可能出现不同的裁判结果，这种同案不同判的情形必然会影响法治的统一。另一方面，由于司法审判领域中的地方保护主义比较严重，损害法律统一、正确实施的现象时有发生，这种状况从反面的角度决定了检察机关履行

---

① ［古希腊］亚里士多德：《政治学》，吴寿彭译，商务印书馆1965年版，第199页。

② 王桂五主编：《中华人民共和国检察制度研究》，法律出版社1991年版，第397页。

法律监督职能的不可替代性。

四、民事检察监督的范围

关于民事检察监督范围，不同历史时期呈现不同争议焦点。2012年民事诉讼法修改，突破了民事检察权在运行范围上的局限性和实现方式上的单一性：一方面，通过修改基本原则和增设一般制度，将民事调解、执行活动、审判人员违法等纳入民事检察监督的体系；另一方面，对实践中长期存在的民事检察建议给予了法典化认可，构建起了多元化的民事检察监督格局。根据民事诉讼法的相关规定，结合检察实践，民事检察监督的范围应包括以下方面：

（一）民事裁判结果监督

民事裁判结果监督，是指人民检察院对确有错误的生效民事裁定、判决、调解书通过抗诉或再审检察建议的方式予以监督，由人民法院通过再审审理予以纠正。

1. 现行制度

（1）监督对象。民事裁判结果监督的基本特征是事后监督，这决定了裁判结果监督的对象是人民法院审判活动终结后作出的已经生效的裁判文书。《民事诉讼法》第215条明确规定，民事裁判结果监督的对象范围包括生效判决、裁定与损害"两益"的调解书。

（2）监督方式。《民事诉讼法》第215条规定，人民检察院对裁判结果进行监督的方式是抗诉与再审检察建议。再审检察建议是新方式，吸收了检察机关多年来探索开展检察建议的成功经验。《监督规则》根据民事诉讼法的立法目的和检察实践需要，结合两种监督方式的特点，对抗诉和再审检察建议的适用情形进行区分，以便于检察机关在实践中更好地适用抗诉和再审检察建议两种监督方式，目的是引导各级检察院优先采用再审检察建议的方式开展同级监督。

（3）监督手段。根据《民事诉讼法》第217条的规定，人民检察院可以向当事人或案外人调查核实。该新增条款规定了调查核实权及其对象和目的。民事检察调查核实权的本质是在民事诉讼举证责任制度下，人民法院没有依法履行证据审查和证据收集义务的一种监督手段。《监督规则》第63条规定了调查核实可以采取包括查询调取复制相关证据材料，询问当事人或者案外人，咨询专业人员、相关部门或者行业协会对专门问题的意见等措施，并明确不得采取限制人身自由和查封、扣押、冻结财产等强制性措施。

（4）监督条件。监督条件既是人民法院裁定再审的法定事由，也是人民检察院对判决、裁定和调解书进行监督的条件或标准。当前，民事诉讼法对判决、裁定的监督条件和对调解书的监督条件作了不同的规定。对于生效裁判监督案件，民事诉讼法统一了人民检察院监督条件与人民法院应当再审的条件，即第207条所规定的十三种情形。不同于针对判决和裁定所采用的"事由同一化"模式，立法分别为检察机关监督调解书与当事人申请对调解书进行再审设置了不同的事由：前者仅限于调解书损害国家利益或社会公共利益两种情形，而后者则包括调解违反自愿原则和合法原则。鉴于民事调解的自身特性，这种"事由区别化"的模式无疑符合检察机关在民事领域的应然角色。

2. 运行情况

从全国各级检察机关办理民事生效裁判、调解书监督案件的统计数据来看，首先，从抗诉制度的运行情况来看，自1991年全国第一例民事抗诉案件出现至今，民事抗诉案件的数量经历了"缓慢起步→飞速上升→显著下降→缓慢减少→缓慢上升"的发展脉络①；其次，从再审检察建

---

① 1991—1994年期间，检察机关提出抗诉的案件数量很少，从1995年起至1999年，民事抗诉工作进入了飞速发展阶段，检察机关提出抗诉的案件数从1994年的587件增长到了1999年的14320件，而在2000—2002年期间，检察机关提出民事抗诉的数量出现了明显下降，此后在2003—2014年期间，民事抗诉案件数一直呈缓慢减少的态势，2014年至今，民事抗诉案件数量总体呈缓慢上升的趋势。

议的运行情况来看，再审检察建议在全国范围内的推广试行始于2001年，在之后的十余年间，这种监督方式的适用频率持续上升，其中，2011年提出再审建议的数量首次超过抗诉数，此趋势一直延续至今，这源于再审检察建议在实践中的不断推广和发展成熟。值得注意的是，再审检察建议在不同地区的运行实效呈现不均衡性。

（二）民事执行活动监督

《民事诉讼法》第242条规定："人民检察院有权对民事执行活动实行法律监督。"该条规定为民事执行检察监督提供了法律依据。《监督规则》第七章"对执行活动的监督"对民事执行检察监督作了专章规定。然而，与《监督规则》其他章节相比，执行监督章节仅有3个条文：第104条确定了监督对象是人民法院的执行活动；第108条规定了检察建议书的制作及发送程序；第109条规定了不支持当事人申请的程序。除了对监督对象作了明确规定之外，《监督规则》对民事执行检察监督并未作出更明确而具体的规定。立法机关与最高司法机关模糊的顶层设计引发了各地司法机关的自主创新。部分地区司法机关在民事诉讼法修订后制定了相应的地方性规范文件，以回应和满足社会现实的需求。①

1. 现行制度

根据宪法和民事诉讼法，民事执行检察是指作为国家法律监督的检察院根据当事人申请或者调查发现，对人民法院的民事执行活动存在违法或者不当时，依法通过抗诉、检察建议及纠正违法通知等形式要求予以纠正的制度。

（1）监督范围。检察监督的范围应该有多大？对此目前主要有两种观点：一是广义说。即主张民事执行活动中的检察监督不仅针对法院执行部门，而且应该接受检察监督的主体还包括执行活动中的当事人。对

---

① 参见2017年11月江苏省人民检察院印发的《关于进一步加强和规范民事执行活动法律监督工作若干问题的意见》。

这些主体在执行过程中的违法行为，检察院都可以监督。① 还有的主张检察院的监督不仅是纠法院执行部门的错，也包含着从化解"执行难"的角度对法院执行工作的支持，如检察院可以去执行的现场监督当事人或案外人等，督促他们主动履行法律义务，等等。② 二是狭义说。该说认为检察院作为一种公权力机关，其监督范围应限定于法院的执行活动，是检察权对执行权的制约。③ 后者更具普遍性。笔者认为，首先，检察院是公权力机关，检察监督的实质是检察权对法院执行权的制约，检察监督应限定在对法院执行活动的监督上。其次，检察院应将法律监督限定在合法性监督上。

（2）监督对象。探讨执行检察监督的对象，需结合执行权的构造以及执行行为的分类进行具体分析。

第一，执行裁判行为和执行实施行为。无论从理论上还是从现行法律规定来看，检察院对执行裁判行为实行检察监督并无争议。执行实施权是按照执行依据的内容，制发有关执行文书，采取执行措施的权力，体现的是民事执行权的行政权属性。对该权力运行的执行实施行为是否可以进行检察监督尚有争议。有观点认为，既然执行实施权是一种行政权，就不应当设计出类似检察权对审判权的检察监督机制，而应当设计出类似检察权对行政权的制约机制，或者通过追究执行人员职务犯罪的方式实现对执行实施行为的监督。但是，笔者认为，执行实施权只是体现了民事执行权的行政权属性，并不是说执行实施权就是独立的行政权，其基本属性还是相对独立、处于司法权与行政权边缘的民事执行权，是民事执行权的下位权。既然民事执行检察监督的实质是检察权对民事执行权的监督，那么对民事执行权的监督自然应该包括对其下位权

---

① 参见杨荣馨：《略论强制执行的检察监督》，载《人民检察》2007年第13期。

② 参见孙加瑞：《我们需要怎样的执行检察监督立法》，载 http://news.sohu.com/20070920/n252255858.shtml，2007年9月20日。

③ 参见谭秋桂：《民事执行检察监督机制分析》，载《人民检察》2008年第22期。

的监督。因此，检察机关有权对执行实施行为进行监督。

第二，积极执行行为和消极执行行为。目前，检法两家对这两类行为是否要进行检察监督存在分歧意见。检察机关认为两种行为都要监督，重点要监督积极执行行为。法院则倾向于认为检察机关宜仅对消极执行行为进行监督，而积极执行行为依靠法院内部监督即可。笔者认为，积极执行行为和消极执行行为都应纳入检察监督的范畴。一方面，前述的我国司法实践中存在的民事裁判"执行乱"的具体表现中，除了怠于执行、拖延执行等消极执行行为外，基本上都可以被视为积极执行行为。① 作为法律监督的一部分，执行监督的基本任务与宗旨正是维护国家法律在执行程序中的统一与正确实施，主要是制止和纠正影响法律实施的"执行乱"问题，因此，对造成"执行乱"的积极执行行为需要建立和加强检察监督。另一方面，当事人对法院执行工作的申诉，主要集中在拖延执行和执行不力这两个方面。实践中，执行机关因各种原因或寻找各种借口拖延执行，给申请执行人造成了极大的负担。② 尽管修改后的《民事诉讼法》第233条赋予申请执行人向执行法院的上一级法院申请执行的权利，但是赋予检察机关对消极执行行为的外部监督权对于督促法院加快执行工作、提高执行效率，最终保护当事人的合法权益非常必要。因此，法院积极执行行为和消极执行行为都应该纳入检察机关的执行监督范围。

2. 运行情况

民事执行检察监督的大规模试点始于2011年，虽然在此之前一些地方的检察机关就已经开始了相关探索，但总体规模较小，这使得该领域相较于生效裁判监督在规范配置和实践经验方面均处于发展初期。从

---

① 参见常怡、重庆市检察院、海南省检察院联合课题组：《民事行政裁判执行的检察监督》，载《民事行政检察指导与研究》（总第3集），法律出版社2005年版，第138—143页。

② 参见常怡、重庆市检察院、海南省检察院联合课题组：《民事行政裁判执行的检察监督》，载《民事行政检察指导与研究》（总第3集），法律出版社2005年版，第158页。

全国民事执行检察监督工作的总体运行状况来看，2018—2020年全国检察机关共受理民事执行监督案件10.89万余件，其中2018年受理案件数为2.95万余件，2019年受理案件数为3万余件，2020年受理案件数为4.94万余件；共提出检察建议8.47万余件，其中2018年提出2.38万余件，2019年提出2.34万余件，2020年提出3.74万余件，法院采纳8.11万余件，采纳率约为95.7%。① 从以上最高人民检察院近几年来有关民事执行检察监督的数据，我们可以分析得出：（1）民事执行检察监督工作已在全国各地全面铺开，成为民事诉讼领域检察监督的主要工作之一，总体获得了人民法院的积极回应；（2）民事执行监督方式主要以检察建议为主；（3）人民法院民事执行活动中出现的违法不当行为，得到了一定的纠正与遏制，法院对监督意见采纳率高，民事执行难、执行不规范在一定程度上得到缓解。

然而，基于问题视角检视，民事执行检察监督存在以下问题：一是监督力度有待加强。《监督规则》第28条规定，当事人认为民事执行活动存在违法情形，应当先提出异议、申请复议或者提起诉讼后，才可申请检察监督。此条规定先救济后监督，具有自我限权之嫌疑，受到不少业内人士的批评。另外，《监督规则》第124条虽然规定了人民法院对检察建议的处理结果错误的，人民检察院应当按照有关规定跟进监督或者提请上级人民检察院监督。但实践中，跟进监督和提请上级检察院监督工作开展并不理想。二是监督环境有待改善。想要取得良好的执行监督效果，还需要法院及当事人的配合与支持。实践中，部分法院及执行人员出于多方面因素，对检察院民事执行监督存在不同程度的抵制与不配合。实务中，当事人由于对检察机关执行监督职能的不了解，主动向检察机关申请执行监督的情况较少。三是监督效力有待强化。检察机关对法院执行活动实施监督，主要采用检察建议的方式，执行监督检察建

---

① 数据来源：检察院相关数据均引自最高人民检察院及各级人民检察院的历年工作报告、数据分析报告、报纸报道等，仅作为研究分析之用。

议无配套的后续有效的监督方式，导致难以充分发挥其监督效果。检察建议属于非诉监督手段，检察建议在实践操作中不论是对法院还是检察机关而言，都容易被理解为柔性监督手段，并不具有实施制裁的功能与启动程序的效力。

（三）审判人员和审判程序违法监督

《民事诉讼法》第215条第3款规定："各级人民检察院对审判监督程序以外的其他审判程序中审判人员的违法行为，有权向同级人民法院提出检察建议。"

1. 现行制度

（1）监督对象。关于监督对象，学界争议较大的有两个问题：一是《民事诉讼法》第215条第3款规定的检察监督是否既包括对人监督又包括对事监督；二是检察机关是否可以对审判监督程序中审判人员违法行为进行监督。

关于第一个问题，笔者认为，审判违法监督应当既包括对人监督又包括对事监督，原因有两个方面：一是从制度演进看，2012年修改后的民事诉讼法吸收了《关于对民事审判活动与行政诉讼实行法律监督的若干意见（试行）》第9条[①]的规定，并与《关于对司法工作人员在诉讼活动中的渎职行为加强法律监督的若干规定（试行）》的相关条款进行融合，形成了《民事诉讼法》第215条第3款的表述，[②] 因此该款规定的监督对象既包括审判人员违法行为，也包括审判程序违法情形。二是

[①] 2011年最高人民法院、最高人民检察院《关于对民事审判活动与行政诉讼实行法律监督的若干意见（试行）》第9条仅规定了审判程序违法监督内容，即"人民法院的审判活动有本意见第五条、第六条以外违反法律规定情形，不适用再审程序的，人民检察院应当向人民法院提出检察建议。当事人认为人民法院的审判活动存在前款规定情形，经提出异议人民法院未予纠正，向人民检察院申诉的，人民检察院应当受理"。

[②] 参见全国人大常委会法工委编：《中华人民共和国民事诉讼法释义（最新修正版）》，法律出版社2012年版，第25页。

从实践来看，审判人员违法履行审判职责是以案件为载体，虽然不能完全排除审判人员违法行为与审判程序违法并不同时存在的情形，但一般情况下二者密切相关，常常互为表里，以伴生性为常态。因此，《民事诉讼法》第 215 条第 3 款是着眼于审判人员违法行为与审判程序违法相伴而生的情形，突出对审判人员违法行为的监督，但并不意味着只监督审判人员，而对审判程序违法放任不管。

关于第二个问题，有观点认为，法院行使职权的全部程序均受第 215 条的制约而属于检察院法律监督的范围；有的认为，其他审判程序的范围，应该把审判监督程序自身刨除，其余的审判程序才是。① 笔者赞同前一种观点，审判监督程序也可能存在审判人员违法行为，而且根据立法机关的解读，该条的立法目的是强调检察建议除可以在审判监督程序中发挥作用外，还可以适用于对审判程序中违法行为的监督，并没有将审判监督程序排除在审判程序监督之外的含义。② 审判监督程序中审判人员违法行为是民事诉讼监督的一部分，具有监督的当然性。检察监督是全流程监督，《民事诉讼法》第 215 条第 3 款适用于包含审判监督程序在内的所有民事审判程序，从体系解释来看，《民事诉讼法》第 215 条第 3 款之所以表述为"审判监督程序以外的其他审判程序"，是因为该条第 3 款是对该条第 1 款、第 2 款裁判结果监督的承接性规定，并不意味着把审判监督程序排除在检察监督之外。实践中，检察机关是启动再审程序的法定主体之一，其通过出席抗诉案件再审法庭、列席审委会会议、跟进监督等方式，对审判监督程序进行监督。

（2）监督方式。民事审判程序性违法的表现形态很多，一般来说，只要审判人员在民事审判过程中没有遵循民事诉讼法等中关于民事诉讼

---

① 参见邵世星、吴军：《谈对审判监督程序以外的程序法行为的法律监督》，载《中国检察官》2014 年第 2 期。

② 参见最高人民检察院民事行政检察厅：《〈人民检察院民事诉讼监督规则（试行）〉条文释义及民事诉讼监督法律文书制作》，中国检察出版社 2014 年版，第 103 页。

程序的规定，就是程序性违法。法律和司法解释对民事审判程序性违法行为作出了列举规定，检察机关根据程序性违法行为的严重程度，可以通过抗诉、再审检察建议、检察建议等方式监督。

2012年在修改民事诉讼法时，增加了纠正违法检察建议的监督方式。这一监督方式主要针对的是审判监督程序以外的其他审判程序中审判人员的违法行为。《监督规则》第100条规定了人民检察院应当向同级人民法院提出检察建议的具体情形，这些情形中属于程序性违法的事项有：符合法律规定的起诉和受理条件，应当立案而不立案的；审理案件适用审判程序错误的；调解违反自愿原则；保全和先予执行违反法律规定的；支付令违反法律规定的；诉讼中止或者诉讼终结违反法律规定的；违反法定审理期限的；对当事人采取罚款、拘留等妨害民事诉讼的强制措施违反法律规定的；违反法律规定送达的；其他违反程序性法律规定的兜底解释条款。上述情形不涉及价值性判断，检察机关一般采用检察建议的方式监督。

若民事审判程序性违法行为影响判决结果，则对程序性违法的检察监督迁移至对裁判结果的监督，检察机关对生效判决、裁定、调解书进行监督。此时，监督范围从单一的程序性违法事项扩展至整体的生效判决、裁定、调解书，监督方式从一般检察建议或者纠正违法通知转换为抗诉或者再审检察建议，监督力度从柔性到达刚性。

2. 运行情况

从民事审违监督运行情况来看，2018—2020年全国检察机关共受理民事审违监督案件7.61万余件，其中2018年受理案件数为1.87万余件，2019年受理案件数为2.02万余件，2020年受理案件数为3.72万余件；共提出检察建议6.71万余件，其中2018年提出1.67万余件，2019年提出1.77万余件，2020年提出3.27万余件，法院采纳6.5万余件，采纳率约为96.9%。① 从数据统计来看，当前民事审违监督检察工作呈现出以下特点：一是从案件来源情况看，依职权发现案件占比83.3%，比例畸高。二是从监督效果看，监督意见采纳率高。2018—2020年共提出检察建议6.71余件，法院采纳6.5万余件，采纳率约为96.9%。三是从民事审判违法行为监督案件涉各类审判程序的情况来看，绝大部分案件集中于一审程序，包括一审普通程序与简易程序。2018—2020年，涉一审程序的民事审判违法行为监督案件比例为46.9%。四是在监督实践中，民事审判违法行为监督纠正表面问题和工作瑕疵多，发现和纠正深层次违法问题不够。突出表现在对人监督力度不够，在2018—2020年的民事审判违法行为监督案件中，涉及犯罪线索移送的案件仅270余件，数量和比例较小。

（四）支持起诉

相较于刑事诉讼法和行政诉讼法，支持起诉属于我国民事诉讼法所特有的基本原则之一，是指当民事权益遭受损害的单位或个人由于某些特殊原因而无法独立维护自身的合法权益时，由有关机关、社会团体、企事业单位等非自然人主体支持其提起诉讼，从而运用社会力量帮助弱势个人或单位实现其诉讼权利的机制。

1. 现行制度

近年来，检察机关在民事支持起诉领域扮演着积极的角色。2012年修订的《民事诉讼法》第15条是支持起诉基本原则的法律依据，在此基础上，2017年修订的《民事诉讼法》在第55条第2款认可了检察机关支持公益诉讼的职权，然而除了这一抽象性的规定之外，现行立法中没有与之相对应的具体制度和实施细则。值得特别关注的是，2015年1月7日起施行的最高人民法院《关于审理环境民事公益诉讼案件适用法

---

① 数据来源：检察院相关数据均引自最高人民检察院及各级人民检察院的历年工作报告、数据分析报告、报纸报道等，仅作为研究分析之用。

律若干问题的解释》第 11 条规定:"检察机关、负有环境保护监督管理职责的部门及其他机关、社会组织、企业事业单位依据民事诉讼法第十五条的规定,可以通过提供法律咨询、提交书面意见、协助调查取证等方式支持社会组织依法提起环境民事公益诉讼。"这是有关检察机关支持民事起诉的首次明确规定,并以司法解释的方式明晰了检察机关支持起诉的适用范围和具体方式,同时回应并认可了实践中的长期做法。

2. 运行情况

据统计,2018 年,全国检察机关共受理民事支持起诉案件 1.89 万余件,支持起诉 1.7 万余件。2019 年,全年共受理民事支持起诉案件 1.85 万余件,支持起诉 1.51 万余件,其中支持农民工起诉 1 万余件,占 66.2%。2020 年,全国检察机关共受理民事支持起诉案件 3.25 万余件,支持起诉 2.44 万余件。起诉案件中,支持农民工起诉 1.6 万余件,占支持起诉总数的 65.6%。[①] 此外,一些地方的检察机关通过会签文件、联合制定等方式出台了有关民事支持起诉的内部规范性文件,对该制度的适用范围、具体支持方式、与相关组织的协作关系等问题进行了细化规定。[②] 将这些数据和实务做法与现有的法律规定进行对比后可以发现:大多数支持起诉的案件中,提供支持的主体都是检察机关这一公权主体,而并非实体法所明确规定的消费者协会、工会、法律服务机构等社会团体和组织,亦非民事诉讼法所提及的企业事业单位。简言之,无论案件的具体类型如何,相较于其他机关、社会团体和企事业单位,检察机关都实际上扮演着支持起诉领域的"主力军"。

---

① 数据来源:检察院相关数据均引自最高人民检察院及各级人民检察院的历年工作报告、数据分析报告、报纸报道等,仅作为研究分析之用。

② 如甘肃省人民检察院 2010 年 5 月出台《甘肃省检察机关办理民事督促起诉、支持起诉案件规定(试行)》,浙江省嘉兴市南湖区人民检察院和区环保局 2009 年 7 月签订《关于环境保护公益诉讼的若干意见》。

第二节　民事检察监督的理念变迁

任何理念的形成都不是一蹴而就的，而是经过长期的历史发展和实践的不断探索，最终形成的。通过历史发展的视角对民事检察监督理念的发展过程进行梳理，厘清民事检察监督理念的发展进路、走向，才能对现行民事检察监督理念的形成及今后发展方向作出较为准确的判断。早在延安时期，革命根据地建立的检察机关就已经具有参与民事诉讼的职能，并以这一职能逐渐形成了民事检察监督的理念。因此，对民事检察监督理念的变迁过程进行讨论，首先要从延安时期的民事检察理念开始。

一、延安时期的民事检察理念

1935年，红军以延安为中心建立起了陕甘宁革命根据地。此后，陆续出台了《抗日救国十大纲领》《陕甘宁特区政府施政纲领》《陕甘宁边区宪法原则》等宪法性文件，逐步建立起了延安时期的法律制度与司法体系。根据上述宪法性文件的有关规定，各革命根据地逐步设立了法院或司法处，作为行使审判权的司法机关，而陕甘宁边区的审判机关又分为边区高等法院和县司法处两级，负责边区的审判工作。1939年4月的《陕甘宁边区高等法院组织条例》（以下简称《高等法院组织条例》）对高等法院的内部组织及检察部门的设置作出了详细规定。[①]《高等法院组织条例》第12条规定，在边区高等法院内部设置检察处，设检察长及检察员，独立行使检察权。这一阶段，检察机关并不是独立的司法机关，而是属于边区高等法院的内设部门，采取"审检合署"的司法运

[①] 参见闵钐编：《人民检察史资料选编》，中国检察出版社2008年版，第232页。

行体制。随着革命形势的不断发展,基于抗日民族统一战线的需要和苏维埃时期的检察制度传统,边区司法制度逐渐由"审检合署"转变为"审检并立"。1946年4月颁布的《陕甘宁边区宪法原则》,对检察权的配置进行了较大改变,将检察机关独立于审判机关而单独设立。1946年10月颁布的《陕甘宁边区暂行检察条例》(以下简称《检察条例》)规定,高等检察处处长领导全边区各级检察院,并受边区政府领导,不再受高等法院领导。①《检察条例》正式确立了"审检并立"的司法格局,具有重大意义。但是由于解放战争的爆发,导致《检察条例》并未实际实施。②

在"审检合署"阶段,《高等法院组织条例》规定检察机关的民事检察职权是,"为诉讼当事人,或公益代表人"以及"监督判决之执行"。《高等法院组织条例》仅对检察机关的职权范围作了较为粗疏的规定,并未对检察机关的权责,特别是民事检察职能作出更为详尽的规范。在这一时期,检察机关的职责主要为负责刑事案件的侦查、提起公诉。在"审检合署"阶段,《高等法院组织条例》虽然规定检察机关独立行使检察权,但由于检察处属于边区高等法院的内设部门,故其民事检察职能大多是与法院的民事审判活动相配合,独立性相对较差。

在"审检并立"阶段,《检察条例》对《高等法院组织条例》中检察机关民事检察的职责范围进行了修改完善,作出了更为细致、明确的规定。《检察条例》规定,检察机关作为"公益代表人",对于涉及土地租佃、公营事业及婚姻等具有公共属性的民事案件行使检察权。其中,《检察条例》第1条第4款将民事检察的职权范围规定为"关于一般民事案件内之有关公益事项,如土地租佃、公营事业、婚姻等",并删除了"监督判决之执行"的权力。《检察条例》第8条则进一步细化

---

① 参见闵钐编:《人民检察史资料选编》,中国检察出版社2008年版,第236页。
② 参见孙谦主编:《人民检察制度的历史变迁》,中国检察出版社2014年版,第122—123页。

了第1条第4款中规定的"公益事项"，主要包括两类：一是"土豪恶霸，欺压佃农，逾额收租或无理夺佃，佃户畏势不敢声称者，检察员应实施检察"；二是"公营企业，垄断、操纵，妨害大众生计，或舞弊贪污，无人声诉者，检察员应实施检察"。这时检察权的行使，仍然是以保护公共利益为目的，较少干涉法院的审判活动以及当事人的私权利。与《高等法院组织条例》相比，《检察条例》受苏联检察制度和欧陆检察制度的影响较大，从最开始介入刑事犯罪的调查和起诉，逐渐发展到对民事诉讼中有关公益案件，可以在审判时出庭陈述意见、监督审判，并建立以"监督"为主线的检察制度，检察机关具有一般的监督权。①

由于长期以来"审检合署"的司法体制，将审判权运行中的一些司法理念带到了检察监督工作中。延安时期最为典型的司法审判工作方式，就是"马锡五审判方式"。这一民事审判方式在陕甘宁边区发挥了积极的作用，其最显著的特点是一切从实际出发，实事求是，贯彻群众路线。② 马锡五是陕甘宁边区高等法院陇东分庭的庭长，马锡五审判方式是从1943年开始推广的，而1943—1946年期间，检察机关属于边区高等法院的组成部门，故当时检察权的行使，也受到了马锡五审判方式的影响。在陕甘宁边区，各乡曾设立过人民检察院，在法庭开庭审理人民内部矛盾时，检察员要参与诉讼，以在人民群众中建立检察工作的基础。③ 在履行职务过程中，检察机关依靠群众调查案情，依靠群众执行。④ 这都是检察权行使人民性的表现，即检察权行使贯彻了群众路线，积极发动群众、依靠群众。

---

① 参见孙谦主编：《人民检察制度的历史变迁》，中国检察出版社2014年版，第130—131页。

② 参见张卫平：《回归"马锡五"的思考》，载《现代法学》2009年第5期。

③ 参见孙谦主编：《人民检察制度的历史变迁》，中国检察出版社2014年版，第154—155页。

④ 参见徐增满：《延安时期法制建设的概况及其主旨》，载《延安大学学报（社会科学版）》1999年第3期。

由此可见，与现行民事检察对民事诉讼活动的全方位监督不同，延安时期的民事检察监督工作仍处于萌芽阶段。民事检察监督的理念主要表现为贯彻群众路线，以维护民事活动中的公共利益为目标，较少干涉法院审判活动与当事人的民事私权。

二、当代民事检察监督理念之发展理路

党的十一届三中全会揭开了我国改革开放的序幕，检察事业也迎来了改革的春天。1978年3月，叶剑英作《关于修改宪法的报告》时表示：鉴于同各种违法乱纪行为作斗争的极大重要性，宪法修正案草案规定设置人民检察院。国家的各级检察机关按照宪法和法律规定的范围，对国家机关、国家机关工作人员和公民是否遵守宪法和法律，行使检察权。自此，检察机关恢复重建，开始了一边工作，一边建设的发展阶段。[①] 1982年宪法首次明确规定了"人民检察院是国家的法律监督机关"，对检察机关作为法律监督机关的地位进行了明确。但是，检察机关恢复重建初期，重点工作主要放在刑事检察业务上。1979年《人民检察院组织法》第20条规定："最高人民检察院设置刑事、法纪、监所、经济等检察厅，并且可以按照需要，设立其他业务机构。地方各级人民检察院和专门人民检察院可以设置相应的业务机构。"这一阶段，检察机关并没有开展对民事诉讼活动的监督工作，从最高检到地方各级检察机关，也都没有专门负责民事检察工作的部门，民事检察工作业务处于空白状态。

（一）探索起步阶段（1988—1997年）

1982年《中华人民共和国民事诉讼法（试行）》中首次对于检察机

[①] 参见童建明：《检察改革的风雨历程与经验启示》，载《人民检察》2018年第23—24期。

关的民事检察职能进行了规定。该法第12条规定，"人民检察院有权对人民法院的民事审判活动实行法律监督"。但是，就检察机关对审判活动的什么阶段进行监督、如何进行监督，都没有更加明确的规定。

监督机关工作的开展与被监督机关工作的开展应当是同步的。虽然1982年民事诉讼法就规定了检察机关的民事诉讼监督职能，但是在这一时期，无论是检察院还是法院，都把大部分精力放在了刑事案件的处理上，检察机关并没有开展民事检察监督工作。随着改革开放的不断推进和经济活动的不断发展，民商事案件逐渐增多，人民群众对于出现一个中立机关对法院审判活动进行监督的要求与日俱增。特别是1987年前后，法院民事案件数量的激增，要求检察机关开展民事检察工作的呼声也越发强烈。① 在民事检察工作持续空白状态近10年后，1988年2月召开的第八次全国检察工作会议中，杨易辰检察长在《坚持改革，增强法律监督职能，推进检察工作发展》报告中指出，"要完善法律监督程序和手段，增强法律监督的效力，要扩大法律监督的职权范围，除了对刑事法律实施进行监督外，还应参与民事行政诉讼，对民事、行政审判活动进行监督"。这是最高检首次提出要对民事诉讼活动进行监督。1988年4月，在最高人民检察院向第七届全国人民代表大会第一次会议作的《最高人民检察院工作报告》中，明确提出"检察机关要参与民事行政诉讼，以保障国家法律的统一实施"。1988年9月，最高人民检察院设立了民事行政检察厅，一些地方检察院也成立了民事行政检察部门，并逐步开展了对民事审判活动法律监督的试点工作。由此，民事检察工作开始了探索起步阶段。

由于民事检察监督工作处于起步阶段，此前并没有配备专门的民事

---

① 1986年，全国法院受理民事案件98.9万件，比1985年增加16.9%；1987年，全国法院审结民事案件1196404万件，比1986年增加217504万件，同比上升22.2%。在此之前，全国法院每年受理的案件为70万—80万件。参见最高人民法院工作报告（1982—1988年）。

检察办案力量，因此，各地民事检察部门一边积极学习研究民事检察工作业务，① 一边努力探索开展民事检察监督工作。1990年9月，最高人民法院、最高人民检察院《关于开展民事、经济、行政诉讼法律监督试点工作的通知》规定，检察机关可以受理对人民法院发生法律效力判决、裁定的申诉。1991年民事诉讼法则对检察机关的民事检察监督方式和监督范围进行了规定，对于发现判决、裁定存在法律规定情形的，检察机关应当按照审判监督程序提出抗诉。1991年民事诉讼法在1982年民事诉讼法的基础上，对检察机关对民事审判活动的监督方式作出了进一步明确细致的规定。例如，1991年民事诉讼法规定，对于存在法定四种情形的，人民检察院应当按照审判监督程序提出抗诉（第185条）；② 人民检察院提出抗诉的案件，人民法院应当再审（第186条）。1991年民事诉讼法施行后，各级检察机关积极开展民事检察监督工作，通过抗诉方式监督法院存在错误的判决、裁定，维护司法公正权威。这一时期，检察机关还确立了民事申诉案件的受理、审查分离原则③，明确了

---

① 1989年10月至11月，最高人民检察院举办了"第一期民事行政检察学习研讨班"，重点学习了相关领域的实体法与程序法，介绍、交流各地开展民事行政诉讼法律监督试点工作的情况和经验。1991年6月5日，最高人民检察院发布《关于做好〈中华人民共和国民事诉讼法〉实施工作的通知》，要求各级抓好业务机构建设和干部培训工作。1992年3月，最高人民检察院召开"民事审判监督程序抗诉工作座谈会"，研究民事抗诉工作有关问题。1995年3月，最高人民检察院在黑龙江召开"部分地区民事行政检察工作现场经验交流会"，明确了民事行政检察工作的业务指导思想、办案方针和基本任务。1996年5月，召开了"全国民事行政检察工作座谈会"。同年11月，举办"抗诉条件和担保法专项培训班"，300余人参加。1997年10月，最高人民检察院举办"民事行政检察业务骨干培训班""全国检察机关第一次民事行政检察理论研讨会"，并评选出若干篇优秀论文。这一期间，各地也根据本地实际情况，开展了各式各样的民事检察监督培训班或研讨会，学习研究民事实体法和程序法。

② 即原判决、裁定认定事实的主要证据不足的；原判决、裁定适用法律确有错误的人民法院违反法定程序，可能影响案件正确判决、裁定的；审判人员在审理该案件时有贪污受贿，徇私舞弊，枉法裁判行为的。

③ 参见最高人民检察院《关于人民检察院受理民事、行政申诉分工问题的通知》，1991年9月5日。

民事审判监督程序抗诉工作流程①、对人民法院解除婚姻关系申诉案件的处理方式②、在1991年民事诉讼法颁布前作出生效民事判决申诉的相关程序问题③、人民检察院能否派员出席抗诉法庭等问题④。在民事检察监督工作起步的第一个10年当中，工作方针从最初的"积极试点，稳步发展"，逐步转变为"严格执法，狠抓办案"，并确定了"敢抗、会抗、抗准"的办案原则。⑤

在民事检察监督工作开展的初期，民事检察部门还保留着职务犯罪的侦查权。1993年4月，最高人民检察院《关于进一步加强民事行政检察工作的通知》明确提出，"在办理民事行政抗诉案件过程中，发现审判人员在审理案件时有贪污受贿、徇私舞弊、枉法裁判行为的，应一并依法查处"。1997年9月，张思卿检察长对《全国检察机关当年一至八月份办理民事、经济、行政案件的简要情况》的批示中也明确指出，"注意总结经验，要把民行检察工作审查判决、裁定不公与查办司法人员徇私舞弊、贪赃枉法犯罪结合起来"。查办审判人员徇私舞弊等犯罪案件，也成为民事检察监督工作起步初期打开工作局面的重要措施和手段。⑥

---

① 参见1992年6月4日，最高人民检察院《关于民事审判监督程序抗诉工作暂行规定》的通知。

② 参见1992年6月18日，最高人民检察院对浙江省人民检察院"关于如何处理陈某某不服温州市中级人民法院（91）民上字第233号准予离婚的判决提出申诉的请示"的答复。

③ 参见1992年6月18日，最高人民检察院对福建省检察院"关于华岚公司与刘某、刘某某债务纠纷一案是否提起再审检察建议的请示"的答复。

④ 参见1992年6月25日，最高人民检察院对宁夏回族自治区检察院关于提出抗诉的人民检察院能否派员出席法庭的请示作出批复，明确了同级人民法院再审时，提出抗诉的人民检察院应当派员出席法庭。

⑤ 参见《赵登举副检察长在全国检察机关民事行政检察工作座谈会上的讲话》，载最高人民检察院民事行政检察厅编：《民事行政检察工作30周年纪念文集》，中国检察出版社2019年版，第975—986页。

⑥ 参见《赵登举副检察长在全国检察机关民事行政检察工作座谈会上的讲话》，载最高人民检察院民事行政检察厅编：《民事行政检察工作30周年纪念文集》，中国检察出版社2019年版，第975—986页。

民事检察监督的工作理念,与民事检察工作的发展状况、法律法规对于民事检察工作的具体授权以及人民群众对于民事检察工作的期待等因素息息相关。综观民事检察监督工作的探索起步阶段,民事诉讼法授权检察机关进行民事诉讼监督的手段较为单一,仅能通过抗诉的手段对民事判决、裁定进行监督。而处在探索起步阶段的民事检察工作,也将绝大部分精力投入对生效民事判决、裁定的监督上。因此,这一阶段的主要监督理念可以总结为实体监督理念,即以对生效判决、裁定是否存在错误为主要监督内容,以抗诉为主要监督手段,加大抗诉力度,力争抗诉准确,提高办案质量。①

(二) 蓬勃发展阶段 (1998—2007 年)

根据党的十五大政治体制改革和民主法制建设的总体要求,在依法治国、建设社会主义法治国家的统领下,检察机关继续积极推进司法改革,完善监督机制,加强对法律实施的监督,维护国家的法治统一。这一阶段,民事检察工作也紧紧围绕法律监督职能的定位,探索创立再审检察建议的新型监督方式,探索督促起诉、支持起诉等工作模式。在案件审查方面,1999 年 10 月,最高人民检察院在福州召开了全国检察机关民事行政抗诉案件公开审查现场会。会上讨论了《人民检察院办理民事行政抗诉案件公开审查程序试行规则》《检察机关民事行政抗诉案件公开审查听取双方当事人陈述示范规程》和《检察机关民事行政抗诉案件公开审查听取当事人陈述笔录规范》三个规范性文件,逐步建立起民事抗诉案件公开审查工作规范。民事抗诉案件公开审查制度,是现行民事检察听证制度的起点和雏形,其核心内容是审查公开,即检察机关办理民事抗诉案件过程中必须听取当事人的意见,旨在保障民事检察监督

---

① 1992 年 8 月 25 日最高人民检察院党组扩大会议中,刘复之检察长提出,办理民事行政抗诉案件,要力争准确,尽量提高办案质量,但不要把法院是否改判当作检验我们工作的标准。

的公开公正。①

在监督方式方面，2001年10月，最高人民检察院印发《人民检察院民事行政抗诉案件办案规则》②（以下简称《办案规则》），对民事申诉案件从受理、立案、审查、抗诉及提请抗诉、检察建议等各个环节都进行了规范，为依法办案提供有力保障。在《办案规则》颁布以前，只有在人民检察院组织法和刑事诉讼法中规定，检察建议是检察机关参加社会治安综合治理的手段和形式，并没有法律或司法解释对民事检察监督工作中如何运用检察建议进行规定。为了规范在民事检察监督工作实践中已经广泛适用的检察建议监督方式，同时平息理论界与实务界对民事检察监督能否使用检察建议的争论，③《办案规则》首次明确了检察建议作为民事检察监督的法定监督方式，对于符合办案规则规定情形的，可以向人民法院或有关单位提出检察建议。④

为了进一步规范民事检察监督办案规范，提升民事抗诉案件质效，2001年8月，最高人民检察院民事行政检察厅制定了《关于规范省级人民检察院办理民事行政提请抗诉案件的意见》，规范了省级检察院提请最高人民检察院抗诉案件的程序。2005年2月，最高人民检察院民事行政检察厅制定《关于加强民事行政抗诉书说理工作的意见》，以规范法律文书的制作，提高办案质量。另外，这一时期还多次召开了全国或区域范围的座谈会、研讨会，交流各地先进工作经验，提升民事检察监督工作成效。

---

① 参见王景琦：《简论民事抗诉案件公开审查程序》，载《人民检察》2001年第4期。
② 现已失效。——编者注
③ 参见叶百灵、钱洁萍、张罗宝：《完善民事行政检察建议制度的四点思考》，载《政法论丛》1997年第5期；高平：《对民行检察建议规范化的法律思考》，载《人民检察》1997年第10期；陈建生、登亚浩：《办理民事申诉案要慎用检察建议》，载《人民检察》1998年第1期；陶娅：《民行检察不宜发检察建议》，载《检察实践》2000年第6期。
④ 参见《人民检察院民事行政抗诉案件办案规则》第47条、第48条。

在民事检察部门是否享有职务犯罪侦查权方面,这一期间出现了一定程度的"反复"。1998年以后,最高人民检察院强调"侦查权归口",规定除反贪部门和渎职侵权检察部门行使检察机关的侦查权外,其他业务部门不再拥有侦查权,不得进行与侦查有关的工作。但在2000年5月,最高人民检察院又规定了民行检察部门对民事行政司法人员职务犯罪的初查职权,即民行检察部门在审查民事行政抗诉案卷的时候,发现司法人员违法犯罪线索,可以进行初查,经初查发现有犯罪事实的,送交自侦部门立案,民行检察部门可以继续参加侦查工作,直至侦查工作结束。① 2004年9月,最高人民检察院印发《关于调整人民检察院直接受理案件侦查分工的通知》②(以下简称《通知》),重新赋予了民事检察部门对审判人员职务犯罪的侦查权。《通知》明确了民行检察部门对在办理民事行政抗诉案件过程中发现的审判人员职务犯罪案件线索,可以进行初查;经初查符合立案条件的,可以直接立案侦查。2005年1月,最高人民检察院民事行政检察厅印发《关于贯彻〈关于调整人民检察院直接受理案件侦查分工的通知〉认真做好查办审判人员职务犯罪案件工作的意见》,对民行检察部门行使侦查权提出了规范性意见,指导各地民行部门开展侦查工作。各地民事检察部门在开展民事检察监督工作的过程中,充分运用职务犯罪侦查权能,一方面惩治了司法腐败,通过侦查促进了民事抗诉工作,实现了以"查"促"抗";另一方面,对于正处于发展阶段的民事检察监督工作而言,通过侦查权树立了监督权威,提升了监督效果。但是,由于监督过程中过于依赖职务侦查权,间接产生了不利于民事检察业务的专业化发展的影响。③

2007年民事诉讼法修改主要是以再审制度和执行制度为重点,目的

---

① 参见方明、李戬:《民事行政检察侦查权运用研究》,载《重庆科技学院学报(社会科学版)》2007年第5期。

② 现已失效。——编者注

③ 参见张志平、郭宗才:《民事行政检察部门侦查权的行使》,载《法学》2005年第10期。

是解决社会上对"再审难"和"执行难"的两大诉求。① 为了解决"再审难"问题,2007年民事诉讼法扩充了法院应当再审的情形,其中,第179条规定了十五种人民法院应当再审的情形。② 这十五种情形,同样是检察机关应当依法提起抗诉的情形,即检察机关应当提起抗诉的情形也增加至十五种。而1991年《民事诉讼法》第185条规定的检察机关应向法院提起抗诉的案件,只有四种情形。2007年民事诉讼法的修改,使检察机关的法定抗诉情形更加具体、明确,特别是新增七种因法院存在违反法定程序事项而应当提出抗诉的情形,具体规定于2007年《民事诉讼法》第179条第1款第7项至第12项和第2款中,主要包括管辖错误、审判组织组成不合法或应当回避的审判人员没有回避、剥夺当事人辩论权利等情形。以2007年民事诉讼法的修改为标志,将检察机关对于民事案件监督的审查范围,从实体监督扩张至程序监督。

这一阶段,民事检察监督工作的主要理念可以总结为三方面:一是对立监督理念,以职务犯罪侦查权能作为民事检察监督的制度保障,作为监督者的检察院与作为被监督者的法院形成对立状态;③ 二是实体监督为主、程序监督为辅的监督理念,2007年民事诉讼法增加了较多程序性抗诉事由,使得民事检察的监督范围出现了一定程度的扩张,不再单一只对实体结果进行审查监督,而是兼顾对程序性事项的监督;三是强职权主义理念,受刑事诉讼监督、职务犯罪侦查等传统检察业务的影

---

① 参见张卫平:《中国民事诉讼法立法四十年》,载《法学》2018年第7期。

② 也有学者主张为十三种,即第179条第1款规定的十三种情形。但本书认为,第179条第2款规定了另外两种应当再审的情形,故人民法院应当再审的情形共十五种。参见白洁、殷季锋:《民事诉讼法修改后的民事检察监督审视》,载《新疆大学学报(哲学・人文社会科学版)》2009年第5期。

③ 虽然2007年民事诉讼法的修改明确了检察机关的抗诉事由,能在一定程度推进检、法和谐关系的构建,但由于该法于2008年4月1日才开始实施,且这一阶段民事检察部门享有一定程度的侦查职权,检、法之间长期处于监督与被监督关系,这种冲突状态并没有根本转变。参见白洁、殷季锋:《民事诉讼法修改后的民事检察监督审视》,载《新疆大学学报(哲学・人文社会科学版)》2009年第5期。

响，民事检察监督存在较强的职权主义理念，主要表现在诸多案件采用依职权受理的方式办理，且监督范围不受当事人申请监督理由的约束。

（三）深入推进阶段（2008—2018年）

2009年9月，最高人民检察院发布《关于完善抗诉工作与职务犯罪侦查工作内部监督制约机制的规定》，再次将民事检察监督工作与审判人员职务犯罪侦查工作相分离。由此，检察机关确立了民事抗诉工作与职务犯罪侦查工作互相监督的内部制约机制，并继续执行民事申诉案件由控申部门受理、民事检察部门进行审查的制度。① 这时所形成的案件受审分离、审侦分离的运行架构，一直延续至今。以此为契机，民事检察监督工作重新回到拓展监督范围、提升监督质效的重心上来，并逐步探索对生效判决、裁定以外的生效法律文书、民事诉讼活动进行监督。

虽然2007年民事诉讼法的修改，扩充了检察机关依法应当提出抗诉的情形，扩大了检察机关对民事审判活动的监督范围，但仍有学者呼吁应当扩充检察机关对于民事诉讼活动的监督范围，实现对民事诉讼活动的全流程监督。② 因此，检察机关通过多种方式，开展了对民事诉讼法规定以外的民事审判、执行活动的监督试点。在对民事审判活动的监督方面，2011年之前，多地检察机关已自发探索并尝试对民事诉讼活动、民事调解书的监督工作。2011年3月，最高人民法院、最高人民检察院发布《关于对民事审判活动与行政诉讼实行法律监督的若干意见（试行）》，将民事生效裁判结果监督的范围，由原来的"生效判决、裁

---

① 参见《曹建明副检察长在全国检察机关第二次民事行政检察工作会议上的讲话》，载最高人民检察院民事行政检察厅编：《民事行政检察工作30周年纪念文集》，中国检察出版社2019年版，第927—943页。

② 参见汤维建：《民事诉讼法的全面修改于检察监督》，载《中国法学》2011年第3期。

定"扩展为"生效判决、裁定、调解";① 将之前一般认为民事检察监督属于事后监督,变更可以对法院正在进行的审判活动进行监督。② 在民事执行监督方面,在2011年之前,就已有北京、天津、重庆、山东、河南等部分地方检察机关开始自主试点民事执行监督工作,取得了一定的监督成效。但是这种自发的试点行为,难以满足人民群众对于司法公正的需求,法律规范的欠缺,也造成了监督方式的混乱与不规范。③ 为了解决这一时期出现的执行难、执行乱等问题,④ 回应社会上对于检察机关开展民事执行活动监督的期待,⑤ 2011年3月,最高人民法院、最高人民检察院会签《关于在部分地方开展民事执行活动法律监督试点工作的通知》,开始在山西、内蒙古、上海等12个省(区、市)试点民事执行法律监督工作。上述"两高"共同出台的两个文件,为2012年民事诉讼法修法过程中进一步规范检察机关民事检察监督的职权范围奠定了良好基础。

以2012年民事诉讼法为分界点,民事检察监督制度出现了根本性的重构。2012年8月,全国人大常委会通过了修改后的《民事诉讼法》,并于2013年1月1日起正式实施。修改后的《民事诉讼法》第14条规定,"人民检察院有权对民事诉讼实行法律监督"。这一规定使检察机关对民事执行活动、生效调解书等的监督工作有法可依。具体而言,在民

---

① 参见最高人民法院、最高人民检察院《关于对民事审判活动与行政诉讼实行法律监督的若干意见(试行)》第3条。

② 最高人民法院、最高人民检察院《关于对民事审判活动与行政诉讼实行法律监督的若干意见(试行)》第9条第2款规定,当事人就法院未予纠正的审判活动向检察院提出申诉,检察院应当受理。

③ 参见郭兴莲、曹琳:《民事执行检察监督的范围、方式及相关的程序设计》,载《法学家》2010年第3期。

④ 参见赵钢、王杏飞:《民事执行检察监督的程序设计》,载《检察日报》2007年5月22日,第3版。

⑤ 参见张立:《民事执行监督企盼立法支持》,载《检察日报》2007年6月21日,第1版。

事检察监督范围方面，2012年民事诉讼法将民事检察监督的范围扩展到了包括诉前、诉中、诉后、执行在内的民事诉讼全过程。在民事检察监督对象方面，2012年《民事诉讼法》第208条规定，人民检察院发现调解书损害国家利益、社会公共利益的，可以向同级人民法院提出检察建议，也可以提请上级人民检察院向同级人民法院提出抗诉，从而将对法院生效裁判文书的监督范围，扩展到了包括调解书在内的裁判文书。在民事检察监督手段方面，2012年民事诉讼法从2007年民事诉讼法规定的提起抗诉一种监督手段，扩展到可以通过检察建议的方式进行监督。具体包括第208条第2款规定的"再审检察建议"和第3款规定的"对审判人员违法行为提出的检察建议"。

2013年1月，最高人民检察院发布《关于贯彻执行〈中华人民共和国民事诉讼法〉若干问题的通知》，对各级检察院解决新旧法衔接过程中产生的问题进行规范。2013年11月，最高人民检察院发布《人民检察院民事诉讼监督规则（试行）》[①]，以确保各级检察机关依法正确履行民事检察监督职责，规范监督程序，提高监督质量和效率，实现监督效果。2016年8月，最高人民检察院民事行政检察厅印发《关于人民检察院派员出席民事行政抗诉案件再审法庭工作的若干意见》，对检察机关派员出席再审庭审活动进行了规范，其中规定检察人员出席再审法庭的职责任务有三：一是宣读抗诉书；二是对依职权调查的证据予以出示和说明；三是对再审庭审活动实行法律监督。2016年9月，最高人民检察院民事行政检察厅与最高人民法院审判监督庭会签《关于办理民事诉讼检察监督案件若干问题的会议纪要》，对于民事检察监督过程中出现的问题进行了明确与规范。至此，民事检察部门与民事审判部门逐渐形成了良好的沟通协调机制，双方共同认识到民事检察监督是检察机关维护司法权威的一项重要职责，监督模式也由对立监督逐渐转变为协同监督。

---

① 现已失效。——编者注

2012年《民事诉讼法》第235条规定,"人民检察院有权对民事执行活动实行法律监督"。这是首次以法律的形式明确了检察机关对民事执行活动的监督职能。2016年11月,最高人民法院、最高人民检察院印发《关于民事执行活动法律监督若干问题的规定》,在《人民检察院民事诉讼监督规则（试行）》对民事执行活动监督规定的基础上,[①] 对民事执行监督的原则、范围、管辖、申请监督的程序、依职权监督的范围、调阅卷宗、调查核实,人民法院的受理、办理、回复等内容进行了进一步细化。

2014年10月,党的十八届四中全会审议通过了《中共中央关于全面推进依法治国若干重大问题的决定》,提出"探索建立检察机关提起公益诉讼制度"。2015年7月,最高人民检察院印发《检察机关提起公益诉讼试点方案》。自此,检察机关开始了对民事公益诉讼的探索。2018年12月,随着最高人民检察院机构改革单独设立了公益诉讼检察厅,民事公益诉讼检察的职能完全由公益诉讼检察部门行使,形成了民事检察与公益诉讼检察并行开展的工作格局。至此,民事公益诉讼检察与民事检察监督之间已经各自独立,故不再对民事公益诉讼检察进行过多论述。

随着民事诉讼模式的不断改革,2012年民事诉讼法的修改以及2015年民事诉讼法司法解释的制定,我国民事诉讼逐步建立起了当事人主义的诉讼模式,[②] 主要表现为重视当事人的意思自治,确立了民事诉讼的处分原则和辩论原则。这种诉讼模式的转变,也反映在民事诉讼法对民事检察监督的规定当中,使民事检察监督理念发生了较为根本的变化。过去,民事检察部门受到检察机关在刑事诉讼、职务犯罪侦查工作当中的职权主义思想影响,逐渐形成"有错必纠"的观念,以公权力姿

---

① 《人民检察院民事诉讼监督规则（试行）》对于执行活动监督的规定只有第102条、第103条两条规定,且内容较为笼统,可操作性不强。

② 参见许可：《论当事人主义诉讼模式在我国法上的新进展》,载《当代法学》2016年第3期。

态介入民事诉讼,反而不利于当事人的矛盾化解,也有违民事诉讼的基本价值。① 2012 年民事诉讼法的修改,虽然扩大了检察机关民事检察的监督范围,但也对于上述民事检察监督理念进行了"纠偏"。《民事诉讼法》第 209 条规定当事人可以向检察院申请检察建议或抗诉的情形,主要包括:人民法院驳回再审申请的;人民法院逾期未对再审申请作出裁定的;再审判决、裁定有明显错误的。这三种情况都要求当事人穷尽民事诉讼的救济程序后,才能申请检察监督,体现了民事检察监督应当遵循的谦抑性理念。2012 年民事诉讼法、2013 年《人民检察院民事诉讼监督规则(试行)》及之后的规范性文件,都贯彻了民事检察监督应当遵循民事司法规律和民事诉讼原理,尊重当事人意思自治和平等原则,保障当事人在法律范围内的处分权的理念。②

综上,对这一阶段民事检察监督的理念进行梳理,可以概括为以下三方面的监督理念:一是贯彻了民事诉讼全流程监督理念。从着重对裁判结果的实体监督,扩展到对包括诉讼程序、执行程序在内的全流程监督;从对判决、裁定的监督,扩展到对调解书的监督,真正实现了对民事诉讼监督的全覆盖。二是形成了协同监督的理念。民事检察部门不再享有职务犯罪侦查权后,与民事审判部门之间的对立关系大大缓和。民事检察监督更多的是从维护司法公正、纠正司法错误的角度出发,强调监督的协作配合。三是遵循民事司法规律与保护当事人诉权理念。无论是民事诉讼法的修订,还是《人民检察院民事诉讼监督规则(试行)》的制定,都体现了民事检察监督由原来的职权主义向兼具职权主义和当

---

① 参见傅国云:《民事检察监督若干焦点问题——以修改后的民事诉讼法为对象》,载《法治研究》2013 年第 9 期。

② 参见曹建明:《深入学习贯彻修改后的民事诉讼法切实履行好民事行政检察监督职责》,载《人民检察》2012 年第 19 期。

事人主义的转向。① 在具体监督工作中,主要表现为尊重民事诉讼原理与诉讼规律,努力平衡当事人处分权与民事检察监督之间的关系;除了虚假诉讼等损害国家利益和社会公共利益的情形外,一般不依职权进行主动监督,体现了检察机关在民事检察监督中权力行使的谦抑性。

三、习近平法治思想指导下的精准监督理念

2020年11月,在中央全面依法治国工作会议上,习近平法治思想被明确为全面依法治国的指导思想。作为习近平法治思想的集中体现,"十一个坚持"是中国特色社会主义法治理论形成的理论根基和实现全面依法治国的方向指引,② 也是民事检察工作的根本遵循。习近平法治思想的"第八个坚持"强调,要坚持全面推进科学立法、严格执法、公正司法、全民守法;要继续推进法治领域改革,解决好立法、执法、司法、守法等领域的突出矛盾和问题。长期以来,民事检察监督工作不能满足人民群众对公平、法治的需要,存在监督质效不高、权威不足的情况。因此,2018年12月,最高人民检察院进行了内设机构改革,将民事检察与行政检察分立,同刑事检察、公益诉讼检察形成"四大检察"总体布局,民事检察工作力量得到了有力加强。但受长期以来"重刑轻民"的观念影响,无论是思想观念还是司法实践,民事检察依法保护诉讼当事人民事权利还存在诸多不足。

自1988—2018年的30年间,全国各级民事检察部门受理、办结民

---

① 虽然提起职权主义与当事人主义,大部分观点是认为用来分析民事诉讼的诉讼模式或构造的概念。但是,因为民事检察部门对民事检察监督案件的办理,有着与民事审判相类似的程序,具体包括申请、立案、审查、决定等环节,且民事检察监督权与民事审判权属于相类似的司法权,所以以职权主义、当事人主义的概念来分析民事检察监督的程序模式,并不存在不可逾越的鸿沟。参见杨会新:《论我国民事检察权的运行方式与功能承担》,载《法学家》2016年第6期。

② 参见梅传强、胡雅岚:《习近平法治思想中严格执法思想的阐释》,载《重庆大学学报(社会科学版)》2021年第1期。

事检察案件150余万件，纠正了大量错误判决、裁定和民事诉讼中的违法行为，有力维护了社会公正。① 但在新时代，民事检察的办案质量、效率、效果并不能充分满足人民群众更高要求，就案办案、案结事未了问题仍存在。最高人民检察院在2018年向全国人大常委会作《关于人民检察院加强对民事诉讼和执行活动法律监督工作情况的报告》时指出，"多数案件限于个案办理、就事说事，跟进监督、类案监督不够"。② 习近平法治思想中的"第二个坚持"强调，要坚持以人民为中心，要把体现人民利益、反映人民愿望、维护人民权益、增进人民福祉落实到全面依法治国各领域全过程。以人民为中心，是习近平法治思想的核心要义，也是在新时代对人民主体地位思想的继承与发展。③ 满足人民群众对于民事检察工作的更高需求，也是民事检察工作落实习近平法治思想的应有之义。最高人民检察院提出，民事诉讼监督要树立精准监督的理念，在精准监督上下功夫，通过优化监督实现强化监督，即优先选择在司法理念方面有纠偏、创新、进步、引领价值的典型案件，争取抗诉一件促进解决一个领域、一个地方、一个时期司法理念、政策、导向的问题，发挥对类案的指导作用。④ 精准监督理念，是最高人民检察院首次明确提出民事检察监督理念。在以习近平法治思想作为全面依法治国指导思想的大背景下，精准监督理念是民事检察部门贯彻落实习近平法治思想的重要保障。

民事法律关系纷繁复杂，精准监督理念有助于民事检察部门聚焦突

---

① 参见胡卫列、兰楠、刘小艳：《中国特色民事行政检察的制度实践与理论探索——民事行政检察30周年综述》，载《国家检察官学院学报》2018年第6期。

② 张军：《最高人民检察院关于人民检察院加强对民事诉讼和执行活动法律监督工作情况的报告》，载《中华人民共和国最高人民检察院公报》2018年第6期。

③ 参见梅传强、张嘉艺：《习近平法治思想中司法公正的理论蕴涵》，载《重庆理工大学学报（社会科学版）》2021年第3期。

④ 参见滕艳军：《民事诉讼精准监督的实现与保障》，载《人民检察》2019年第13期。

出问题，精准履行监督职责，及时监督纠正与民法典精神和规定不相符的司法裁判，维护司法公正和人民群众合法权益。但值得注意的是，精准监督不是选择性监督。① 民事检察监督兼具对法院审判权的监督和当事人私权的救济两种属性。② 特别是对当事人的私权救济而言，只要案件符合法律规定的监督条件，均应予以监督，以维护案件当事人的正当权益。否则，民事检察监督的人民性属性将无从谈起。

精准监督的监督方式，除了包括对个案进行有效、精确监督以外，还应包括类案监督方式。易言之，即在以个案监督方式办好每起民事检察监督案件的基础上，加强以类案监督的方式进行监督。《2018—2022年检察改革工作规划》明确指出，要探索民事类案监督工作机制。那么，何为类案监督？民事诉讼类案监督是检察机关在对民事裁判结果、民事审判程序、民事执行等进行监督过程中发现的共性问题，以检察建议等方式向人民法院提出监督意见，以监督人民法院在类似案件上适用统一的裁判尺度和规则，或者是督促人民法院纠正民事审判程序和执行中存在的普遍性、倾向性问题，从而改进工作制度、堵塞工作漏洞的司法活动。③ 相较于个案监督，类案监督在统一法律适用、实现同案同判方面，具有明显优势。④ 最高人民检察院在 2018 年向最高人民法院发送的关于公告送达的检察建议、2020 年发送的关于惩治虚假诉讼的检察建议，都是对法院民事诉讼活动进行的类案监督，起到了良好的效果。检察机关开展民事诉讼类案监督，除了可以指导全国检察机关统一监督标

---

① 参见冯小光：《以精准监督理念为指引做强民事检察工作》，载《人民检察》2019 年第 15 期。

② 参见杨会新：《论我国民事检察权的运行方式与功能承担》，载《法学家》2016 年第 6 期。

③ 参见华锰、李大扬：《民事诉讼类案监督的实践与机制构建》，载《人民检察》2020 年第 22 期。

④ 参见肖建国：《类案监督目的与实现路径》，载《检察日报》2020 年 8 月 31 日，第 3 版。

准、提升监督质效外，还可以督促人民法院改进特定问题，推动社会治理体系建设。

2020年5月民法典正式颁布。习近平总书记在中央政治局"切实实施民法典"集体学习时专门强调，要加强民事检察工作，加强对司法活动的监督，畅通司法救济渠道，保护公民、法人和其他组织合法权益。习近平总书记关于民事检察工作的重要指示，为推进新时代民事检察工作创新发展提供了根本遵循，指明了民事检察工作的发展方向。① 民法典调整规范民事主体之间的人身关系和财产关系，是新时代人民权利的宣言书，是以人民为中心发展思想在立法领域的重要制度成果。民法典的颁布实施，为检察机关落实精准监督理念提供了强有力的法律供给。民事检察部门贯彻落实民法典，以民法典为依托做好精准监督工作，关键在于以习近平法治思想为指导，领悟法条背后的"法理"，以"万法之基""万法之母"的民法典精神内涵，引领民事检察工作创新发展。民法典按照不同的经济社会关系形成的属性不同的法律关系进行划分，分为总则、物权等七编，编以下分章、节，结构分明，层次清晰，该体例划分就是区分大、中、小不同的民事诉讼类案的重要标准，也为实施类案民事检察监督提供了重要指引。② 现阶段，人民群众的权利意识和法治观念日益增强，普遍希望对权利的保护更充分、更有效。民事检察工作也要必须敏于这种期待和变化，以习近平法治思想为遵循，以精准监督理念为抓手，明确监督标准，优化监督方式，规范监督程序，完善监督机制，提升监督质效，推动新时代民事检察工作实现高质量发展，③回应人民群众的法治需求。

---

① 参见冯小光：《努力实现民法典学习贯彻与民事检察创新发展"同频共振"》，载《检察日报》2020年8月5日，第7版。

② 参见冯小光：《民法典为加强类案监督提供重要指引》，载《检察日报》2020年8月31日，第3版。

③ 参见冯小光、滕艳军：《民法典实施背景下民事检察实现高质量发展的路径》，载《中国检察官》2021年第1期。

第三节　民事诉讼精准监督的现实考量

新时代提出精准监督理念，有其特有的经济社会背景和现实需要。对精准监督理念的现实考量进行分析，就要通过对司法办案数据、法院及社会公众对民事检察监督工作的现实感受等方面进行研究分析，以检验精准监督理念是否符合现实需求。

一、检法两院近年来案件办理数据情况

民事诉讼监督程序是民事诉讼程序的一个环节，一起案件从法院受理、审判、上诉、申请再审，到最后向检察机关申请监督，通常需要一年以上的时间。因而民事检察部门办理的民事诉讼监督案件，通常是法院一年以前受理的案件，具有一定的延后性。故本节以2017—2019年全国法院受理民事案件数据和2018—2020年全国民事诉讼监督案件办理数据进行分析研究，并以当年度检察院受理案件数量与上一年度法院受理案件数量进行分析对比，以实现对民事检察监督案件办理现实状况的综合研判。

（一）2017—2019年全国法院受理民事案件情况[①]

2017年，全国法院受理一审民事案件11373753件，排在前5位的案件类型分别为合同、无因管理、不当得利纠纷7008397件，婚姻家庭继承纠纷1802151件，侵权责任纠纷1138487件，劳动、人事争议451567件，物权纠纷319622件。

[①] 法院相关数据均引用自国家统计局编写的2018—2020年《中国统计年鉴》。因年鉴中法院受理一审民事案件的案由是根据最高人民法院《民事案件案由规定》的一级案由进行的统计，故本书只能根据一级案由进行统计分析。

2018年，全国法院受理一审民事案件12449685件，排在前5位的案件类型分别为合同、无因管理、不当得利纠纷7972100件，婚姻家庭继承纠纷1808787件，侵权责任纠纷1096130件，劳动、人事争议452289件，物权纠纷324162件。

2019年，全国法院受理一审民事案件13852052件，排在前5位的案件类型分别为合同、无因管理、不当得利纠纷9164560件，婚姻家庭继承纠纷1836638件，侵权责任纠纷1042299件，劳动、人事争议483767件，知识产权与竞争纠纷399031件。①

表1 2017—2019年民事审判案件数量统计 （单位：件）

年份	总数	合同、无因管理、不当得利纠纷	婚姻家庭继承纠纷	侵权责任纠纷	劳动、人事争议	物权纠纷
2017年	11373753	7008397	1802151	1138487	451567	319622
2018年	12449685	7972100	1808787	1096130	452289	324162
2019年	13852052	9164560	1836638	1042299	483767	325847

（二）2018—2020年全国民事诉讼监督案件办理情况②

2018年，全国检察机关共受理民事生效裁判监督案件58117件，排在前5位的案件类型分别为合同、无因管理、不当得利纠纷34020件，物权纠纷5594件，劳动、人事争议5586件，侵权责任纠纷3480件，婚姻家庭继承纠纷2248件。合同纠纷中排在前5位的分别为借款合同纠纷14463件、买卖合同纠纷3219件、房屋买卖合同纠纷2828件、建设工程合同纠纷2383件、租赁合同纠纷1966件。

---

① 2019年，全国法院受理一审的物权纠纷案件为325847件，受案数量排在知识产权与竞争纠纷之后，列第6位。参见国家统计局编：《2020中国统计年鉴》，中国统计出版社2020年版，第527页。

② 检察院相关数据均引用自最高人民检察院及各级人民检察院的历年工作报告、数据分析报告、报纸报道等，仅作为研究分析之用。

2019年，全国检察机关共受理民事生效裁判监督案件76900件，排在前5位的案件类型分别为合同、无因管理、不当得利纠纷49529件，物权纠纷5998件，劳动、人事争议5814件，侵权责任纠纷4388件，婚姻家庭继承纠纷2575件。合同纠纷中排在前5位的分别为借款合同纠纷23803件、房屋买卖合同纠纷4693件、买卖合同纠纷4047件、建设工程合同纠纷3184件、租赁合同纠纷2737件。

2020年，全国检察机关共受理民事生效裁判监督案件72422件，排在前5位的案件类型分别为合同、无因管理、不当得利纠纷48503件，物权纠纷5392件，劳动、人事争议5101件，侵权责任纠纷3655件，婚姻家庭继承纠纷2454件。合同纠纷中排在前5位的分别为借款合同纠纷24509件、买卖合同纠纷3985件、房屋买卖合同纠纷3693件、建设工程合同纠纷3304件、租赁合同纠纷2429件。

表2 2018—2020年民事诉讼监督案件数量统计　　（单位：件）

年份	总数	合同、无因管理、不当得利纠纷	物权纠纷	劳动、人事争议	侵权责任纠纷	婚姻家庭继承纠纷
2018年	58117	34020	5594	5586	3480	2248
2019年	76900	49529	5998	5814	4388	2575
2020年	72422	48503	5392	5101	3655	2454

（三）法院审判数据与检察院监督数据的比较分析

2017—2019年，法院一审受理的裁判结果监督案件数量呈现逐年增长趋势，且案件类型数量的排名并未发生较大变化。其中，受理案件数量稳居前四的案件分别是合同、无因管理、不当得利纠纷，婚姻家庭继承纠纷，侵权责任纠纷，劳动、人事争议。随着我国知识产权保护力度不断加强，北京、上海、广州等地分别成立了知识产权专门法院，南京、苏州、青岛等地设置了知识产权法庭，特别是在最高人民法院也单独设立知识产权法庭之后，知识产权纠纷出现了明显增长。2018年，全国法院受理一审知识产权纠纷 283414 件，而到了 2019 年，知识产权纠纷案件数增长了 11 万余件，达到了 399031 件，涨幅达 40.79%，案件数量超过了物权纠纷，成为该年度受理案件数量第五多的案件。这也反映了人民群众对于知识产权保护的更高需求。

从检察院受理民事诉讼监督案件的情况来看，2018 年、2019 年均呈现较大的增长趋势；2020 年受新冠肺炎疫情影响，案件总数较 2019 年略有下降。对于具体案由而言，检察机关受理数量较多的案件案由，并没有发生变化。自 2018—2020 年，排在前五位的案件类型分别为合同纠纷，物权纠纷，劳动、人事争议，侵权责任纠纷，婚姻家庭继承纠纷。与法院排名前五的案件类型相比，两者案件受理数量排名没有发生变化的是合同纠纷和劳动、人事争议案件，分别排在第一位和第四位。婚姻家庭继承纠纷在法院的受案数量中排名为第二位，而检察监督受理案件的数量为第五位，排名下降两位；侵权责任纠纷在法院的受案数量中排名为第三位，检察监督受理案件数量为第四位，排名下降一位。民事检察监督案件排名上升的案件为物权纠纷，2017 年、2018 年排在法院受案总数的第五位，2019 年排在第六位，而民事检察监督的受案数量一直保持在第二位。

表3 2017—2020 年法院、检察院受理民事诉讼监督案件数量排序

年份	受案机关	受理案件数量排序（按案由）				
2017 年、2018 年	法院	合同纠纷	婚姻家庭继承纠纷	侵权责任纠纷	劳动争议	物权纠纷
2018 年、2019 年	检察院	合同纠纷	物权纠纷	劳动争议	侵权责任纠纷	婚姻家庭继承纠纷
2019 年	法院	合同纠纷	婚姻家庭继承纠纷	侵权责任纠纷	劳动争议	知识产权与竞争纠纷
2020 年	检察院	合同纠纷	物权纠纷	劳动争议	侵权责任纠纷	婚姻家庭继承纠纷

排名顺序的变化，能否反映某类案件监督比例的不同？如前所述，根据现行民事诉讼法和司法解释，当事人向法院提起诉讼后，至少要经

过 1 年的时间，才有可能进入检察监督环节。因此，将本年度民事诉讼监督案件数据与上一年度民事审判数据进行对比分析，或可以大体推算出某一类型案件的申请监督比例。对某类案件申请监督比例的公式为：申请监督比例＝本年度检察院受理案件数量÷上一年度法院受理案件数量。依据这一公式，可以估算各类案件的申请监督比例。

1. 合同、无因管理、不当得利纠纷

2017 年法院受理 7008397 件，2018 年检察院受理 34020 件，申请监督比例为 0.49%；2018 年法院受理 7972100 件，2019 年检察院受理 49529 件，申请监督比例为 0.62%；2019 年法院受理 9164560 件，2020 年检察院受理 48503 件，申请监督比例为 0.53%。

2. 婚姻家庭继承纠纷

2017 年法院受理 1802151 件，2018 年检察院受理 2248 件，申请监督比例为 0.13%；2018 年法院受理 1808787 件，2019 年检察院受理 2575 件，申请监督比例为 0.14%；2019 年法院受理 1836638 件，2020 年检察院受理 2454 件，申请监督比例为 0.13%。

3. 侵权责任纠纷

2017 年法院受理 1138487 件，2018 年检察院受理 3480 件，申请监督比例为 0.31%；2018 年法院受理 1096130 件，2019 年检察院受理 4388 件，申请监督比例为 0.40%；2019 年法院受理 1042299 件，2020 年检察院受理 3655 件，申请监督比例为 0.35%。

4. 劳动、人事争议

2017 年法院受理 451567 件，2018 年检察院受理 5586 件，申请监督比例为 1.24%；2018 年法院受理 452289 件，2019 年检察院受理 5814 件，申请监督比例为 1.29%；2019 年法院受理 483767 件，2020 年检察院受理 5101 件，申请监督比例为 1.05%。

5. 物权纠纷

2017 年法院受理 319622 件，2018 年检察院受理 5594 件，申请监督

比例为1.75%；2018年法院受理324162件，2019年检察院受理5998件，申请监督比例为1.85%；2019年法院受理325847件，2020年检察院受理5392件，申请监督比例为1.66%。

二、调查问卷情况

根据受访对象不同，调查问卷具体区分为民事检察干警版本、非民事部门检察干警版本、法院干警版本、当事人与社会公众版本。2020年11月至12月，通过向部分检察院、法院和社会公众发放"关于民法典实施背景下加强民事诉讼精准监督调查问卷"，共收集民事检察干警版本有效问卷1455份、非民事部门检察干警版本有效问卷2444份、法院干警版本有效问卷298份、当事人与社会公众版本有效问卷2087份。四类问卷投放区域较为均衡，可以较好反映全国整体对于民事检察工作的认知程度。

（一）对民事检察监督整体质效的评价

对于调查问卷的具体问题，首先应分析"对于民事检察监督工作总体质效的评价"问题。该问题旨在分析不同类型人士对于民事检察工作质效的整体评价。在受访对象是民事检察干警的问卷中，认为很好的209人，占比14.36%；认为较好的611人，占比41.99%；认为一般的556人，占比38.21%；认为较差的79人，占比5.43%。在受访对象是非民事部门检察干警的问卷中，认为很好的1175人，占比48.08%；认为较好的714人，占比29.21%；认为一般的415人，占比16.98%；认为较差的140人，占比5.72%。在受访对象是法院干警的问卷中，认为很好的135人，占比45.3%；认为较好的73人，占比24.50%；认为一般的79人，占比26.51%；认为较差的11人，占比3.69%。在受访对象是当事人与社会公众的问卷中，认为很好的422人，占比20.22%；认为较好的807人，占比38.67%；认为一般的706人，占比33.83%；认为较差的152人，占比7.28%。

表 4　民事检察监督工作总体质效评价

问卷类型	总数	很好	较好	一般	较差
民事检察干警	1455	209	611	556	79
占比	100%	14.36%	41.99%	38.21%	5.43%
非民事部门检察干警	2444	1175	714	415	140
占比	100%	48.08%	29.21%	16.98%	5.72%
法院干警	298	135	73	79	11
占比	100%	45.3%	24.50%	26.51%	3.69%
当事人与社会公众	2087	422	807	706	152
占比	100%	20.22%	38.67%	33.83%	7.28%
总计	6284	1941	2205	1756	382
比例	100%	30.89%	35.09%	27.94%	6.08%

（二）法院干警对民事诉讼监督质效的评价

由于非民事部门检察干警、社会公众对于民事裁判结果监督工作可能并没有直接接触，实际状况并不完全了解，该两类问卷的数据可能无法全面反映民事裁判结果监督工作的客观情况，① 故对于民事裁判结果监督质效评价的问题，不再对上述两类受访对象的问卷进行过多分析。作为民事诉讼监督的被监督主体，法院干警能够较为真实客观地反映民事裁判结果监督的各类质效。因此，对各类民事裁判结果监督的质效评

---

① 对于民事裁判结果监督的效果问题，在受访对象是当事人和社会公众的问卷中，回答不清楚的有301人，占比14.42%。在"您申请（或代理）的案件，检察院是否提出抗诉或再审检察建议"问题中，选择"没有申请或代理案件"的1109人，占比53.14%。因此，社会公众对于民事裁判结果监督的实际效果并不了解，即便对该部分问卷进行分析，也难以得出较为可靠的结论。

价状况，首先要分析受访对象是法院干警的问卷。

对于民事裁判结果监督质效问题，认为民事裁判结果监督质效效果很好的115人，占比38.59%；认为较好的98人，占比32.89%；认为一般的74人，占比24.83%；认为较差的11人，占比3.69%。

对于民事抗诉案件的改判率问题，认为改判率很好的105人，占比35.23%；认为较好的80人，占比26.85%；认为一般的93人，占比31.21%；认为较差的20人，占比6.71%。

对于检察机关提出再审检察建议的案件，法院不启动再审程序的主要原因问题，认为"检察机关提出再审检察建议质量不高"的107人，占比35.91%；认为"再审检察建议没有强制启动程序，刚性不足"的125人，占比41.95%；认为"法官有权行使自由裁量权"的40人，占比13.42%；认为"法院对再审率有控制"的26人，占比8.72%。

对于民事检察人员的能力评价方面，法院干警认为民事检察干警最缺乏的能力问题，认为缺乏"释法说理能力"73人，占比24.50%；认为缺乏"准确适用法律能力"61人，占比20.47%；认为缺乏"查清案件事实、找准争议焦点能力"116人，占比38.93%；认为缺乏"沟通协调能力"48人，占比16.11%。

（三）民事检察干警的自身评价

民事检察干警对于民事诉讼监督工作和自身工作能力的评价，可以较好反映民事检察部门的自我认知状况，属于民事检察干警的主观感受。本节以受访对象是民事检察干警的问卷进行分析。在受访对象的人员类别方面，参与该部分问卷调查的民事检察干警共1455人，其中，检察官911人，占比62.61%；检察官助理391人，占比26.87%；书记员153人，占比10.52%。从区域角度来看，参与民事检察干警版本问卷调查的人员中，东部省份547人，占比37.59%；中部省份397人，占比27.29%；西部省份511人，占比35.12%。① 据此可知，问卷调查的人员类别、地域分布较为均衡，调查结论应具有较高可信度。

就具体问题而言，对于民事裁判结果监督质效的评价问题，认为监督效果很好的190人，占比13.06%；认为较好的633人，占比43.51%；认为一般的566人，占比38.90%；认为较差的66人，占比4.54%。

对于民事抗诉案件的改判率问题，认为改判率很好的256人，占比17.59%；认为改判率较好的602人，占比41.37%；认为一般的505人，占比34.71%；回答较差的92人，占比6.32%。

对于提出再审检察建议案件中，法院不启动再审程序的主要原因问题，认为"提出再审检察建议质量不高"114人，占比7.84%；认为"再审检察建议没有启动程序的强制性，刚性不足"841人，占比57.80%；认为"法院对启动再审程序的裁量权较大"327人，占比22.47%；认为"法院对再审率有控制"173人，占比11.89%。

对于从事民事检察工作缺乏哪些方面能力的问题，有超过三分之二的受访对象认为缺乏"释法说理能力""准确适用法律能力"和"查清案件事实、找准争议焦点能力"，有半数对象认为缺乏"与法院沟通协调能力"。

对于现在民法典等业务培训应着重加强哪些方面问题，超过半数的受访对象认为应当加强"民法典等新修改的法律条文解读"和"案例教学、以案释法"；而有一半左右的受访对象认为应当加强"法检同堂培

---

① 根据问卷划分，东部省份包括：河北省、北京市、天津市、山东省、江苏省、上海市、浙江省、福建省、广东省、海南省、香港特别行政区、澳门特别行政区；中部省份包括：山西、河南、安徽、湖北、江西、湖南；西部省份包括：陕西省、四川省、云南省、贵州省、广西壮族自治区、甘肃省、青海省、宁夏回族自治区、西藏自治区、新疆维吾尔自治区、内蒙古自治区、重庆市。

训"和"检察业务专项培训"。①

三、结论分析

(一) 通过落实精准监督理念提升民事检察工作质效

民事检察工作的整体质效问题,更多的是法院、人民群众以及民事检察干警自身对于民事检察监督工作的评价问题。通过对问卷的分析可知,非民事部门检察干警对于民事检察工作的评价整体高于其他受访群体,认为很好和较好的比重为77.29%;而接受问卷调查的民事检察干警、法院干警和社会公众的这一比例分别为56.35%、69.80%和65.98%。究其原因,一方面可能由于其他部门对于民事检察工作不了解,整体认为民事检察工作质效不错;另一方面可能由于本次问卷主要由民事检察部门干警负责在本院发放,其他部门干警不愿意给民事检察部门同事作出较低评价导致。②

对于民事检察工作整体质效的评价问题,无论受访对象是法院干警,还是民事检察干警,认为质效一般和较差的比例均不低。其中,在受访对象是法院干警的问卷当中,对于民事检察工作整体质效的评价问题,认为质效一般和较差的占比30.20%。这一指标在受访对象是民事

---

① 因为这两个问题都是多选题,所以选项的填写数量超出了实际调查人数。具体而言,对于从事民事检察工作缺乏哪些方面能力的问题,认为缺乏"释法说理能力""准确适用法律能力"和"查清案件事实、找准争议焦点能力"分别为1006人次、1036人次和1064人次,认为缺乏"与法院沟通协调能力"851人次。对于现在民法典等业务培训应着重加强哪些方面问题,认为应当加强"民法典等新修改的法律条文解读"和"案例教学、以案释法"分别为1035人次和1253人次;认为应当加强"法检同堂培训"和"检察业务专项培训"分别为883人次和998人次。故,对于这两个问题只能进行大致的趋势分析。

② 非民事部门检察干警对于民事检察部门办理裁判结果监督案件的效果评价,认为很好的943人,占比38.58%;认为较好的850人,占比34.78%;认为一般的564人,占比23.08%;认为较差的87人,占比3.56%。根据这一问题的分析,也可以得出相同结论。

检察干警的问卷中,占比为34.02%。由此可见,无论是作为监督者的民事检察干警,还是作为被监督者的法院干警,均有三成以上受访人员认为民事检察监督工作质效一般,存在较大提升空间。

具体到民事裁判结果监督等各项工作,对于民事裁判结果监督质效的评价问题,法院干警认为质效一般和较差的共85人,占比28.52%;民事检察干警认为质效一般和较差的共632人,占比43.44%。对于抗诉案件的改判效果,法院干警认为效果一般和较差的共113人,占比37.92%;民事检察干警认为效果一般和较差的共597人,占比41.03%。这一组数据中,只有法院干警认为民事裁判结果监督的质效略好于民事检察工作整体质效,其他数据指标都远低于民事检察工作整体质效。因此,可以得出民事裁判结果监督的质效处于较低的水准,即便是民事检察干警,对于自身办理的民事裁判结果监督案件也并不满意。

关于检察机关提出再审检察建议的质效方面,在受访对象是法院干警的问卷中,对于检察机关提出再审检察建议的案件,法院不启动再审程序的主要原因问题,认为"检察机关提出再审检察建议质量不高"107人,占比35.91%;在对法院干警调查民事检察干警最缺乏哪种能力问题方面,认为缺乏"释法说理能力"73人,占比24.50%;认为缺乏"准确适用法律能力"61人,占比20.47%。上述三类选项均认为是由于再审检察建议质量问题原因而不启动再审程序,共计241人,占比80.88%。然而,同一问题在受访对象是民事检察干警的问卷中,却出现了几乎截然相反的结论。在民事检察干警对于法院不根据再审检察建议启动再审的原因当中,认为是法院自身原因导致不启动再审程序的比例较高,分别是认为"再审检察建议没有启动程序的强制性,刚性不足"841人、占比57.80%,以及认为"法院对启动再审程序的裁量权较大"327人、占比22.47%;而认为原因是"提出再审检察建议质量不高"的仅114人,占比7.84%。这种差异,一方面在于检、法两院对于民事裁判结果监督案件的立场不同,处于监督与被监督这种可能会产生"对立"的立场;另一方面,也反映了民事检察部门对赋予再审检察建议强制性的迫切需求。不可否认,法院对于是否依据再审检察建议启动抗诉确实存在一定裁量权,但是检察建议的质量不高也是非常重要的原因。与抗诉不同,再审检察建议属于较为"柔性"的监督手段,现行法律并未规定检察机关发出再审检察建议后,法院一定要启动再审程序。因而以再审检察建议方式进行监督,必须要求建议内容质量较高,释法说理充分,准确认定事实、适用法律。而现实状况是检察机关向法院发出再审检察建议后,法院启动再审程序的比例并不高,[①] 再审检察建议的质量还有较大提升空间。对于存在的这一问题,从民事检察干警对从事民事检察工作欠缺哪些方面能力的问题当中,也能得到反映。对于该问题,有超过三分之二的受访民事检察干警认为缺乏"释法说理能力""准确适用法律能力"和"查清案件事实、找准争议焦点能力"。可见民事检察干警在把握法律政策、办理新型案件、释法说理等方面的能力还有进一步提升的空间,自身能力素质建设仍需加强。

综观调查问卷的整体状况,现阶段,无论是法院干警还是社会公众,都认为民事检察监督工作仍有较大的提升空间,还不能满足人民群众对新时代法治建设的需求,民事检察干警的能力素质亟须加强,监督理念仍需更新。通过落实精准监督理念,实现民事检察监督的"精细化"作业,才可能逐步扭转民事检察监督质效不彰的现状。因此,在民事检察监督工作中贯彻精准监督的指导理念,是对人民群众对"民主、法治、公平、正义"更高要求的回应,也是检察机关提升自身监督质效的必然要求。

(二)通过落实精准监督理念督促审判质量提升

根据检、法两院近年来的办案数据分析,各类案件申请监督比例从高

[①] 据不完全统计,自 2020 年 1 月至 2021 年 6 月,全国各级检察机关向法院发出再审检察建议后,法院采纳再审检察建议的比率约为 60%。

到低的顺序是：物权纠纷申请监督比例约1.75%，劳动、人事争议申请监督比例约1.19%，合同、无因管理、不当得利纠纷申请监督比例约0.55%，侵权责任纠纷申请监督比例约0.35%，婚姻家庭继承纠纷申请监督比例约0.13%。对于申请监督比例较高的案件，除了案件本身争议较大、诉讼标的金额较高等原因外，法院审判质量不高、机械适用法律、与国家社会经济方针政策不相契合等，也是非常重要的原因。因此，检察机关要落实精准监督理念，充分理解案件所处的社会背景与国家大政方针政策，利用各种监督手段，督促法院提升审判质量，避免机械适用法律。

  在监督比例较高的案件中，劳动、人事争议排在第二位，而其中绝大部分是劳动争议案件，包括劳动合同纠纷、社会保险纠纷等。在我国经济制度的变革期，国有企业、集体企业的劳动管理制度发生了较大变化，劳动争议案件的审判情况表现出了较强的地域性与政策性，劳动争议仲裁机构或人民法院在审理劳动争议案件的过程中，往往会出现适用法律法规、政策的不同意见。仲裁与审判的衔接障碍，不仅给劳动者维护自身权益的造成一定的障碍，同时也在很大程度上造成了劳资双方法律关系的不稳定性、权利义务的不确定性，当事人对于劳动争议案件判决结果的认可程度也较低。① 另外，大量案件还存在争议额较小的情况。有时上级法院为了维护判决的既判力，对于金额较小的案件不愿意进行改判，这也使得当事人无法获得充分的权利救济。正因如此，申请对劳动争议进行监督的案件比例也居高不下。劳动争议不仅仅属于私权领域的纠纷，还兼具一定的社会法属性，② 检察机关在对劳动争议案件进行监督的过程中，要落实精准监督理念，根据争议发生时法规、政策的不同规定，准确处理案件，监督法院作出正确裁判。同时，部分劳动争议案件虽然争议额较小，但并不能以案"小"而不为。对于群众身边的小

---

  ① 参见李大扬：《劳动争议类案件诉讼监督实证分析》，载《人民检察》2020年第4期。

  ② 参见太月：《劳动合同法的社会法属性之证成》，载《学术交流》2015年第8期。

案，检察机关更应进行精准监督，督促法院提升审判质量。①

虽然近年来对合同纠纷案件的申请监督比例保持在 0.55% 左右，处于中等水平，但着眼到具体的案由来看，部分类型合同纠纷案件的监督比例却处于高位。在检察机关受理的合同纠纷案件中，监督数量排在前五名的分别是借款合同纠纷、买卖合同纠纷、房屋买卖合同纠纷、劳动争议纠纷、建设工程合同纠纷。与法院受理的一审案件数量相比，房屋买卖合同纠纷、建设工程合同纠纷在法院受理的合同纠纷案件中占比并不高，但申请检察院进行监督的数量较高。在我国，房地产具有一定的金融属性。房屋买卖合同纠纷、建设工程合同纠纷不仅涉及合同双方当事人具体利益，也关系银行业金融机构的资金安全。在国家着力稳定金融发展、防范化解金融风险的大背景下，房地产泡沫又被称为威胁金融安全的最大"灰犀牛"。② 具体到这两类案件的实际情况，房屋买卖合同、建设工程合同的标的额通常较高，纠纷的争议较大，但同案不同判的现象时有发生，造成当事人对判决结果的接受程度不高。因此，当事人通常会穷尽所有救济手段，以维护自身合法权利，从而出现大量案件向检察机关申请监督的情况，以寻求检察机关对其权利进行救济。检察机关在对涉及房地产的房屋买卖合同纠纷、建设工程纠纷等案件进行监督的过程中，必须落实精准监督理念，充分掌握国家对于防范化解金融风险的政策要求，准确判断法院判决是否符合法律和国家大政方针政策，避免因为案件导致金融风险产生，产生"黑天鹅""灰犀牛"现象。同时，对于房屋买卖合同纠纷、建设工程纠纷存在的同案不同判的情形，除了依法对个案进行监督以外，还可以尝试总结其中的共性问题，进行一定程度的类案监督，以促进法院提升审判质量，实现双赢多赢共赢。

---

① 参见于潇：《抗诉，为营业员讨回万元加班费》，载《检察日报》2021年4月21日，第8版。

② 参见郭树清：《坚定不移打好防范化解金融风险攻坚战》，载《求是》2020年第16期。

（三）通过落实精准监督理念实现案件公平正义

民事检察监督，不仅要监督法院在民事诉讼中权力行使的正确与否，督促法院改进审判工作，实现案件审判质量的提升，更是维护司法权威，实现社会公平正义的重要手段。通过对检、法两院办案数据分析和调查问卷分析可知，部分类型案件的审判质量与人民群众的期望之间仍存在较大差距，人民法院对案件的审判工作仍存较大的提升空间，距离做到"同案同判"、服判息诉的要求还有一定距离。鉴于此，民事检察监督工作，尤其是对申请监督比例较高案件的监督工作，不能仅局限在对个案监督、"就案办案"，而要保持监督理念的与时俱进，做好个案监督与类案监督的结合。对于不支持监督的案件，检察机关也应当正确认识其中的法治价值，① 通过检察文书的充分释法说理，可以维护法院审判权威，达成良好的法律效果和社会效果。

随着民法典的颁布实施和司法解释的不断更新，各类民事纠纷案件也出现了法律法规施行前后的"同案不同判"。例如，民间借贷纠纷，国家对于民间借贷纠纷的利率管控表现出较强的经济政策属性，特别是2020年8月最高人民法院发布了新修订的《关于审理民间借贷案件适用法律若干问题的规定》（以下简称《民间借贷司法解释》），对于民间借贷纠纷的利率限额进行了大幅度降低。② 虽然该司法解释已经对实施前后的民间借贷行为的利率计算方式进行了明确，但在2020年12月最高人民法院公布的《关于修改〈最高人民法院关于在民事审判工作中适用《中华人民共和国工会法》若干问题的解释〉等二十七件民事类司法解

---

① 参见滕艳军：《民事诉讼精准监督的实现与保障》，载《人民检察》2019年第13期。

② 在2020年7月最高人民法院与国家发展和改革委员会联合发布的《关于为新时代加快完善社会主义市场经济体制提供司法服务和保障的意见》中就已提出，要"统筹兼顾利率市场化改革与维护正常金融秩序的关系……大幅度降低民间借贷利率的司法保护上限，坚决否定高利转贷行为……维护金融市场秩序，服务实体经济发展"。

释的决定》中，对于《民间借贷司法解释》中规定的利率计算方式的时间节点标准进行了再次修改。① 两次司法解释的矛盾，极有可能产生不同法院对于法律、司法解释施行前后相同民间借贷行为的不同判决。再如，2018年1月最高人民法院颁布《关于审理涉及夫妻债务纠纷案件适用法律有关问题的解释》（以下简称《夫妻债务司法解释》），对于认定夫妻共同债务的认定方式和举证责任分配进行了根本性重构，从原来的由夫妻方举证证明案涉债务不属于夫妻共同债务，变更为由债权人一方举证证明案涉债务属于夫妻共同债务，确立了"共债共签"的夫妻债务认定规则。2020年5月颁布的民法典对《夫妻债务司法解释》的主要内容进行了全盘吸收。② 这种调整，必然会产生在法律、司法解释施行前后，相同案件的不同判决。现实的情况，在《夫妻债务司法解释》出台后，大量案件涌入法院，要求依据解释规定的内容进行再审。在民事检察监督的司法实践中，也出现了大量以新旧司法解释规定不同为由，申请检察机关对生效民事判决进行监督的案件。面对这种情况，2018年2月最高人民法院颁布《办理涉夫妻债务纠纷案件有关工作的通知》，对于《夫妻债务司法解释》实施以前已经作出终审判决的案件，要求审慎适用司法解释的最新规定。③ 由于法律、司法解释新旧衔接适用的过程中，各地法院容易作出法律适用标准不同的裁判，从而出现法律、司法解释适用的"混乱"，所以检察机关在处理这类案件的过程中，必须准确把握法律、司法解释的立法精神和立法原意，审慎处理案件。只有通过落实精准监督理念，对案件进行仔细研判，充分掌握法律、司法解

---

① 参见刘哲玮：《论民事司法解释的时间效力规则——从〈民间借贷司法解释〉的两次修订展开》，载《现代法学》2021年第2期。

② 参见叶涛：《民法典时代夫妻债务"共债共签规则"中的合意认定》，载《法治研究》2020年第5期。

③ 即以法不溯及既往为原则，溯及既往为例外。参见程新文等：《〈关于审理涉及夫妻债务纠纷案件适用法律有关问题的解释〉的理解与适用》，载《人民司法（应用）》2018年第4期。

释的最新规定，才能够平等保护当事人双方的正当权益，维护法院判决的稳定性和既判力。无论是以法院裁判结果正确为由，作出不支持监督申请决定，还是以法院裁判结果错误为由，依法提出抗诉，都是对社会公平正义的有力维护。因此，民事检察落实精准监督理念，不仅是贯彻习近平法治思想，为人民群众提供优质检察产品的基本要求，也是维护司法权威，实现社会公平正义的根本要求。

第二章　民事诉讼精准监督制度的内涵解构

深入理解民事诉讼精准监督的本质内容，是在精准监督理念指导下科学构建民事检察监督制度的基础和前提。民事诉讼精准监督的基本范畴，包括精准监督理念之界定，精准监督目标的公众价值内涵，精准监督的高层次表现形态，以及精准监督与民事诉讼模式的关系等。

第一节　精准监督理念的内涵

民事诉讼精准监督理念是检察机关开展民事法律监督工作所秉持的基本和核心工作理念，包括两个层次的内容：一是做到"精"，就是在加强全面监督的同时，注重选择在司法理念和增强法治理念中有纠偏、创新、进步、引领价值的典型案件，努力做到监督一件，就推动一个领域、一个地方、一个时期的司法理念、政策、导向提升一步。注重通过类案深化研究，促进解决更多同类问题。二是做到"准"，就是案件事实证据认定清楚、法律政策适用正确，在此基础上根据案件具体情况，选择适当的监督方式。①

精准监督理念体现了新时代人民群众对民事检察的新期待和新要

---

① 参见中共最高人民检察院党组：《坚持以习近平法治思想为指导在贯彻实施民法典中全面履职尽责》，载《人民日报》2020年12月25日，第6版。

求,也是对以往民事检察中粗放办案方式的一种革新。① 精准监督理念的本质内涵是,针对法院审结并执行的海量民商事案件,从其动态变化中揭示规律,并根据民事检察活动自身规律的指引,在区分是否具有指导、引领意义基础上,施以不同监督方式,旨在以点带面、扩大监督效果,引领价值导向的一套行之有效的工作方法。自觉把"精准监督"理念贯穿到民事检察监督的全过程,就要求精准发现、精准审查、精准处理,不断提升监督质量和实效。②

一、精准监督理念的公共价值内涵

精准监督理念注重选择在司法理念和增强法治理念中有纠偏、创新、进步、引领价值的典型案件,努力做到监督一件,就推动一个领域、一个地方、一个时期的司法理念、政策、导向提升一步。然而,许多地方检察机关在积极探索纠偏、创新、进步、引领性案件办理时,遇到了难以发现指导、引领性案件的困境。③ 其中一个关键原因是未能深入理解纠偏、创新、进步、引领的公共价值内涵。笔者认为,纠偏、创新、进步、引领的公共价值内涵丰富,以下结合民事检察监督工作一一进行分析说明。

(一)习近平法治思想

在2020年11月中央全面依法治国工作会议上,党中央正式明确提出"习近平法治思想"。习近平法治思想是新时代中国特色社会主义思想在法治领域的生动体现,其理论体系可以划分为三大板块,即法治的

---

① 参见汤维建、王德良:《民事检察精准化发展路径探析》,载《人民检察》2019年第10期。
② 参见其中冯小光文章观点,张卫平、郭小冬、冯小光等:《生效裁判监督:做强民事检察之基石》,载《检察日报》2019年9月16日,第3版。
③ 参见李浩:《民事检察监督中引领性案件研究》,载《法治现代化研究》2020年第1期。

基本原理、中国特色社会主义法治的基本理论、全面依法治国的基本观点。法治基本原理主要包括法治概念论、法治关系论、法治发展论三个方面。中国特色社会主义法治的基本理论包括全面依法治国是坚持和发展中国特色社会主义的基本方略，坚持党的领导、人民当家作主、依法治国有机统一，构建以人民为中心、以公正为生命线的社会主义法治核心价值体系，在法治轨道上推进国家治理现代化，建设中国特色社会主义法治体系，建设良法善治的法治中国等十个方面内容。全面依法治国的基本观点包括发展完善中国特色社会主义法律体系，法律的生命在于实施，依宪治国、依宪执政、加强宪法实施，坚定不移走中国特色人权发展道路，深化司法体制改革、构建以司法责任制为核心的司法权运行体制机制，建设法治社会、推进社会治理现代化，统筹发展和安全、建设更高水平的平安中国，坚持和完善社会主义基本经济制度、推进法治经济建设，完善科技法治、规范科技伦理，用最严格的制度、最严密的法治保护生态环境，统筹推进国内法治和涉外法治等十六个方面内容。①

  理解习近平法治思想，切忌只学理论而空论法治，应当结合具体政治经济社会发展实践，将理论融入民事检察工作和具体案件办理中。例如，习近平法治思想强调坚持以人民为中心，积极回应人民群众新要求新期待，不断增强人民群众获得感、幸福感、安全感。民事检察在检察职能中最能体现"人民性"，民事监督不仅监督审判权、执行权，也是当事人权利救济的重要途径，即体现了对公权的监督和对私权的救济。其中，检察和解是在法律监督框架内最大程度发挥当事人意思自治的工作方式，能够体现公权和私权两个层面的价值追求。检察官对申诉案件进行依法审查，在可能的情况下依法促成当事人之间达成和解，能够更好化解社会矛盾，即使没有成功促成和解，也能获得当事人对检察办案的最大理解。因而，检察机关可创新检察工作理念，探索培育开展民事

---

① 参见张文显：《习近平法治思想的理论体系》，载《法制与社会发展》2021年第1期。

检察和解工作，实现办案质效的双提升，让人民群众在每一个民事检察监督案件中感受到公平正义。又如，习近平法治思想中的"坚持和完善社会主义基本经济制度、推进法治经济建设"，其中一个要点是"坚持改革开放，建设更高水平开放型经济新体制，着力营造市场化、法治化、国际化、便利化的营商环境"，要求加快形成有利于培育新的比较优势和竞争优势的制度安排，从制度和规则层面进行改革，完善市场准入和监管、产权保护、信用体系等方面的法律制度。检察机关在办理民事检察案件时，可以有意识地选择能够进一步完善市场准入和监管、产权保护、信用体系等法律规则的案例，引领这一领域司法理念的提升。

（二）社会主义核心价值观

习近平总书记指出："人类社会发展的历史表明，对一个民族、一个国家来说，最持久、最深层的力量是全社会共同认可的核心价值观。"[①] 党的十八大文件将社会主义核心价值观凝练为"富强""民主""文明""和谐""自由""平等""公正""法治""爱国""敬业""诚信""友善"24个字。其中，"富强""民主""文明""和谐"是国家层面的价值目标，"自由""平等""公正""法治"是社会层面的价值取向，"爱国""敬业""诚信""友善"是公民个人层面的价值准则。要把社会主义核心价值观贯彻到依法治国、依法执政、依法行政实践中，落实到立法、执法、司法、普法和依法治理各个方面，用法律的权威来增强人们培育和践行社会主义核心价值观的自觉性。[②] 党和国家提出了"入法入规""完善弘扬社会主义核心价值观的法律政策体系"等法治建设新任务。2018年3月全国人大通过的宪法修正案，将"国家倡导社会主义核心价值观"写入其中。《民法典》第1条将"弘扬社会主

[①] 2014年5月4日，习近平总书记在同北京大学师生座谈会上的讲话。

[②] 参见中共中央办公厅印发《关于培育和践行社会主义核心价值观的意见》，载《人民日报》2013年12月24日，第1版。

义核心价值观"作为立法宗旨写入,树立了民法典的精神内核,并在民法典各项具体制度中贯彻体现,使其具有规范意义和效力。

司法领域贯彻落实社会主义核心价值观尤其具有必要性和紧迫性。检察机关在履行民事法律监督职能时,应将社会主义核心价值观作为民事检察个案办理的灵魂,把案件置于天理、国法、人情之中综合考量,纠正实践中存在的不当司法裁判,运用法治手段解决道德领域突出问题,弘扬传统美德和社会公德,促进形成"不得让违背道德的行为通过法律而获得不当利益,不得让符合道德的行为因为法律而承受不利后果"[1]的司法理念,以司法引领社会道德建设。此外,由于社会主义核心价值观是多元的,因此,各种价值之间的关系需要充分协调,各种价值之间的冲突需要预防并解决。例如,自由与诚信均为社会主义核心价值观的内容,两者在特定场合可能发生冲突,民法表见代理、诉讼时效、善意取得等规则就体现了这两种价值之间的有效平衡。[2]检察机关可以选择民事诉讼监督典型案例,在创新"平衡不同社会主义核心价值观之间冲突"的司法理念上有所作为。

(三) 民法典蕴含的价值理念

民法典是一部体现我国社会主义性质、符合人民利益和愿望、顺应时代发展要求的民法典,是一部具有鲜明中国特色、实践特色、时代特色的民法典。综观法律发展史,每一部产生历史影响的民法典都有着独特的价值理念、精神品质与时代特征。我国民法典同样具有独特的价值理念,这些价值理念通过民法典具体条文予以规范表达,从而实现对民事关系的价值指引和法律调整。概括起来,这些价值理念主要表现在四

---

[1] 参见龙大轩:《新时代"德法合治"方略的哲理思考》,载《中国法学》2019年第1期。

[2] 参见王利明:《彰显时代性:中国民法典的鲜明特色》,载《东方法学》2020年第4期。

个方面：民法典的精神内核——社会主义核心价值观；民法典的人本观——人格权独立；民法典的自然观——绿色原则；民法典的物权观——所有权实质平等。①

民法典为民事检察提供重要的法律支撑，其蕴含的价值理念成为民事诉讼精准监督的重要工作指引。检察机关应高度重视民法典蕴含的价值理念，通过办理一批有纠偏、创新、进步、引领民法典价值理念的典型案件，解决实践中存在的司法理念、政策、导向问题，回应社会现实需求和体现时代发展潮流。就所有权实质平等这一价值理念而言，以前的民法总则、物权法、合同法和现行的民法典都通过诸多条款进行了规范表达，但在司法实践中，国企民企、大中小微企业在一视同仁获得依法保护方面仍存在不少问题。近年来，全国各级检察机关认真贯彻落实精准监督理念，依法审查涉民营经济民事监督案件，积极通过抗诉、提出检察建议等方式，加强对涉民营经济案件的司法监督，有效保障民营企业及其经营者的合法权益。2020年7月，最高人民检察院发布第二十一批指导性案例，为民营经济司法保护提供办案指导。民事检察作为公共利益的代表之一，其实施精准监督引领、弘扬的价值导向与民法典蕴涵的价值理念高度契合，今后要继续贯彻精准监督理念，在检察实践中通过典型案例，全方位执行好、贯彻好民法典。

（四）公共政策导向

公共政策，是指国家通过对资源的战略性运用，以协调经济社会活动及相互关系的一系列政策的总称。党中央每年通过制定政策，对经济社会发展大局的具体目标作出详细规划。"当代中国的司法能动呈现出典型的公共政策导向特质，这与西方国家主要基于法官自由裁量权的司法能动有着显著的不同。中国司法能动的目标是通过能动司法促进经济

---

① 参见郭锋：《中国民法典的价值理念及其规范表达》，载《法律适用》2020年第13期。

增长、社会发展和民生保障,实现社会的和谐稳定。"① 翻阅近年来最高人民检察院工作报告,在往年工作回顾部分第一项工作都是汇报如何为经济社会发展大局服务,诸如维护国家政治安全和社会稳定,严格依法推进扫黑除恶专项斗争,扎实服务打好三大攻坚战,支持企业经营发展,积极作为促创新,扎实推进反腐败斗争,服务保障国家战略实施,等等。

民事检察工作在化解矛盾纠纷、维护社会稳定、促进经济发展等服务大局方面具有不可替代的作用。一方面,检察机关应贯彻精准监督理念,找准民事检察工作与经济社会发展的结合点,重点围绕党中央关于打好防范化解重大风险、精准脱贫、污染防治三大攻坚战履职尽责,为经济社会持续健康发展提供法治保障。在参与扫黑除恶专项斗争中,对黑恶势力强迫交易、高利放贷、"套路贷"、恶意逃债、虚假诉讼等非法活动,综合运用刑事、民事等手段加强法律监督。盯住拖欠农民工工资问题,依法惩治恶意欠薪,支持农民工起诉,把司法救助、农民工权益保障等与精准扶贫结合起来。未来还要加强服务保障粤港澳大湾区建设检察履职,加强服务保障"一带一路"建设检察履职。另一方面,检察机关还要注意民事检察工作对国家经济政策变化的回应。以中央对房地产的调控政策为例。自 2010 年开始,国家对房地产实施调控政策,经历了几次大的变动:2010 年之后相继出台限购限售限贷短期政策,到党的十九大报告提出长期政策"坚持房子是用来住的、不是用来炒的定位,加快建立多主体供给、多渠道保障、租购并举的住房制度,让全体人民住有所居",再到 2020 年中国人民银行贯彻党的十九届四中全会和中央经济工作会议精神,提出"加快补齐房地产金融等宏观审慎政策框架"。房地产政策的变动影响着房屋买卖合同、土地使用权案件、房地

---

① 李清伟:《司法克制抑或司法能动——兼论公共政策导向下的中国司法能动》,载《法商研究》2012 年第 3 期。

产融资案件的形态,① 进而影响了民事审判和民事检察。民事检察需要更好地回应房地产宏观政策变化,检察理念上注重系统性思维,检察工作方法上注重政策考量,为房地产政策有效施行提供司法保障,最终更好地服务于国家社会经济大局。

(五)检察理念体现的价值

理念是行动的先导。新一届最高人民检察院党组成立以来,重点将理念转变、理念引领作为推动检察机关重塑性变革最有力的抓手。一系列检察理念深入人心,新时代检察理念与时俱进。今后将继续深化落实科学的司法检察理念,围绕"以习近平法治思想引领司法检察理念深化、变革",坚持讲政治与抓业务有机统一,坚持客观公正立场,坚持在办案中监督、在监督中办案,坚持政治效果、社会效果、法律效果相统一,坚持双赢多赢共赢。②

民事检察在贯彻精准监督理念过程中,可以选择体现上述理念的典型案件,推动解决一个时期的司法理念、政策问题。如以体现"客观公正"理念为例,检察机关在履行各项法律监督职责时,只有秉持客观公正立场,才能真正当好公共利益的代表、公平正义的守护者。这就要求民事检察官必须从民事案件的客观实际出发,客观、全面地鉴别和认定证据,并根据事实和法律对案件作出公正处理,不断提高客观公正办案能力,追求最佳的办案质量、效率、效果。一要全方位提升履职能力,既要学深学透民法典、提升准确适用民事法律规定等能力,也要提升诉讼监督、案结事了人和等能力。二要把客观公正的履职立场贯穿于办案的各个环节、监督的各种方式。不仅自身要严格坚守客观公正立场,还

---

① 参见潘军锋:《论经济政策的司法回应——以房地产新政形势下民事审判的司法应对为视角》,载《法律适用》2011年第9期。

② 参见邱春艳:《第十五次全国检察工作会议召开,会议强调:深入学习贯彻习近平法治思想以服务高质量发展开启检察事业新征程》,载《检察日报》2021年1月12日,第1版。

要通过检察建议、抗诉等手段监督审判执行人员履行法律赋予他们客观公正的义务,以保证整个诉讼过程客观公正。再如,以体现"双赢多赢共赢"理念为例,检察机关对民事诉讼和执行活动的法律监督,实质上是启动纠错程序,促进法院重新审视并自我纠错。监督机关与被监督机关责任是共同的,目标是一致的,赢则共赢,损则同损。强化民事执行监督工作是检察机关和法院双赢多赢共赢的集中体现之一。执行难问题严重削弱司法公信力,损害司法权威。但解决执行难不单纯是法院的责任,需要在党中央和地方各级党委统一领导下,包括检察机关在内的相关职能部门共同发力、形成合力。检察机关可以选择一批立足职能加大力度监督、支持法院依法执行的典型案例,推动从根本上解决执行难问题,也推动与法院形成良性、互动、积极的工作关系,共同维护司法公正、提高司法公信力,共同维护人民根本利益。

(六)世界优秀民商事法治成果蕴含的价值

习近平总书记强调,法治建设坚持从我国实际出发,不等于关起门来搞法治。我们要学习借鉴世界上优秀的法治文明成果。对其他国家和民族的法治文明,在包容鉴别的基础上合理吸收,是法治发展的一般规律。改革开放以来,在中国民商事法治发展的过程中,我们借鉴了世界各国的优秀民商事法治文明成果,例如,法律面前人人平等、保障人权和公民权利、保护财产权和知识产权、契约自由、保护消费者等特殊群体权益等。尤其是民法典编撰中,为进一步优化营商环境促进交易,借鉴了国际动产担保制度改革趋势,强化功能主义立法,对物权编担保物权分编进行了体系重构和相应规则设计。①

世界先进民商事法治成果蕴含了丰富的法理价值,如保护消费者权益、优化营商环境。以保护金融消费者权益为例,近年来,金融创新引

---

① 参见高圣平:《动产担保交易的功能主义与形式主义——中国〈民法典〉的处理模式及其影响》,载《国外社会科学》2020年第4期。

发的金融消费者群体性纠纷增多，反映了金融产品销售者未尽如实告知义务、金融机构提供金融产品存在瑕疵等社会关注的问题。对金融机构课以适当性义务，是西方国家成熟市场保护金融消费者权益和管控创新风险的普遍做法，我国金融监管规则对此加以借鉴吸收。2019年11月8日，最高人民法院印发的《全国法院民商事审判工作会议纪要》第五章也梳理了金融消费者权益保护纠纷案件审理的原则规定，提出"卖者尽责、买者自负"原则和卖方适当性审核义务。检察机关可以重点选择凸显这一价值理念的相关典型案件进行监督，以维护市场诚信，防范金融欺诈，切实保护金融消费者利益，减少和化解社会纠纷。

二、贯彻民事诉讼精准监督理念应处理好六个关系

在民事检察监督工作中贯彻落实"精准监督"要求，要注意正确把握以下六个关系：

（一）正确把握权力监督与权利救济的关系

习近平总书记在中共中央政治局就"切实实施民法典"举行的第二十次集体学习时强调，要加强民事检察工作，加强对司法活动的监督，畅通司法救济渠道，保护公民、法人和其他组织合法权益。习近平总书记关于民事检察工作的重要指示，为推进新时代民事检察工作创新发展提供了根本遵循，指明了民事检察工作的发展方向，也丰富了民事检察的价值内涵，即坚持权力监督与权利救济相结合的价值取向。一方面，民事诉讼监督着眼于权利救济，落脚于权力监督。检察机关进行民事诉讼监督的最终目的，在于纠正法院在审判权和执行权行使过程中的违法行为及由此带来的不良后果。另一方面，民事诉讼是平等主体之间的权利救济之诉，检察机关是以司法监督为权利救济提供法治保障，权力监督能够实现权利的更好救济。民事诉讼精准监督要求权力监督与权利救济两者兼顾，在办理民事检察案件时，检察机关应发挥权力监督者、实

质正义维护者与代表性或群体性权利的救济渠道提供者的作用，通过办案促进司法理念的纠偏、创新、进步与引领。

（二）正确把握全面监督与重点监督的关系

监督范围的不断扩大是民事检察制度的重要发展动向之一，其具体体现在由诉讼向非诉讼、由审判向执行、由裁判向调解、由诉后向诉中、由实体向程序、由案件监督向案件检察等多个方面。[①] 因应监督范围不断扩大的发展动向，民事检察应当坚持全面监督的原则，其监督领域应遍及民事诉讼各个环节。与此同时，精准监督要求检察机关准确把握监督重点，注重在司法理念、政策导向、法律适用等方面考虑检察机关能够进行监督的案件，通过选择最优监督程序和监督方式，最大限度发挥检察机关法律监督的职能作用。根据某些地区和某一时期的特点，各地在监督重点的选择上还可以有所侧重。如某地企业融资互联互保案件和产权纠纷类案件急剧增多，那就可以将此作为该地民事检察工作的重点，加大监督力度，以防范和化解金融风险，支持民营企业规范发展，营造诚信有序的市场环境。再如一段时期互联网领域微信、支付宝交易纠纷多发，一些当事人因被告身份信息不明等无法通过诉讼进行救济，对此可以重点监督和支持法院依法规范立案、审判、执行等诉讼活动，促进解决互联网金融纠纷诉讼难问题。但要注意的是，精准监督强调重点监督，并非选择性监督。只要案件符合监督条件，均应予以监督。

（三）正确把握监督数量与监督质量的关系

精准监督目的在于提高监督的针对性和精确度，而不是为了削减和限制办案数量。保持一定的监督数量和监督规模，是民事检察工作价值

---

① 参见汤维建：《民行检察监督制度发展的新动向》，载《河南社会科学》2011年第1期。

的重要体现。正所谓"没有数量的质量没有意义,没有质量的数量会有负面效应"。① 实践中要注意正确处理数量与质量的辩证关系,做到二者有机统一。一方面,发现案件符合监督条件的,必须依照民事诉讼法规定进行监督,不能以"精准监督"为由而擅自提高法定监督条件,使应当监督的案件未能得到监督;另一方面,对符合监督条件的案件要务求精准,做到认定事实清楚、适用法律准确、说理严谨充分,避免为了片面追求监督数量而忽视监督质量的不当做法。

(四)正确把握个案监督和类案监督的关系

从监督模式来说,民事诉讼监督包括个案监督和类案监督。个案监督是对人民法院就民事诉讼个案的事实认定、证据判断、法律适用和程序合法性进行监督的模式,类案监督是检察机关对进入民事诉讼监督程序的同类案件或不同类案件中存在的同类问题进行分析研究并提出监督意见的监督模式。有观点认为,民事诉讼精准监督在性质上属于个案监督。② 这其实是一种误读。无论在个案监督中还是在类案监督中,都需要贯彻落实精准监督理念。精准个案监督是精准监督的基础性工作,类案监督则是精准监督的高层次体现。可以说,民事诉讼类案监督是民事检察监督的高级形态,在统一法律适用、实现同案同判等方面,具有明显的优势。③ 因此,首先要做好个案精准监督,尤其注重选择在司法理念和增强法治理念中有纠偏、创新、进步、引领价值的典型案件,努力做到监督一件,辐射一片。其次要加快类案监督工作进展,提升民事检察对司法活动监督的质效,推动检察机关更积极地参与社会治理工作。

---

① 参见郑锦春文章观点,蔡虹、冯小光、郑锦春等:《做强民事检察工作的方略》,载《人民检察》2019 年第 17 期。

② 参见王婧、郑雅静:《民事检察精准监督的思路和标准》,载《中国检察官》2020 年第 3 期。

③ 参见肖建国文章观点,肖建国、冯小光、杨建锋:《民事诉讼类案监督机制构建》,载《检察日报》2020 年 8 月 31 日,第 3 版。

检察实践中，就法院在民事公告送达中存在的不规范问题，2018年最高人民检察院向最高人民法院发出类案检察建议；就法院在防范和制裁虚假诉讼存在的力度不大问题，2020年最高人民检察院向最高人民法院发出类案检察建议，这两起类案监督效果良好。

（五）正确把握办案的法律效果与政治效果、社会效果的关系

民事检察工作不仅要履行好法律监督职责，更要注重维护国家发展大局和社会和谐稳定大局。民事审判活动和执行活动主要是解决当事人之间的权利义务争议，实现和维护当事人的合法权益，而有些争议往往蕴含着更为深层、复杂的社会问题，如果单纯从法律的角度去分析、处理，有时难以有效解决，甚至会引发更多问题。这就要求检察官在审查民事诉讼案件时，既要善于从法律视角进行"精准监督"，又要善于从政治视角、社会视角促进问题解决，在综合考虑案件各方面因素的基础上提出处理意见，避免就案办案、机械司法。对当事人有和解意愿的，在不损害国家利益、社会公共利益和第三人合法权益的情况下，可以主动作为，积极促成当事人和解息诉，实现法律效果和政治效果、社会效果的有机统一。有人认为，如果实行法律效果与社会效果相统一的司法政策，就会导致法官在作出裁判时过分考虑法律之外的因素，过分依赖对法律之外的社会后果的考量，从而导致法律规范在司法裁决中的地位日渐式微。但主流的观点认为还是可以协调和统一的。立法机关在制定法律的过程中会很好地协调各种利益关系，追求良好的社会效果，因而在法律之内存在着满足社会效果的巨大空间，司法者依法裁判便能够取得好的社会效果。①

---

① 参见江必新：《在法律之内寻求社会效果》，载《中国法学》2009年第3期；王利明：《如何理解法律效果与社会效果的统一》，载《当代贵州》2015年第33期。

(六)正确把握监督与支持的关系

民事诉讼中,检察机关和法院虽然职责分工不同,但在维护司法公正和司法权威的价值追求上是一致的。实践中,对不符合监督条件的案件,检察官需要向当事人进行耐心细致的释法说理工作,以维护公正裁判的既判力,这与监督纠正确有错误的生效裁判一样,也是在维护司法公正和司法权威。我们要秉持"双赢多赢共赢"理念,树立"监督是成绩,支持也是成绩"的正确监督观,在对错误裁判进行"精准监督"的同时,以同样精准的标准把释法说理、息诉服判工作做实做细,做到监督与支持并重,努力让人民群众在每一个司法案件中都感受到公平正义。

第二节 类案——精准监督的核心

2018年10月24日,张军检察长在向全国人大常委会专项报告民事检察工作时,着重指出"多数案件限于个案办理、就事说事,类案监督不够"。鉴于此,最高人民检察院发布的《2018—2022年检察改革工作规划》明确指出,要探索民事类案监督工作机制。2020年7月27日,最高人民法院发布《关于统一法律适用加强类案检索的指导意见(试行)》,旨在统一裁判标准,做到"同案同判"。最高人民检察院第六检察厅制定的全国民事检察工作要点亦指出,要强化调研总结,建立类案标准指引,深入推进类案监督。在学习贯彻民法典背景下,如何以此为契机加强民事诉讼类案监督,进而推进精准监督,已成为民事检察工作创新发展的重要课题。

一、类案的界定

（一）类案的概念辨析

类案的具体概念、构成要件是类案监督的逻辑起点。《关于统一法律适用加强类案检索的指导意见（试行）》将类案解读为："与待决案件在基本事实、争议焦点、法律适用问题等方面具有相似性，且已经人民法院裁判生效的案件。"

1. "类案"或"同案"

尽管有学者通过案件性质和案件事实法律性质两方面分析，坚持认为"同案"表述更为适合，并且将"同案"解释为"同样案件"。[①] 但是本书认为，从定量分析上加以考量，任何案件在特定时空中都是唯一且不可重复的，在所有细节上绝对一致的情形几乎不存在，因而"类案"的称谓无论从语境或是特质上都更加合理。

2. "类案"和"系列案"

系列案，也称串案，是司法实践中的习惯用语，实质上是《民事诉讼法》第55条规定的普通共同诉讼。[②] 普通共同诉讼，是指当事人一方或者双方为两人以上，诉讼标的是同一种类，法院认为可以合并审理并且当事人也同意合并审理的共同诉讼。普通共同诉讼的目的在于实现诉讼的经济性。普通共同诉讼的诉讼标的是同一种类的，即各个共同诉讼人与对方当事人争议的法律关系的性质或请求权的性质是相同的，各自

[①] 参见张志铭：《对"同案同判"的法理分析》，载《法制日报》2012年3月7日。
[②] 《民事诉讼法》第55条规定："当事人一方或者双方为二人以上，其诉讼标的是共同的，或者诉讼标的是同一种类、人民法院认为可以合并审理并经当事人同意的，为共同诉讼。共同诉讼的一方当事人对诉讼标的有共同权利义务的，其中一人的诉讼行为经其他共同诉讼人承认，对其他共同诉讼人发生效力；对诉讼标的没有共同权利义务的，其中一人的诉讼行为对其他共同诉讼人不发生效力。"

享有的权利或承担的义务属于同一类型。① 系列案（串案）是类案的一种主要类型，系列案不同判是类案监督的一种重要情形。

（二）类案的本质

类案的本质在于发生纠纷的基础民事关系的属性相同或相似，可以说，类案是源于同一法律关系，同一法律关系源于同一经济社会关系，经济社会关系决定法律关系的属性，即经济基础决定上层建筑。民商法中的不同学科是依据不同的独立的经济社会关系划分的，像离婚、夫妻共同财产分割、子女抚养纠纷、收养纠纷等法律关系源于婚姻家庭社会关系；相邻权纠纷、建筑物区分所有权纠纷、确权纠纷等法律关系源于所有权（物权）关系等。

"类案同判"是指基于某类案件的属性相同或者相近，应当适用相同或者相近的法律。"在一切法律体系中，不论是成文法还是不成文法，法官为了公平的缘故，一般总是倾向于以他们在以往的相似案件中所使用的相同做法来对新的案件进行判决。"② 从目的性分析，类案同判的根本目的是法律适用的内在统一，而非绝对的一致或相同。以判例法为例，作为普通法系中最主要的法律渊源，判例法是法官审理案件的参考以及判决的依据，其中，遵循先例原则是判例法最核心的理念，但其并非对先例的直接引用，而是适用先例案件中所体现的裁判原则或规则。英国著名哲学家、法学家培根在《论法律》一文中说过："一次不公正的审判，其恶果甚至超过十次犯罪。因为犯罪虽是无视法律——好比污染水流，而不公正的审判则毁坏法律——好比污染水源。"③ "类案同

---

① 构成诉讼标的同种类的情形主要有以下三种：一是基于同类事实或法律上的同类原因形成的同种类诉讼标的；二是基于同一事实或法律上的原因形成的同种类诉讼标的；三是基于数人对同一权利、义务的确认形成的同种类诉讼标的。

② ［英］彼得·斯坦、约翰·香德：《西方社会的法律价值》，王献平译，中国法制出版社2004年版，第133页。

③ ［英］培根：《培根论说文集》，水天同译，商务印书馆1983年版，第193页。

判"的重要意义在于：一是司法公正作为现代司法理念的核心内涵之一，来源于宪法赋予公民"法律面前人人平等"权利，类案同判作为司法平等的重要内容，应当被赋予一定法律地位。二是与律师、法学家等专业人士不同，普通民众更愿意通过对比判决结果，而非将该结果与具体法律规范的比附对某个特定判决提出质疑。① 可以说，类案同判更符合公众对司法公正的期许。

（三）类案划分的依据

民事检察监督的对象是人民法院的诉讼活动，民事检察监督案件的分类标准可以参照最高人民法院对民事案件案由的分类。民事案件案由是民事案件名称的重要组成部分，反映案件所涉及的民事法律关系的性质，是对当事人诉争的法律关系性质进行的概括，是人民法院进行民事案件管理的重要手段。民事案件案由是讼争法律关系的高度浓缩，同一民法学科中的不同法律关系纠纷成讼后显现为不同案由，不同法律关系是区分不同案由核心标准，像买卖纠纷案件、运输纠纷案件、施工纠纷案件等，源于案由对应的民事法律关系分别为买卖合同、运输合同、施工合同等。最高人民法院《民事案件案由》以民法学理论对民事法律关系的分类为基础，以法律关系的内容即民事权利类型来编排案由的纵向体系。结合民法典、民事诉讼法等民事立法及审判实践，《民事案件案由》将案由的编排体系划分为人格权纠纷，婚姻家庭、继承纠纷，物权纠纷，合同、准合同纠纷，劳动争议与人事争议，知识产权与竞争纠纷，海事海商纠纷，与公司、证券、保险、票据等有关的民事纠纷，侵权责任纠纷，非讼程序案件案由，特殊诉讼程序案件案由，共计十一部

---

① 参见孙海波：《类似案件应类似审判吗？》，载《法制与社会发展》2019年第3期。

分，作为第一级案由。① 根据该规定，其采用纵向十一部分、横向四级结构的编排设置，形成了网状结构体系，基本涵盖了民法典所涉及的民事纠纷案件类型以及人民法院当前受理的民事纠纷案件类型。民法典即是按照不同的经济社会关系形成的属性不同的法律关系划分的，分为总则、物权、合同、人格权、婚姻家庭、继承、侵权责任七编，编以下分章、节，结构分明，层次清晰，该体例划分就是区分大、中、小不同的民事诉讼类案的重要标准，也为实施类案监督提供了重要指引。

二、类案化精准监督模式

（一）类案监督的概念与对象

1. 类案监督的概念

类案监督是指检察机关针对基本事实、争议焦点、法律适用问题等方面具有相似性的民事案件进行比对分析，对类案裁判规则的一致性和规范性进行检察监督。

2. 类案监督与个案监督

首先，个案监督是发现类案监督线索的主要途径。承办检察官在个案办理过程中，发现存在需要开展类案监督情形的，应当及时启动类案监督程序。其次，类案监督不能替代个案监督。承办检察官经审查认为个案需要监督的，应当依法通过抗诉或（再审）检察建议的方式进行个

---

① 在横向体系上，通过总分式四级结构的设计，实现案由从高级（概括）到低级（具体）的演进。如物权纠纷（第一级案由）→所有权纠纷（第二级案由）→建筑物区分所有权纠纷（第三级案由）→业主专有权纠纷（第四级案由）。在第一级案由项下，细分为五十四类案由，作为第二级案由（以大写数字表示）；在第二级案由项下列出了473个案由，作为第三级案由（以阿拉伯数字表示）；第三级案由是司法实践中最常见和广泛使用的案由。基于审判工作指导、调研和司法统计的需要，在部分第三级案由项下又列出了391个第四级案由［以阿拉伯数字加（）表示］。基于民事法律关系的复杂性，不可能穷尽所有第四级案由，目前所列的第四级案由只是一些典型的、常见的或者为了司法统计需要而设立的案由。

案监督，不影响后续开展类案监督。"类案监督"是"个案监督"的提升，通过逐步探索，类案化精准监督模式不仅有利于统一民事检察的监督标准、提升监督质效，也有助于提升检察机关的司法公信力。

3. 类案监督的对象范围

类案监督的对象包括已经发生法律效力的民事判决、裁定、调解书以及执行活动、审判程序等诉讼活动。近十年来，类案监督是检察机关开展诉讼监督工作的重点。例如，上海市人民检察院颁布了《关于加强一类问题法律监督的意见》；贵州省人民检察院就"国有企业职工股权纠纷""征地拆迁纠纷"等类案法律适用，与贵州省高级人民法院达成共识；海南省人民检察院对11件"外嫁女"纠纷案件认真梳理，提出统一法律适用的指导性意见；上海市浦东新区人民检察院对法院文书送达、怠于履职、不当终结执行程序等案件开展类案监督；宁夏回族自治区中卫市人民检察院开展"民事行政诉讼类案监督"专项工作等。① 以地方检察机关集中开展"外嫁女"纠纷案件专项监督工作为例。"外嫁女"纠纷本质是农村集体经济组织成员权资格争议，外在表现为农村土地承包经营权、集体财产及收益分配权等争议。从司法实践沿革看，2005年9月，最高人民法院《关于审理涉及农村土地承包纠纷案件适用法律问题的解释》规定，集体经济组织成员因未实际取得土地承包经营权提起民事诉讼的，应当告知其向有关行政主管部门申请解决。显然，法院认为，"外嫁女"纠纷属于不应受理的平等主体间的民事权益争议案件，"外嫁女"（"入赘婿"）是否具有集体经济组织成员权资格应由行政主管部门甄别确认。2018年11月，最高人民法院《关于为实施乡村振兴战略提供司法服务和保障的意见》规定，充分认识集体组织成员权资格对农民享有土地承包经营权、宅基地使用权和集体收益分配权等基本财产权利的重要意义。不断加强与农村农业管理部门、土地管理部

---

① 参见最高人民检察院民事行政检察厅编：《民事行政监察工作30周年画册》，中国检察出版社2019年版，第91页。

门等的沟通协作，依法依规保护农村"外嫁女""入赘婿"的合法权益。此时，司法政策调整为对"外嫁女"纠纷通过司法方式予以救济，受理更是应有之义。2019年修订的《农村土地承包法》第31条规定，承包期内，妇女结婚，在新居住地未取得承包地的，发包方不得收回其原承包地；妇女离婚或丧偶，仍在原居住地生活或者不在原居住地生活但新居住地未取得承包地的，发包方不得收回其原承包地。可见，对"外嫁女"纠纷通过司法程序救济在国家立法、司法层面均有一个逐步认识的过程。许多新类型民事案件也是如此，对此，民事检察应予以尊重。此外，近年来，民事检察对法院公告送达、国有企业股权纠纷案件、民间借贷案件中涉及虚假诉讼等实施了专项监督，均取得了较好效果。民事检察还应关注民事诉讼中的委托鉴定、文书送达、裁判标准统一、诉讼费管理等专题，开展类案监督工作。

（二）法典化对类案监督的影响

一是民法典将民商事法律关系融会贯通，有利于检察机关开展类案监督工作。民商事案件是由因不同性质法律关系划分为不同案由的案件组成，具有不同的属性、特点和规律，区分不同性质民商事案件的不同规律及特点，分类实施检察监督是符合民事诉讼规律的。例如，合同、侵权、婚姻、农村土地承包等民法范畴的传统民事案件；房地产、建设工程、金融借款等经济法范畴的民事案件；劳动争议、社会保险等社会法范畴的民事案件；土地出让合同等介乎民法与行政法意义上的行政协议间的民事案件，涵盖经济、社会、法律等各个领域。

二是新旧法律规范的衔接问题。为应对经济社会的快速发展，我国相继出台和修订了合同法、侵权责任法、婚姻法多部民事单行法。最高人民法院、最高人民检察院和相关行政机关也相继出台了许多司法解释和规范性文件。经过多年，上述文件名目繁杂、数量众多且存在部分规定内容相互冲突的情形。民法典实施后，对上述司法解释和规范性文件规定的内容与民法典存在规定冲突或者不一致的地方进行了清理并及时予以公布，以保障法律适用的统一性。

三是部分法律规定较为模糊。民法典为填补新问题、新情况所带来的法律空白，创设了不少新的法律规定，但是部分内容只有原则性规定，如婚姻家庭编中，夫妻之间日常家事代理权制度，该代理权限的金额范围、代理事项及法院如何加以界定等尚不清楚。司法实践中易造成新的法律适用不统一现象，对类案监督产生重要影响。

（三）类案监督的价值厘定

1. 统一监督标准，提升监督质效

对检察机关而言，开展民事诉讼类案监督有利于统一监督标准，提升监督质效。据不完全统计，近年来，省级检察院提请最高人民检察院抗诉的民事裁判结果监督案件的支持率约为40%。支持率相对较低的原因何在？如果排除提请抗诉质量的因素，首要原因即是上下级检察机关对抗诉标准的把握不一致。特别是在抗诉必要性标准的把握方面，如何综合平衡实体正义与程序正义、法律效果与社会效果、法律规定与司法政策、维护司法既判力与弱势群体利益保护等，均需要通过统一类案监督标准的方式加以指引。

2. 采用类案监督，有利于法检两家实现双赢多赢共赢

类案源于个案，高于个案，属于个性与共性间的关系。类案监督有利于减轻当事人讼累，类案监督到位，同类型申请再审、申请监督的案件数量将大幅减少。检察机关对类案进行审查、对比分析后作出的类案监督意见，能准确、全面地反映违法问题的整体情况，客观反映司法活动规律，有利于统一裁判标准和监督标准。司法实践中，法检两院针对个案监督的沟通可能会存在障碍，但就类案监督所做的沟通，因执法目标一致，故会相对顺畅，有利于法检实现双赢多赢共赢。此外，"同案异判"或"异案同判"与法官不当行使裁量权有着密切关系。在省级检

察院提请抗诉案件中，以法官行使裁量权失当为由提请抗诉的案件并不罕见，但最高人民检察院以此为由提出抗诉的案件却并不多见，究其原因在于对此类案件进行个案监督的效果并不理想。应当结合个案具体案情，提炼分析法官行使裁量权失当的具有共性特征的各类情况，按照案件性质分类实施检察监督，有利于规范法官行使裁量权，有效节省司法资源，提升司法效率，形成司法资源配置的最优化。

3. 推动社会治理体系建设，有效防范和化解风险

对社会治理而言，开展民事诉讼类案监督有利于推动社会治理体系建设，有效防范化解风险，从而把民事检察的制度优势转化为司法治理效能。检察机关在对类案进行审查的过程中，可以发现类案中存在的普遍性社会治理问题，进而在履行监督职能的同时针对这些问题向有关部门发出检察建议，促使其开展治理、改进工作，进而有效防范和化解重大风险。例如，某省对民间借贷监督案件进行类案分析后发现，该类案件占比大、上升快，且企业借贷主体不断增多，在一定程度上反映了实体企业存在的融资困境，进而向有关部门提出建议：进一步加强金融创新，探索建立小微企业融资绿色通道，推动解决融资难问题；结合打好三大攻坚战和金融市场整顿工作，加强民间借贷监管，推进社会诚信体系建设等。

（四）类案监督的方式

因类案监督的对象、目的与个案监督不同，所以类案监督的方式与个案监督有实质区别，实践中，类案监督的方式主要有以下三种：

一是检察机关针对类案反映的问题，向法院提出类案检察建议，要求法院纠正错误、规范司法行为。如2018年12月最高人民检察院就人民法院在民事公告送达中存在的不规范问题向最高人民法院发出类案检察建议，指出当前人民法院在民事公告送达中存在的主要问题，并提出改进建议。再如，2020年7月，最高人民检察院以虚假诉讼监督为主题向最高人民法院发出检察建议，就人民法院在防范与制裁虚假诉讼工作中存在的问题提出了改进建议，最高人民法院积极出台工作方案，就防范和惩治虚假诉讼有针对性地提出了完善司法责任制、加强审判指引、发布指导性案例、完善司法解释、强化数据分析研判等工作方案，并为每项方案的落实设置了时间表。

二是检察机关在类案分析的基础上，邀请法院以座谈、联合调研、共同出台文件等方式，互相交换对类案存在问题的认识，推进司法标准统一。例如，为提高民事诉讼监督质效和精准度，实现办案的法律效果、社会效果和政治效果相统一，某省检察院同省高级法院于2019年联合印发了《关于办理民事诉讼检察监督案件若干问题的意见》，共同建立监督前沟通协调机制并就相关民事诉讼监督案件召开案件监督前沟通协调会，就案件事实认定、法律适用等问题进行讨论，对案件是否符合监督条件以及是否适宜启动再审程序交换意见。

三是检察机关对一定时期内的总体监督情况进行总结、分析后向法院通报并提出相应的监督意见，或者将监督情况向社会发布，促使法院接受更广泛、更深入的监督。例如，某市检察院为促进检法两院共同遵循司法工作规律，共同营造更加有利于经济发展和谐稳定的法治环境，实现双赢多赢共赢，连续多年向市法院通报全市检察机关上年度民事诉讼监督情况。再如，某省检察院召开新闻发布会，将近年来民事检察监督情况向社会进行通报，促使社会公众加强对民事检察案件的关注和监督。

三、类案检索机制

近年来，类案检索在我国司法改革领域中备受关注，基于大数据和人工智能的迅速发展，依托于信息数据库支撑的类案检索被提上司法改革的工作日程。目前，我国民事检察领域的类案检索机制的配套措施依然不够完善，类案检索存在制度缺乏、配套不足、检索范围不明、检索后果不清等问题，在类案检索的顺位上存在参照性不强、适用遇到较大限制的问题，民事检察领域的类案检索机制仍存在继续完善的空间。

（一）英美法系的判例检索与大陆法系的案例检索

1. 英美法系的判例检索——以美国为例

以美国为例，作为英美法系国家的代表，其已形成了成熟完备的判例体系，在美国的司法审判中采用遵循先例的制度，该原则在促进公平司法、保持法律稳定性以及提升司法效率方面彰显了重要价值，遵循先例不仅成为美国司法最核心的技术规则，也是各级法院所应恪守的首要准则和政治惯例。① 在美国，判例法检索的一般步骤和方法为：一是准确拟定检索词和检索问题；二是使用二次文献确定判例检索范围；三是综合检索纸质判例集与法律数据库；四是进行有效的检索评估。② 此外，美国在判例数据库以及检索工具方面具有较高的水平，尤其是具备 Westlaw 和 LexisNexis 等应用范围广泛的权威判例数据库。Westlaw 检索系统可以采用布尔逻辑检索、概念检索、钥匙码检索等多种检索方法。③

2. 大陆法系的案例检索——以德国为例

根据德国《基本法》《法院组织法》以及《法官法》的规定，法官行使司法权只能适用法律，而不能创制法律，但是这并不必然意味着法官在裁判中只能拘泥于法律规范的文义机械地适用法律。法官行使自由裁量权援引判例对案件中的法律问题进行解释和论证，只要不违反宪法性原则，不明目张胆地歪曲法律规范的意义，就不能认为是制定法所禁

---

① 参见林彦：《美国法院如何遵循先例》，载《中外法学》2009 年第 5 期。
② 参见胡晓凡、李红勃：《浅析英美判例法的检索方法——以"哥斯布赖瓦公寓大厦"案为例》，载《法律文献信息与研究》2014 年第 74 期。
③ 参见朱亚峰：《美国法律的电子化检索——WESTLAW 简介》，载《法律文献信息与研究》2020 年第 2 期。

止的"恣意裁判"。① 尽管没有如英美法系"遵循先例"的司法原则，但法院的级别越高，其裁判的拘束力就越大，下级法院会在审判过程中重视上级法院裁判中的法律意见。在法院的判决中常见对判例的引用。② 法官和律师等法律职业也会在司法实践中自觉地研习各种判例，并运用到案件的审判或代理过程中。③ 因而，德国虽然以制定法的方式否定了判例作为正式法律渊源地位，但判例在司法实践中是重要的法律渊源，上级法院和联邦最高法院的判例具有较强的拘束力，一般而言，级别越高的法院作出的判例，权威性越强。德国建立了"背离相告制度"来保证先例的既定效力，法院在不遵循判例进行判决时，必须向上级法院提交不遵循判例的书面报告，对不遵循判例的理由详细说明。④

（二）我国类案检索机制的进路探索

类案检索机制的发展体现了大陆法系和英美法系日益融合的国际趋势。随着司法公开化、透明化程度越来越高，人民群众对司法公正的需求愈加迫切，为了确保司法裁决的公正性与权威性，类案检索应运而生。类案检索机制在我国的发展历程较为短暂，我国类案检索机制的提出，较早可以追溯到2015年最高人民法院印发的《关于完善人民法院司法责任制的若干意见》。在法律大数据和人工智能为实现类案类判提供技术支撑的基础上，最高人民法院于2017年8月1日印发了《最高人民法院司法责任制实施意见（试行）》，新创设了类案与关联案件检索

---

① 参见周遵友：《德国的司法判例制度》，载何家弘主编：《外国司法判例制度》，中国法制出版社2014年版，第162页。

② 参见张骐：《中国司法先例与案例指导制度研究》，北京大学出版社2016年版，第130页。

③ 参见［德］茨威格特、克茨：《比较法总论》（上），潘汉典等译，中国法制出版社2017年版，第470—471页。

④ 参见王允：《判例在联邦德国法律制度中的作用》，载《人民司法》1998年第7期。

机制，明确承办法官在审理案件时应当进行类案检索，确保统一法律适用。同年7月，最高人民法院又公布了《司法责任制实施意见（试行）》，对类案检索作出了更为详细的规定，规定承办法官在审理案件时，均应依托办案平台、档案系统、中国裁判文书网、法信、智审等，对本院已审结或正在审理的类案和关联案件进行全面检索，制作类案与关联案件检索报告。2020年7月27日，最高人民法院印发《关于统一法律适用加强类案检索的指导意见（试行）》，该文件是最高人民法院第一次针对类案检索出台的专门性指导意见，明确要求各级人民法院要积极推进类案检索工作，并且对类案的概念、类案检索范围等多方面作出了规定。

（三）民事检察类案检索机制的发展完善

类案检索既是发现类案监督线索的重要途径，也是确保民事诉讼监督案件质量的重要手段。在民事检察工作层面，需要从多个方面推进完善类案检索机制，以我国司法实践为基础，结合国外的先进经验，构建适用于民事检察业务领域的类案检察机制。如宁波市人民检察院制定《关于民事诉讼类案检察监督工作的暂行规定（试行）》，明确民事诉讼类案监督的概念、类型以及目的，规范类案监督案件线索管理和调查核实，同时要求及时总结民事诉讼类案监督工作经验，建立类案监督数据库，加强对典型案例的分析和研判，确保民事诉讼类案检察监督工作有章可循。

1. 类案检索的案件范围

对于拟提交检察官联席会议或者检察委员会讨论、拟提请上级检察院抗诉或者重大疑难复杂案件、诉争法律适用问题尚未形成统一裁判规则、检察长或部门负责人根据案件监督管理权限要求进行类案检索的案件，应当进行类案检索。

2. 类案检索范围和顺位

2020年7月27日，最高人民法院印发《关于统一法律适用加强类案检索的指导意见（试行）》，明确规定类案检索范围一般包括：(1) 最高人民法院发布的指导性案例；(2) 最高人民法院发布的典型案例及裁判生效的案件；(3) 本省（自治区、直辖市）高级人民法院发布的参考性案例及裁判生效的案件；(4) 上一级人民法院及本院裁判生效的案件。除指导性案例以外，优先检索近三年的案例或者案件；已经在前一顺位中检索到类案的，可以不再进行检索。上述规定明确规定了类案检索顺位，其主要是依据上下级法院之间的审判监督关系来确定检索顺位的。该指导意见对检察机关办理民事诉讼监督案件同样具有很强的参考意义，上述关于类案检索范围和顺位的规定，可适用于民事检察领域。

3. 类案检索说明或者报告

承办检察官应当在案件讨论及审理报告中对类案检索情况予以说明，或者制作专门的类案检索报告，并随案归档备查。类案检索说明或者报告应当客观、全面、准确，包括检索主体、时间、平台、方法、结果，类案裁判要点以及待决案件争议焦点等内容，并对是否参照或者参考类案等结果运用情况予以分析说明。

完善民事检察类案检索机制，一方面建设民事检察类案检索数据库，并定期进行民事检察案例数据库的清理工作；另一方面制定规范性文件，明确民事检察类案检索的适用范围、检索主体及平台、检索范围和方法、类案识别和比对、检索报告或说明、结果运用、法律分歧解决等问题。

（四）类案检索与指导性案例

从一定意义上讲，类案检索是对我国案例指导制度的继承与发展，二者都旨在统一法律适用。类案监督研究离不开对指导性案例的分析与研判。应当从指导性案例中整理出案件办理的具体流程与方法，以此发挥对类案办理的引领作用。例如，最高人民检察院发布的第十四批指导性案例,将骗取支付令执行、调解书、公证执行、劳动仲裁执行、交通保险理赔等5件民事虚假诉讼监督案件作为指导性案例发布。该批案例对如何发现虚假诉讼监督线索、用好用足调查核实权、依托信息技术以及形成监督合力等均有指导意义,有助于逐步解决虚假诉讼监督案件"发现难""查证难""监督难"等问题。

实践中,检察官办理案件应当检索有无类似指导性案例。如果有应当参照的指导性案例,则区分三种情形处理:一是检察官可以自己作出处理决定;二是虽然参照了指导性案例,但检察官仍难以作出决定的,可提交检察官联席会议或者检察委员会讨论;三是检察官结合案件具体情况,认为不应当参照适用指导性案例的,提交检察委员会讨论。如果检委会决定参照指导性案例办理的,则检察官执行检察委员会决定;如果检察委员会同意检察官不参照指导性案例办理意见的,则应当书面报告上一级检察院批准。

第三节 精准监督与民事诉讼模式

关于民事诉讼模式的含义,理论界有不同的表述。张卫平教授认为,民事诉讼基本模式是对特定或某一类民事诉讼体制基本特征的揭示。对特定民事诉讼体制基本特征的揭示不能离开对法院和当事人这一基本法律关系的解剖。① 常怡教授认为,民事诉讼模式是指概括并支持民事诉讼原则、制度和程序运作所形成的结构中,各种基本要素及其关系的抽象形式。② 也有学者认为,民事诉讼模式是指以一定的国情为背景,在一定的民事诉讼价值观的支配下,为实现一定的民事诉讼目的,

---

① 参见张卫平:《诉讼构架与程式——民事诉讼的法理分析》,清华大学出版社2000年版,第4页。

② 参见常怡主编:《民事诉讼法学》,中国政法大学出版社2005年版,第62页。

通过法院和当事人之间分配诉讼权利与义务而形成的法院与当事人之间不同的诉讼地位和相互关系。① 可以看出，无论哪种表述，民事诉讼的核心要素是民事审判权和当事人诉权，因而，以民事诉讼模式为切入点，探讨精准监督对民事审判权和当事人诉权的影响，对于廓清民事诉讼精准监督制度的内涵、架构民事诉讼精准监督机制具有重要意义。

一、精准监督对民事审判权的影响

（一）民事审判权是与当事人诉权相对应的司法权

张文显认为，司法是指人民法院和人民检察院依照法定的职权与程序处理案件、适用法律的活动；与此相应，司法权一般包括审判权和检察权，审判权由人民法院行使，检察权由人民检察院行使。什么是司法权？一般讲，司法权是以审判权为核心的，与立法权和行政权相区分的国家权力，是一种适用法律、处理案件的专属权力，具有执行、裁判、救济权的特性。严格意义上的司法权（狭义），是指法院的审判权。在我国，司法权包括审判权和检察权（广义）。虽然我国宪法没有明确将法院、检察院定义为司法机关，但根据第131条②、第136条③的规定，均明确了"独立"行使职权，并明确将法院、检察院行使职权与行政机关的干涉相区分，从而体现法院、检察院作为司法机关的独立性。"不告不理"是民事诉讼法的基本原则，正是在当事人的诉权与法院的民事审判权的相互作用下，才使民事诉讼得以发生、进行并终结。因此，民事审判权是与当事人诉权相对应的司法权，这也是它与刑事审判权和行政审判权的本质区别。

---

① 参见谭兵主编：《民事诉讼法学》，法律出版社1997年版，第15页。
② 《宪法》第131条规定："人民法院依照法律规定独立行使审判权，不受行政机关、社会团体和个人的干涉。"
③ 《宪法》第136条规定："人民检察院依照法律规定独立行使检察权，不受行政机关、社会团体和个人的干涉。"

（二）检察权对审判权：权力监督

所谓属性，是指事物固有的内在特征。民事检察权与民事审判权均属司法权，分别针对平等主体间的民事案件行使判断权和监督权。民事审判权与民事检察权的司法权属性有哪些异同呢？

1. 作为司法权具备的权能

审判权是法院的专有职权，法院依照法律规则和法定程序对案件审理并作出裁判。审判权是司法权的核心，具有被动性、中立性、程序性、专属性、职业化等特征。民事审判权是审判机关代表国家依法对平等主体之间的民事权益争议案件及宣告失踪、宣告死亡、确认选民资格等非民事权益争议案件进行审理并作出裁判的权利。在我国民事诉讼过程中，民事审判权具体体现为一系列权力，这些权力与特定的诉讼阶段相联系，并且各自有其特定的行使方式、程序以及目标，共同推动审判权运行目标的实现。[①] 民事审判权包括立案决定权、证据调查权、诉讼指挥权、释明权、特定事项决定权、民事裁判权，行使民事审判权应当遵循谦抑性，或称为被动性原则。相较于商事仲裁、劳动人事仲裁、人民调解等其他解纷机制而言，审判具有最高的权威性和终局性。

民事检察权具有代表公共利益实施法律监督和私权救济的两方面权能，因性质不同，与审判权在属性上存在较大差异。首先，《宪法》第134条规定，人民检察院是国家的法律监督机关。《民事诉讼法》第14条规定，人民检察院有权对民事诉讼实行法律监督。显然，民事检察之所以能够并应当对民事诉讼实施检察监督，源于检察机关为法律监督机关的宪法定位。一般认为，司法权具有被动性或谦抑性，"司法机关应尊重国家权力机关之间的权限划分，尊重立法及行政机关的权限及其行使，严格恪守自身的权限和定位，不能主动对社会生活进行干预，不能

---

① 参见田平安主编：《民事诉讼法原理》，厦门大学出版社2004年版，第80页。

任意扩权主管、管辖的范围"。① 与审判权相区分的是，检察机关为代表国家和公共利益的追诉机关，行使检察权并不体现谦抑性原则，而应主动追诉犯罪，纠正违法，实施法律监督。民事检察对司法人员在民事诉讼程序中实施的违法行为实行法律监督的职能时，是代表国家行使法律监督职能。此种情形下，民事检察应主动出击，紧盯不放，直至纠正违法，不能采取不作为的放任态度。其次，民事检察权具有私权救济的权能。一般认为私权救济仅是民事检察监督的客观效果，即副产品。但从感观看，民事检察行使民事裁判结果监督职能时，因绝大多数民事案件并不涉及公共利益，检察监督属审判监督程序之后的下一个私权救济程序，系私权救济的最后一站。因此，行使民事检察权应否谦抑，及谦抑的程度，取决于监督事由的性质。

2. 作为判断权行使的方式

司法权的本质属性是判断权，法官行使审判权作出胜诉与否的判断，检察官行使检察权作出是否以抗诉方式实施法律监督的判断。"民事审判权在本质上是一种判断权，即对公民、法人和其他组织提交的民事争议依据民事实体法律作出权利归属或对其法律关系存在与否进行判断的权力。"② 司法是司法机关依照司法程序就具体事实适用法律的活动，检察机关在整个诉讼活动中采取措施，作出决定，对具体案件事实适用法律，其行为特征和活动性质，也具有司法性质。此外，司法权的主要行使方式是诉讼，而检察机关是诉讼活动的主要参与者，应当视检察权为司法权的组成部分。

民事检察主要是通过监督启动再审程序对民事诉讼实施法律监督，在某种意义上说，也是再审程序启动权，与具有实体裁决权的审判权间并不冲突。尊重审判权并不等同于有错不纠，裁判错误是对司法权威的

---

① 范愉、彭小龙、黄娟：《司法制度概论》，中国人民大学出版社2016年版，第6页。

② 宋朝武主编：《民事诉讼法学》，中国政法大学出版社2013年版，第89页。

最大侵害。检察机关是法律监督机关，民事检察权依附于民事诉讼程序，但并不是依附于当事人一方，属检察机关在民事诉讼中实施法律监督职能，与法院一起共同追求维护公平正义的使命。也有学者将民事检察权归类为执法监督权，"宪法规定由检察机关行使的法律监督权区分为守法监督权和执法监督权，前者源于社会治理职能，后者源于公权力制约职能。民事诉讼中，执法监督权体现为监督法院审判权的行使而配置的审判监督权和为监督法院执行权而配置的执行监督权。守法监督权体现为监督侵害社会公共利益的违法行为而配置的民事公诉权和为排除当事人与社会干扰法院强制执行的协助权或支持执行权"。①

（三）以精准监督为引领，强化民事诉讼全程监督

早在 2011 年召开的全国民事行政检察第二次会议上最高人民检察院就提出，"坚持以执法办案为中心，发挥监督方式、监督手段多元化，注重各种监督方式和手段的综合运用，增强监督的实效性和针对性，推动民事诉讼多元化监督格局的形成"。中央政法委书记郭声琨在 2019 年 7 月 19 日召开的政法领域全面深化改革推进会上强调，"强化检察机关法律监督。改变重刑轻民的法律监督格局。加快推进全国跨部门大数据办案平台建设，实现办案系统互联互通、业务协同，有效解决检察机关获取监督信息渠道不畅的问题。推进加强对民事案件审判的检察监督制度机制建设，对重大案件发挥检察一体化优势，拓宽监督的广度和深度"。

目前，民事检察监督主要集中在裁判结果监督、审判人员违法监督和执行监督，监督方式主要是抗诉和检察建议。从三者关系看，生效法律文书的裁判质量对强制执行产生影响，如判决主文中的判项内容不明确、存在错误，当然造成执行难；审判人员违法的线索，多是通过办理裁判结果监督案件中发现的；其他违法行为，如行为人合谋从事虚假诉讼，也多是办理监督案件或执行监督案件中发现的。总体看，法定监督

---

① 傅郁林：《我国民事检察权的权能与程序配置》，载《法律科学》2012 年第 6 期。

仅包含以上三种方式，监督范围较窄，监督方式、手段相对单一，统筹协调运用形成复合监督效应的空间余地十分有限，这也是制约民事检察尚不能实现对民事诉讼全程有效监督的重要客观因素。

以精准监督理念为指导，强化民事诉讼全程监督，一方面，统筹发挥民事检察监督三种监督方式的组合效应；另一方面，应畅通民事检察监督信息获取途径。民事检察在于"实现办案系统互联互通、业务协同，有效解决检察机关获取监督信息渠道不畅的问题"，民事检察部门只有实时同步了解民事审判运行态势，才能依照民事审判活动规律深化开展民事检察监督工作。探索建立民事诉讼从立案、审判到执行终结的全流程信息与检察机关共享的机制，由检察机关筛出个案或者类案存在缺陷的监督信息，避免通过办案自行发现、当事人或者代理人反映、公众提出等形式导致的监督信息量小、信息相对滞后、信息内容不完整等先天缺陷。实时同步获取民事审判运行态势相关信息，通过大数据分析，就上诉、申请再审、申请检察监督的比例或二审发回重审、二审改判比例等基础性的司法统计数据进行量化分析梳理，找出导致某类案件裁判质量不高的共性原因，进而确定民事案件中的重点监督对象。以此实现通过对一件典型案件的抗诉监督以实现对某一类案件的精准监督。

二、精准监督对民事诉权的影响

（一）民事诉权辨析

1. 民事诉权的含义

诉权的概念起源于罗马时代，但在当时，它只不过是根据不同性质的案件采取的不同诉讼形式，具有开始诉讼的机能的含义，并没有实质上赋予权利人以何种地位。[①] 当权利主体的合法权益受到侵犯，或者当

---

① 参见［日］谷口安平：《程序的正义与诉讼》，王亚新、刘荣军译，中国政法大学出版社1996年版，第69页。

事人之间的民事关系发生争议时,法律规定了当事人有向司法机关请求司法救济的权利。

一般认为,诉权是救济权,是向法院提出请求的权利,是公民平等享有的宪法权利,民事诉权可以从以下方面加以理解和把握:一是民事诉权是当事人的一项基本性权利。民事诉权是宪法赋予国民所享有的请求司法救济的基本权利,诉权是宪法与民事诉讼法的"桥梁"。二是民事诉权是原被告双方当事人都平等享有的实体利益请求权。三是民事诉权包含程序和实体两方面含义。程序意义上的诉权是指向司法机关请求行使审判权,实体意义上的诉权是指保护民事权益或者解决民事纠纷的请求①,构成了法院审判的对象和既判力的客观范围。诉权既是作为当事人请求法院以国家公权力的方式,来解决其私权纠纷和保护其私法权益的一种基本性权利,又是连接民事实体法和民事诉讼法之间的"桥梁"。

2. 民事诉权与民事诉讼权利的异同

"民事诉讼权利,是指民事诉讼法律规范所规定的民事诉讼法律关系主体所享有的实施一定行为的可能性。"② 主要表现为民事诉讼法律关系主体可以自己实施一定的诉讼行为,可以要求他人作出一定的诉讼行为,当该权利受到侵犯时可以寻求相应的法律救济。诉权的行使是当事人行使诉讼权利的前提条件;举证权、辩论权等诉讼权利的行使有助于诉权的实体内容或行使诉权目的的实现。

民事诉权与诉讼权利的区别主要有:一是诉权是宪法上的基本权,而诉讼权利是诉讼法上的权利;二是诉权是当事人的诉权,而诉讼权利不仅为当事人拥有,当事人以外的其他诉讼参与人(如证人、鉴定人等)均拥有;三是根据一事不二讼原则,就同一纠纷或案件,其诉权可作一次行使,而许多诉讼权利(如举证权、辩论权、申请回避权等)可由双方当事人多次行使;四是与诉权主体相对的是法院,而与诉讼权利

---

① 参见江伟主编:《民事诉讼法学》,复旦大学出版社2002年版,第54页。
② 江伟、汤维建:《民事诉讼法》,中国人民大学出版社2000年版,第39页。

主体相对的可能是法院、对方当事人或其他诉讼参与人。

(二) 检察权对民事诉权：权利救济

司法权是救济权，无救济就没有权利，法律应当提供并保障权利人在行使权利出现障碍时，赋予权威性的救济机制，使受损的权利得以恢复或补救，即适用既有的法律规范提供救济。民事检察具有私权救济的权能，救济路径和救济方式等内容主要体现在民事诉讼法所规定的审判监督程序中，民事检察监督程序居于私权救济的末端。

首先，民事检察监督适用抗诉的法定条件与适用审判监督程序启动再审的法定条件相同，即《民事诉讼法》第207条规定的十三种情形①；审判监督程序终结或逾期未启动再审程序为申请民事检察监督救济的前提条件，二者相互衔接；当事人申请再审与申请检察建议或者抗诉救济的权利原则上只有一次。上述规定体现的理念，与民事检察对损害国家利益、社会公共利益及审判监督程序以外的其他审判程序中审判人员违法行为等实施的检察监督，因两者内在属性不同而存在区分。法条之所以将对公权的监督与对私权的救济混杂规定在一起，是因为二者是基于一个民事行为（或民事诉讼行为）产生的，难以区分；或者说，立法者就认为它们之间没有区分的价值和意义。

---

① 《民事诉讼法》第207条规定："当事人的申请符合下列情形之一的，人民法院应当再审：（一）有新的证据，足以推翻原判决、裁定的；（二）原判决、裁定认定的基本事实缺乏证据证明的；（三）原判决、裁定认定事实的主要证据是伪造的；（四）原判决、裁定认定事实的主要证据未经质证的；（五）对审理案件需要的主要证据，当事人因客观原因不能自行收集，书面申请人民法院调查收集，人民法院未调查收集的；（六）原判决、裁定适用法律确有错误的；（七）审判组织的组成不合法或者依法应当回避的审判人员没有回避的；（八）无诉讼行为能力人未经法定代理人代为诉讼或者应当参加诉讼的当事人，因不能归责于本人或者其诉讼代理人的事由，未参加诉讼的；（九）违反法律规定，剥夺当事人辩论权利的；（十）未经传票传唤，缺席判决的；（十一）原判决、裁定遗漏或者超出诉讼请求的；（十二）据以作出原判决、裁定的法律文书被撤销或者变更的；（十三）审判人员审理该案件时有贪污受贿，徇私舞弊，枉法裁判行为的。"

其次,从审判和检察实务看,审判监督程序中,法院经再审审查决定启动再审的案件比例与经民事检察审查决定予以监督的案件比例大体相当,即收案总数的5%—10%,说明通过法院再审程序救济后仍存有一定比例的缺陷案件仍需作出制度安排予以救济。跳出法院不同审级间的自我监督方式,改换为以民事检察全新的视角实施最后救济,不失为充分整合现有司法资源构建民事审判权与民事检察权形成制度衔接与相互制约的良方。

最后,从公共利益角度看,经再审程序审查后仍有一定数量的缺陷案件需要司法救济,客观现实本身就构成了社会公共利益,实施检察监督符合法律监督机关的宪法职能定位。就此,有观点认为,"民事纠纷一旦进入法院审判程序,审判权行使的结果——裁判就具有超越当下个案的意义,而具有公共性,这样的话,如果法院裁判错误地适用了国家法律,其直接的效果是案件的当事人受到了不公正待遇,但是跳出纠纷解决的窠臼,从规则之治的角度看,就是法院错误地向社会宣示了国家的法律……将在相应程度上导致对国家司法的不信任,甚至完全丧失对国家法治的信心"。[1] 还有观点认为,抗诉是"规定在审判监督程序中的,因此对其适用范围就导向了限缩性的解释。这种限缩性解释加剧了检察监督基本原则与其具体规则之间的基本矛盾,致使检察监督权在民事诉讼领域日趋萎缩,最终导致与司法实践的内在需求产生了渐行渐远的负面现象"。[2]

(三) 跟进监督的审慎适用

从民事检察职能看,各级检察机关要把跟进监督、持续监督作为常态,要盯住不放,一督到底。但仅就办理裁判结果监督案件角度讲,应适度限缩多次监督的适用范围,尊重当事人各方诉讼地位平等的民事诉讼基本原则,尊重当事人行使撤回监督申请、达成检察和

---

[1] 张智辉主编:《中国检察》(第6卷),北京大学出版社2004年版,第13页。
[2] 汤维建:《民事诉讼法的全面修改与检察监督》,载《中国法学》2011年第3期。

解、变更监督申请中的诉讼请求等程序或实体的处分权。从私权救济理念讲，当事人申请以民事检察监督方式救济的权利原则只享有一次，就一个案件多次实施监督可能给监督申请人以外当事人造成讼累，可能造成民事检察权、民事审判权、诉权三权关系失衡。一般说，穷尽所有法定诉讼救济程序，就意味着实现了程序公正或实体公正，而非以达到再审改判并监督申请人满意作为评判监督效果的标准。检察监督与审判监督，均应坚持依法纠错与维护生效法律文书既判力并重的理念。上述基于司法救济的理念与司法人员违法监督的理念存在较大差距，说到底，是因监督性质不同所致。实践表明，民事检察裁判结果监督程序与审判监督程序一同携手发挥纠错机制作用，共同维护了司法权威。

三、精准监督对民事检察裁量权的规制

（一）自由裁量权的含义

法官自由裁量权最早在亚里士多德那里是以"衡平"的面目出现的。"衡平"被亚里士多德看作是恢复被法律破坏了的正义的最佳方法，"法律之所以没有对所有的事情都作出规定，就是因为有些事情不可能由法律来决定，还要靠判决来决定"①，"法官是公正的化身"②，因此，为了实现公正，法官必须要诉诸于"衡平"以排除对既定规则的适用。自由裁量权从性质上讲，是一种判断权和选择权，存在于司法的整个过程。按照《布莱克法律辞典》的解释，所谓法官自由裁量权，是指法官或法庭在诉讼活动中依法自由斟酌以确定法律规则或原则的界限的一种

---

① ［古希腊］亚里士多德：《尼各马可伦理学》，廖申白译，商务印书馆2003年版，第161页。

② ［古希腊］亚里士多德：《尼各马可伦理学》，廖申白译，商务印书馆2003年版，第138页。

权力。这种界定强调自由裁量以法为据，是不突破法规则的裁量。但是，法官自由裁量权作为一个虽然已被广泛使用，但含义却极不精确的词汇，常因使用背景及对它的理解而改变。梅里曼教授认为，审判上的自由裁量权，是普通法系法官传统固有的权力，"能够根据案件事实决定其法律后果，为了实现真正的公平正义可以不拘泥于法律，还能够不断解释法律使之更合于社会的变化"。① 我国也有学者认为，在给司法自由裁量权下定义时，没有必要加上"根据法律或其原则、精神"这样的限制。② 在中国的司法语境下，强调法官突破法律自由裁量没有法律依据，相关法律对审判的要求都明确表达为"依照法律"依法审判。"以法律为准绳"为司法裁量划定了基本标准。司法权作为一种公权，也应该遵循授权原则。自由裁量权的存在是为了连接抽象的法律和具体的事实，更有效地实现实质正义。

即使现有的在法律规范体系的语境下，由于制度困境的存在，不能根本解决法律的确定性问题。作为司法裁判中法律的确定性问题，只能借助于法律规范的宽容，并通过赋予法官各种解释法律文本的技巧实现。"法官自由裁量权与法律的确定性犹如一枚硬币的两面，对其中一个问题的解决（如果可能的话）必须要借助于对另一问题的回答。"③ 本书认为，法官的自由裁量权可以理解为"法官司法裁判过程中，对法律适用可能产生的多种规则选择、多种文义解释或意义欠缺的多种解决方案等不确定性状态下，在多种合法的解决方案之间进行合理选择的权力"。④

自由裁量权必须以法律授权为前提，不能超过合法限度。由于法官自

---

① ［美］约翰·亨利·梅利曼：《大陆法系》，顾培东、禄正平译，法律出版社2004年版，第52—53页。
② 参见江必新：《论司法自由裁量权》，载《法律适用》2006年第11期。
③ 庄晓华：《法官自由裁量权的含义》，载付子堂主编：《经典中的法理》（2011年第1卷），法律出版社2012年版，第170页。
④ 陈绍松：《司法裁判的合理可接受性法》，中国政法大学出版社2017年版，第288页。

由裁量权行使的语境使法官面临多种选择,因此,自由裁量权意味着在多种可能的答案之间进行选择的权力,所以,法官自由裁量权的行使会对司法裁判结论产生多样化的影响。法官自由裁量权的行使,对于当事人的权利可能产生不同程度上的差异。"自由裁量权因为与法律的不确定性问题相伴,容易导致司法腐败,影响司法公正,并进而影响司法的公信力,从而在制度上成为裁判结论不被社会公众接受的规范有效性问题,会从制度上迫使司法裁判遭到公众质疑,而使司法裁判缺失合理的可接受性。"① 因此,对法官自由裁量权进行限制和规范具有重要意义。

(二)民事审判权与民事检察权中的自由裁量权

首先,民事审判权中的自由裁量权是基于法律冲突的选择、法律漏洞的填补、经济社会生活本身的不确定性等,如合同无约定、约定不明,合同无效或部分无效,合同解除、中止、撤销等情形下,法官只能依据法律原则、法理、判例或裁判先例、生活经验、乡规民约、善良风俗等创设规则后作出裁判。自由裁量权是民事审判权不可或缺的重要的组成部分,法官行使裁量权应在裁判文书中公开心证过程及就案件事实适用法律的演绎推理的逻辑过程。行使裁量权应当受到规制,应当适当,不得出现"同案异判"或"异案同判"等失当情形;而应"同案同判",执法尺度与裁判标准大体相当。

刑事检察权中的自由裁量权包括对刑事犯罪提出指控、不起诉、诉辩交易和向法庭提出裁判建议的权利。在我国,最重要的裁量权就是适用认罪认罚从宽的刑事案件,检察官享有提出量刑建议的主导权。在国外,"替代程序是为减轻法院繁重负担的简便方法。检察官进行筹备工作并向法官提出书面建议,法院很少拒绝检察官提出的建议。事实上,刑事处罚令是由检察院作出的决定,由法院加以审查和核实。甚至一些

---

① 陈绍松:《司法裁判的合理可接受性法》,中国政法大学出版社 2017 年版,第 290 页。

案件法官不再参与，检察官负责实施制裁，并作出结案决定。像瑞士的刑事处罚令、美国辩诉交易。"①

其次，民事检察裁量权较民事审判裁量权的适用范围更广，既包括对事（案件）的监督，也包括对人的监督（审判人员违法行为）监督。民事审判裁量权以实体权利为主，如认定合同性质、合同效力，认定过错责任比例，认定损失大小等；民事检察裁量权多集中在程序方面，如对法院裁判认可与否、监督与否、监督方式、监督事项、监督的时机选择等。按照精准监督理念，抗诉一般适用具有普遍指导意义的案件；正在修订的民事监督规则，拟对各类检察建议的适用范围作出规范；制定司法政策，对司法人员涉嫌参与虚假诉讼的违法行为，向受诉法院提出检察建议等，上述司法解释、司法政策的重要意义之一在于规制检察官享有的裁量权。

（三）对民事检察自由裁量权的规范

规制民事审判权中的自由裁量权旨在统一裁判标准、执法尺度。刑事检察"捕诉一体化""认罪认罚从宽"等重大刑事检察改革政策施行以后，检察官享有的裁量权明显加大。上述刑事司法改革措施出台后，刑事检察官准确把握自由裁量权的执法尺度、分寸，对检察官素质、经验、判断能力等综合业务素质和政治素质提出更高要求。从司法政策导向看，通过司法解释、司法政策及办案组织内部商议、审批流程等规制、引导着检察官裁量权行使的方向及裁量的分寸、尺度，以保障在上述刑事检察环节中检察主导理念的制度化、法治化。与之一致的是，民事检察也将在修订后的司法解释条文中体现并诠释"精准监督"理念，该些条文必将进一步引领民事检察官裁量权的行使方向，以在宏观上实现为大局服务的目标。

---

① 转引自［瑞士］古尔蒂斯·里恩：《美国和欧洲的检察官》，王新悦、陈涛等译，法律出版社2019年版，第7页。

第三章 民法典颁布实施对民事诉讼精准监督的影响

2020年5月28日,十三届全国人大三次会议表决通过了《中华人民共和国民法典》(以下简称民法典),"民法典时代"正式到来。民法典是新中国成立以来第一部以"典"命名的法律,开创了我国法典编纂立法的先河。民法典之所以被冠以"典",源于民法典规范的理性化编排、条文之间关联性与体系性的处理均以其内在价值体系、思想理念、精神品格为准则和基础,即在内在价值体系、价值理念统一性基础之上构建逻辑一致性的外在规范体系。① 从这个角度来说,法典化就是体系化,就是通过编纂民法典使分散的有关民事法律的规范形成一个有机的体系化整体,将民法典丰富的内在价值元素与体系化的外在价值元素相结合,共同组成民法典的价值体系。

民法典所蕴含的丰富价值内涵和体系化元素,不仅为司法办案提供了更为全面、权威、系统的裁判规则和裁判依据,也为精准监督奠定了核心价值取向。总的来看,民法典的内在价值体系与精准监督理念在司法理念方面发挥的纠偏、创新、进步、引领价值具有内在同一性:民法典弘扬的社会主义核心价值观确立了精准监督发挥纠偏作用的价值判断基础,民法典体现的人民至上明确了精准监督将权力监督与权利救济相结合的工作属性和根本目标,民法典彰显的中国特色成为精准监督助推

---

① 参见马新彦:《社会主义核心价值观融入法治建设的重大成果》,载《理论导报》2020年第6期。

国家治理体系与治理能力现代化的主要着力点,民法典展现的时代特点亦是精准监督实现引领司法理念进步的重要支撑。同时,民法典的外在形式体系既是类案监督的重要载体,也与精准监督的体系化、类型化思维具有统一性。

第一节 民法典中的价值元素体系

一、民法典内在价值体系与精准监督的同一性

(一)民法典的内在价值体系

民法典的法思想是民法典内在价值体系的核心内容。法思想是立法者编纂民法的指导思想,是指导民法典编纂并实施的根本的、内在的、体系化的指导思想。德国法学家耶林在《罗马法精神》中指出,"唯有法律征服世界是最为持久的征服",其中所体现的就是特定历史阶段、特定社会时期不同制度下法思想对于社会生活产生的巨大影响作用。比如,在奴隶制社会中古罗马制定的《查士丁尼民法大全》渗透了奴隶制、等级身份和神权法的法思想。欧洲民法法典化运动时期,所产生的民法典渗透了偏重形式上的自由主义而相对忽视实质正义的法思想。[①]大陆法系国家的民法典历来以私法自治为价值体系展开,确立了"法不禁止即自由"的法治理念,即凡是公法不加以禁止的范围,私法主体都可以实行意思自治。进入 21 世纪以来,尊重和保护人权逐渐成为国际社会的普遍共识,民法的人文价值得到进一步发展。

我国民法典诞生于 21 世纪第二个和第三个十年的交汇期,诞生于

---

① 参见孙宪忠:《从人民法院司法的角度谈解读和实施〈民法典〉的几个问题》,载《法律适用》2020 年第 15 期。

人类从工业文明迈向信息文明的重要转换阶段，具有独特而丰富的内在价值元素。我国民法典编纂的指导思想是高举中国特色社会主义伟大旗帜，以马克思列宁主义、毛泽东思想、邓小平理论、"三个代表"重要思想、科学发展观、习近平新时代中国特色社会主义思想为指导，增强"四个意识"，坚定"四个自信"，做到"两个维护"，全面贯彻党的领导、人民当家作主、依法治国有机统一，紧紧围绕统筹推进"五位一体"总体布局和协调推进"四个全面"战略布局，紧紧围绕建设中国特色社会主义法治体系、建设社会主义法治国家，总结实践经验，适应时代要求，对我国现行的、制定于不同时期的民法通则、物权法、合同法、担保法、婚姻法、收养法、继承法、侵权责任法和人格权方面的民事法律规范进行全面系统的编订纂修，形成一部具有中国特色、体现时代特点、反映人民意愿的民法典。① 总的来说，我国民法典的编纂贯穿着弘扬社会主义核心价值观、坚持以人民为中心、加强人民权利保护、彰显中国特色、因应新时代新需求新问题等法思想。

（二）民法典的内在价值体系与精准监督的同一性

1. **民法典弘扬社会主义核心价值观，引领社会公序良俗，奠定了精准监督的价值判断基础**

民法典是民族精神的立法表达，是一个民族的精神密码。我国民法典坚持将依法治国与以德治国充分融合，首次将"弘扬社会主义核心价值观"写入民事基本法并置于条文之首，以"典"之名熔铸中华民族精气神。这不仅凝结着民法典对传统美德、社会公德的确认以及对公序良俗的引领，其中所强化、倡导的规则意识与契约精神也为民事检察部门妥当选取在司法理念上具有纠偏、创新、进步、引领价值的监督案件，进而实现精准监督，提供了司法理念基础与价值判断标准。可以说，社

---

① 参见王晨：《关于〈中华人民共和国民法典（草案）〉的说明——2020年5月22日在第十三届全国人民代表大会第三次会议上》。

会主义价值观既是民法典所弘扬的民族精神所在，也是精准监督所依据的价值判断基础，二者在价值判断层面具有鲜明的同一性。

社会主义核心价值观从国家制度、社会集体与公民个人三个层面为社会主义核心价值体系建设指明了方向。具体来说，"富强、民主、文明、和谐"立足国家制度层面，集中体现了中国特色社会主义现代化的价值目标和价值追求；"自由、平等、公正、法治"立足于社会集体层面，集中体现了中国特色社会主义的基本社会属性；"爱国、敬业、诚信、友善"是立足于公民个人层面，四位一体集中体现了中华民族的传统美德及社会主义国家公民的基本价值追求和道德准则要求。民法典将弘扬社会主义核心价值观融入民事法律规范，成为精准监督理念的价值判断基础，主要体现在以下六方面：

一是民法典将弘扬社会主义核心价值观渗透于民法典的基本原则、制度规范中。社会主义核心价值观集中体现于《民法典》第1条的立法目的以及第4条至第9条的各项原则中，比如平等原则、自愿原则、诚信原则、绿色原则等。同时，合同编的诚信义务，婚姻家庭编的互相关爱、婚姻自由、一夫一妻以及夫妻相互抚养义务、夫妻双方对未成年子女的抚养教育保护义务、子女对父母的赡养扶助义务等都是核心价值观的直接体现。

二是社会主义核心价值观的多元性体现在民法典对不同利益价值的协调中。由于社会主义核心价值观的内涵是多元的，民法典也在充分协调、预防各种价值之间可能产生的冲突，并在发生冲突时确定解决的规则。例如，自由与诚信均为社会主义核心价值观的内容，而当交易自由与诚实信用二者在特定场合可能发生冲突时，民法典通过表见代理、诉讼时效、善意取得等规则设计，妥当实现了这两种价值及现实利益之间的有效平衡，这也为民事检察人员通过精准监督实现对于司法理念的纠偏功能提供了裁判依据。

三是民法典将社会主义价值观所提倡的公民道德、社会公德上升为法定义务。我国民法典注重将社会主义核心价值观融入民事法律规范，从立法层面将公民应当遵守的道德准则确定为法定义务，让社会主义核心价值观所倡导的社会公德、公民道德具有强制力，从而为实现平安中国、和谐社会保驾护航。

以《民法典》第 1254 条"禁止从建筑物中抛掷物品"条款为例。近年来，高空抛物行为日益频发，成为"悬在城市上空的痛"，对于人身安全、财产安全及公共安全造成重大威胁。对此，我国民法典在《中华人民共和国侵权责任法》（以下简称《侵权责任法》）已经确立法定补偿义务制度基础上，明确将禁止从建筑物中抛掷物品确立为法定义务，同时针对此类事件处理的主要困难是行为人难以确定等问题，强调有关机关应当依法及时调查、查清责任人，并规定物业服务企业等建筑物管理人应当采取必要的安全保障措施，防止此类行为的发生。

四是民法典更加注重弘扬社会主义核心价值观中的家国情怀。习近平总书记强调："不论时代发生多大变化，不论生活格局发生多大变化，我们都要重视家庭建设，注重家庭、注重家教、注重家风。"对此，我国民法典婚姻家庭编第 1043 条明确规定"家庭应当树立优良家风，弘扬家庭美德，重视家庭文明建设"，以此通过立法深植我国深厚的家文化以及维护家庭和睦的基本社会理念和价值取向，将更有利于构建和睦、健康、亲情的家庭生活秩序，塑造夫妻有爱、父慈子孝、亲属有情的家庭关系，进而对整个民族和国家起到教育和引领作用。

比如，增设离婚冷静期制度是民法典的亮点之一。《民法典》第 1077 条在协议离婚中增设时间"门槛"，规定提交离婚登记申请后 30 日的离婚冷静期，在此期间任何一方可以向登记机关撤回离婚申请。这有助于夫妻双方冷静思考、妥善抉择，减少、避免冲动离婚等情况，激发其对婚姻家庭的责任心，形成良好的婚姻家庭观。设定"离婚冷静期"制度，凸显了我们这个国家和民族对家的重视：家不仅是家人共同生活的单元，更是社会基本的细胞和单元，是社会稳定和谐的基础。再如，民法典完善了代位继承制度。《民法典》第1128条规定，被继承人的兄弟姐妹先于被继承人死亡的，由被继承人的兄弟姐妹的子女代位继承。代位继承范围扩大到允许兄弟姐妹的子女进行代位继承，更加体现了中国人对家的重视和家观念的独特性。

五是民法典弘扬社会正气，以法治护英烈、扬国威。以《民法典》第185条为例，其明确规定了侵害英雄烈士等的姓名、肖像、名誉、荣誉，损害社会公共利益的，应当承担民事责任。人格权编具体界定了姓名权、肖像权、名誉权和荣誉权，并完善了肖像权合理使用规则和名誉权保护与新闻报道、舆论监督的规则。这一系列规定对于检察机关如何准确把握行为人是否侵害英烈权利、是否损害公共利益等问题，提供了更全面的实体法依据，为更好地保护英烈、弘扬社会正气提供了法治保障。

六是民法典突出对弱势群体的保护，追求实质正义。在现代民法理念的发展过程中，对民事主体的保护，从形式平等逐渐发展到更加注重实质平等。我国民法典强化对弱势群体的保护与关爱，体现了追求实质正义和实质平等的要求。比如合同编确认了对格式条款的规制，《民法典》第496条完善了格式条款相关规定，综合考虑相关主体缔约地位、条件和能力的差异，通过法律的强制性规定实现合同的实质正义。

2. 民法典坚持以人民为中心，切实保障人民权利，体现的人民至上是精准监督的根本目标

民为邦本、法系根基，中国特色社会主义法治建设的根本目的是保障人民权益。党的十九大报告提出中国特色社会主义进入新时代，我国社会主要矛盾已经转化为人民日益增长的美好生活需要和不平衡不充分的发展之间的矛盾。新时代，人民群众在民主、法治、公平、正义、安全、环境等方面的要求日益增长，希望对权利的保护更加充分、更加有效，民事法律制度随之面临确认新型民事权利、强化民事权利保护的新挑战。与此同时，民事检察工作也面临着如何加强对司法活动的精准监督，以更好保障人民群众合法权益的新课题。

习近平总书记指出，民法典是一部体现对生命健康、财产安全、交易便利、生活幸福、人格尊严等各方面权利平等保护的法典。作为私权保障的宣言书，民法典的颁布标志着一个权利保护的崭新时代到来。民法典将维护人身权放在更加突出的位置，同时广泛确认了各类主体的财产权及其保护制度，构建起相对完整的权利保障体系。民法典总则编规定了民事权利保护的一般规则，确立民事权利保护的总纲；同时，确认了诚实信用、公序良俗等对民事权利的行使进行必要的限制。物权编、合同编构建并完善了财产权保障体系，物权编完善了物权保护制度，合同编加强了对债权的保护。人格权编、婚姻家庭编、继承编广泛确认了公民的各项人格权利和身份权利。侵权责任编单独成编，对侵害民事权利的侵权责任作出规定，为保护民事权利提供切实的保障。

面对纷繁复杂的民事纠纷，民法典在确认权利的基础上，还从具体的民事法律规范角度展开，将权利、义务与责任紧密相连，提供了更为完整多样的权利保护方式。从为恢复权利人对其权益圆满支配状态的物权请求权、人格权请求权，到保障债权得以实现的继续履行请求权与违约损害赔偿请求权；从针对人格权侵害的赔礼道歉、恢复名誉，到适用广泛的侵权损害赔偿请求权；从补偿性的损害赔偿，到特殊情形下的惩罚性赔偿，民法典为所有民事权利的保护提供了足够的"武器"。①

以人格权编为例，民法典致力以人文关怀构建民法的价值理念，重视对人的自由和尊严的充分保障，将人格权编单独成编。在保护客体范围上，民法典从生命权、身体权、健康权、姓名权、肖像权等基本权利，延伸到名誉权、荣誉权、隐私权等。在保护区间上，民法典梳理了自然人从胚胎起始，一直到死者人格利益（第994条）整个生命全过程

---

① 参见王利明：《民法典开启权利保护新时代》，载《合肥晚报》2020年5月27日，第A2版。

所涉及的民事法律关系。① 具体来说：第一，民法典强化对人格尊严、生命尊严的保护。《民法典》第1009条设置底线规则，将从事与人体基因、人体胚胎等有关的医学和科研活动纳入法律的轨道，确保其规范运行。第二，民法典增设私生活安宁权，强化对隐私权和个人信息的保护。《民法典》第1033条进一步围绕隐私权的内容，具体列举了各种侵害隐私权的行为，基本上构建了我国隐私权保护的法律规则；《民法典》第1034条、第1035条明确了个人信息的内容及处理原则和条件，《民法典》第1036条至第1038条明确了处理个人信息不承担责任的特定情形，合理平衡了保护个人信息与维护公共利益之间的关系。第三，民法典强化肖像权的扩张保护。《民法典》第1018条将肖像的内涵由"以面部为中心"扩大为"可被识别性"标准。第四，民法典确认声音为一种新型的人格利益，明确了处理个人信息不承担责任的特定情形，合理平衡了保护个人信息与维护公共利益之间的关系。第五，民法典对人格权请求权作出明确规定。《民法典》第995条对人格权请求权作出了规定，并区分了其与侵权损害赔偿请求权在是否考虑过错、是否具有预防功能、是否要求证明实际损害、是否以构成侵权行为为适用条件以及是否适用诉讼时效方面的不同。第六，《民法典》第997条明确规定了诉前禁令制度，为面临正在实施或有侵害人格权之虞行为的民事主体，提供了在起诉前依法向人民法院申请采取责令停止有关行为的措施，以防止损害的实际发生或扩大的权利。②

由此可见，民法典不仅是权利的宣言书，也是当事人在遇到民事纠纷时依法维权的行为依据，更是纠纷进入司法机关后，司法人员通过正确适用法律，妥善解决各类民事纠纷，从而保障各项民事权利落地的裁判规则。

---

① 参见张雪樵：《树法治自信立检察自觉》，载《检察日报》2020年5月24日，第2版。

② 参见王利明：《民法典人格权编的亮点与创新》，载《中国法学》2020年第4期。

从这个意义上来说，处于纠纷解决阶段的民事检察精准监督理念与民法典蕴含的人民至上理念亦具有同一性。"从业务属性来讲，民事检察仍是对民事法律问题的判断和法律规定的适用问题，并直接涉及到当事人合法权益的保护问题。"① 民事检察监督就是通过正确适用民法典，在监督公权力的同时，实现对当事人合法权益的保护。因此，民事检察监督可以说是权力监督与权利救济的集合体，而精准监督便是要通过更为精准地选择在司法理念方面具有纠偏、创新、引领价值的案件，一方面依法监督法院行使审判权，另一方面"通过监督程序的运转，依法保护当事人的合法权益，并实质性地化解双方当事人之间的矛盾纠纷"②，将民法典对于公民权利的确认、保障与救济落到实处。

司法是社会公平正义的最后一道防线，人民群众在司法活动中的获得感、幸福感、安全感更多地体现在大量与自己密切相关的民商事案件上。因此，人民至上既是民法典蕴含的法思想，也是精准监督的指南针，二者统一于以人民为中心的司法理念，统一于人民对美好生活的向往，统一于对百姓关切的全方位聚焦、对权利保障的多维度强化。

3. 民法典以鲜明的中国特色护航中国之治，是精准监督助力国家治理体系和治理能力现代化的重要着力点

民法与国家其他领域法律规范一起，支撑着国家制度和国家治理体系，是保证国家制度和国家治理体系正常有效运行的基础性法律规范。习近平总书记指出，民法典是一部固根本、稳预期、利长远的基础性法律，对推进国家治理体系和治理能力现代化具有重大意义。这一重要论述深刻地指出了民法典在治理体系中所具有的重要地位。民法典被公认为是所谓"民事宪法"和"社会学意义上的宪法"，其原因在于它奠定

---

① 冯小光、滕艳军：《民法典实施背景下民事检察实现高质量发展的路径》，载《中国检察官（司法实务版）》2021年第1期。
② 冯小光、滕艳军：《民法典实施背景下民事检察实现高质量发展的路径》，载《中国检察官（司法实务版）》2021年第1期。

了现代社会所赖以立足的基石：所有权、家庭和契约等。① 因此，民法典确立了组织社会的基本法律框架，对于社会治理体系的完善具有极为重要的价值。同时，民法典也为民事检察参与社会治理提供了重要途径。民法典对市场经济活动进行规范，其所坚守的价值理念以及修改完善的产权保护制度和合同制度等相关内容，是民事检察监督办案的重要依据。②

一是民法典明确规定了社会主义基本经济制度。坚持和完善中国特色社会主义制度是民法典承担的一个重要的使命，社会主义基本经济制度是以法治为基础、在法治轨道上运行、受法治规制调整的经济制度，社会主义市场经济本质上是法治经济。《民法典》第206条对国家基本经济制度作出了明确规定："国家坚持和完善公有制为主体、多种所有制经济共同发展，按劳分配为主体、多种分配方式并存，社会主义市场经济体制等社会主义基本经济制度。"第249条规定："城市的土地，属于国家所有。法律规定属于国家所有的农村和城市郊区的土地，属于国家所有。"

二是民法典完善了用益物权制度，助力建设现代化经济体系。为贯彻新发展理念，深化农村土地制度改革，建设现代化经济体系，民法典在建设用地使用权、土地承包经营权、土地经营权等方面也确立了一系列反映改革需要的规则，通过引入市场机制，实现资源的最有效配置。

比如，民法典落实了党中央关于完善产权保护制度的要求，第359条第1款规定住宅建设用地使用权期限届满的，自动续期；续期费用的缴纳或者减免，依照法律、行政法规的规定办理。民法典完善了农村集体产权相关制度。农业农村农民问题是关系国计民生的根本性问题，党

---

① 参见石佳友：《民法典与社会治理体系的完善》，载《人民法院报》2020年8月27日，第5版。
② 参见杨春雷：《以贯彻实施民法典为契机奋力开创新时代民事检察工作新局面》，载《检察日报》2020年8月26日，第5版。

的十九大报告强调必须始终把解决好"三农"问题作为全党工作重中之重,要坚持农业农村优先发展,加快推进农业农村现代化。① 为落实农村承包地"三权分置"改革要求,在总结农村土地经营权改革经验基础上,物权编第339条至第342条明确土地承包经营权人可以自主决定依法采取出租、入股或者其他方式向他人流转土地经营权。土地经营权人有权在合同约定期限内占有农村土地,自主开展农业生产经营并取得收益。同时,民法典删去原物权法"抵押权"一章关于耕地不得抵押的规定,以适应"三权分置"后土地经营权入市的需要。考虑到农村集体建设用地和宅基地制度改革正在推进过程中,民法典也作出了与土地管理的其他规范的衔接性规定(第361条、第363条)。

再如,民法典增设了居住权这一新型用益物权。住有所居,一直是人们的美好愿望。党的十九大报告指出:"加快建立多主体供给、多渠道保障、租购并举的住房制度,让全体人民住有所居。"为推动"住有所居"取得新进展,民法典物权编在用益物权部分增加一章,专门规定居住权。《民法典》第366条规定,居住权人有权按照合同约定,对他人的住宅享有占有、使用的用益物权,以满足生活居住需要。

三是民法典完善了合同制度,为优化营商环境提供法治保障。民法典合同编在现行合同法基础上,贯彻全面深化改革的精神,坚持维护契约、平等交换、公平竞争,为优化营商环境、促进商品和要素自由流动提供了有力的法治保障。

比如,民法典完善了无权处分合同的效力认定。市场经济的发展需要强调交易安全与交易秩序的维护,最具有代表性的就是无权处分规则的设计。民法典合同编改变了原《合同法》第51条的规则,确认了无权处分合同的效力,强化了对交易安全的保护。

再如,民法典新增了保证合同、保理合同、物业服务合同以及合伙

---

① 参见王轶:《民法典:回应"中国之问"和"时代之问"》,载《检察日报》2020年6月2日,第3版。

合同等四类典型合同。同时，完善了其他典型合同：《民法典》第622条、第623条、第641条至第643条通过完善检验期限的规定和所有权保留规则等完善买卖合同；第680条第1款明确禁止高利放贷，借款的利率不得违反国家有关规定；第734条第2款增加规定房屋承租人的优先承租权，落实党中央提出的建立租购同权住房制度的要求；第815条第1款、第819条、第829条细化了客运合同当事人的权利义务，助力治理严重干扰运输秩序和危害运输安全的问题；同时，根据经济社会发展需要，合同编第11章、第15章、第18章、第20章修改完善了赠与合同、融资租赁合同、建设工程合同、技术合同等典型合同。

四是民法典完善了担保物权制度，使融资更为安全简便。为了使担保更为安全，从而进一步优化我国营商环境，《民法典》第388条第1款扩大了担保合同的范围，规定担保合同包括抵押合同、质押合同和其他具有担保功能的合同；删除有关担保物权具体登记机构的规定，为建立统一的动产抵押和权利质押登记制度留下空间；第414条明确实现担保物权的统一受偿规则等。

五是民法典完善了业主权利，促进建立共建共治共享的社会治理格局。党的十九届四中全会强调，社会治理是国家治理的重要方面，必须加强和创新社会治理，坚持和完善共建共治共享的社会治理制度，保持社会稳定，维护国家安全，建设人人有责、人人尽责、人人享有的社会治理共同体，确保人民安居乐业、社会安定有序，建设更高水平的平安中国。

针对近年来群众普遍反映业主大会成立难、公共维修资金使用难等问题，民法典物权编在原物权法规定的基础上，进一步强化了保障、推动业主自治的法律规则，明确了地方政府有关部门、居民委员会应当对设立业主大会和选举业主委员会给予指导和帮助（第277条第2款），商品房小区选聘和解聘物业服务企业或者其他物业管理人等要由业主共同决定。同时，民法典适当降低业主共同决定事项，特别是使用建筑物及其附属设施维修资金的表决门槛,并增加规定紧急情况下使用维修资金的特别程序(第278条、第281条第2款);完善了建筑物区分所有权制度,全面系统地规定了业主对建筑物的各项权利,增加规定改变共有部分的用途或者利用共有部分从事经营活动应当由业主共同决定,适当降低了业主作出决议的门槛等。

六是民法典确立了民事活动中国家干预的法律规则。一方面,民法典在保障私权的同时规范了公权,使国家公权力不能越位。民法典总则编关于认定民事法律行为绝对无效的规定(第153条第2款)中,明确违背公序良俗的民事法律行为无效。这一条确认保障和维护的是公共利益,其中重要内容之一便是国家利益。民事主体实施的民事法律行为,违反了强制性规定,有可能危害国家利益时,国家才可以动用公权力,干涉社会交往。在能够动用公权力时,也必须秉承手段和目的相称的原则。比如,对没有取得商品房预售许可证就预售商品房的,可以通过行政处罚方式予以干涉,而非认定预售合同无效。

另一方面,民法典强化了国家对于私权的保护,当国家必须出场时国家不能缺位。比如,监护人确定出现争议时,指定之前如果被监护人需要有人进行照看时,监护制度中将民政部门指定为临时监护人角色。监护人突发事件无法履行监护职责,被监护人生活困难的,民政部门可以采取临时生活照料措施。又如,对于高空抛物致人损害责任的规定,要求公安机关等履行职责确定加害人,加害人要承担侵权责任、行政处罚甚至刑事处罚等。

再如,新冠肺炎疫情大考充分证明中国特色社会主义的制度优势,一些成功的防疫经验被及时吸收转化为法律制度。民法典物权编第六章规定,业主应当依法配合物业服务企业或者其他管理人执行政府依法实施的应急处置措施。这些都体现了我们在保障权利与自由的同时强调行为限制约束的必要性,在尊重个人意志的同时应当服从国家安全和公共利益的需要，民事权利分配制度实质上反映了国家治理能力的现代化水平。①

因此，民法典作为近代以来部门法法典化的典范，历来就不只是一个提供民事关系规制技术的法律文本，也是一个承载政治和社会改造使命的法律文本。② 民法典的生命力在于实施，要使其上述的所有功能、价值、意义得到落实，必须通过民法典的贯彻与实施才能实现。③ 因此，民事检察作为对于审判权的监督，其对于生效裁判确有错误的案件进行精准抗诉将更好地扭转司法理念，将上述民法典在社会治理方面的先进理念落实到个案中，以点带面发挥对于同类案件的引领作用。从这个角度来说，精准监督是将民法典的立法精神和立法要义转化为社会治理效能的重要环节，二者统一于司法活动尤其是检察环节实现助推国家治理体系和治理能力现代化的社会价值与目标。

4. 民法典以中国之典回应时代之问，引领信息社会法治建设，是精准监督实现引领价值的重要支撑

伟大的时代孕育伟大的法典。1804 年的《法国民法典》诞生于启蒙时代，制定于人类从农业文明迈向工业文明的特殊历史阶段，处处闪耀着对理性引导下人类迈向未来的信心。近百年之后的 1900 年《德国民法典》，制定于人类进入工业文明相对比较成熟阶段，以严谨周密、概括准确的法律概念和术语，促进了德国的工业化，宣告了"社会"这一时代主题的降临。今天，我们身处于 21 世纪第二个和第三个十年的交汇期，处在人类从工业文明迈向信息文明的重要转换阶段。在这百年未有之大变局时期，我国民法典需要面对并回应的是智能社会、生态保

---

① 参见张雪樵：《树法治自信立检察自觉》，载《检察日报》2020 年 5 月 24 日，第 2 版。

② 参见黄文艺：《民法典与社会治理现代化》，载《法制与社会发展》2020 年第 5 期。

③ 参见王利明：《论全面贯彻实施民法典的现实路径》，载《浙江社会科学》2020 年第 12 期。

护、经济全球化、风险社会、时代之疾等诸多时代之问，其时代性与引领性同样是其重要的内在价值元素。

首先，民法典回应了信息社会、智能社会特有的时代问题。随着新一轮科技革命的发展，以互联网、大数据、人工智能为代表的现代的网络科技、数据科技，以及以人体基因、人体胚胎研究为代表的生物科技正在呈爆炸式发展，深刻改变了并将继续改变着现代以来的经济关系、政治关系、社会关系和法律关系，给人类社会带来了前所未有的重大变革。

民法典禁止利用信息技术手段深度伪造他人肖像，第1019条规定："任何组织或者个人不得以丑化、污损，或者利用信息技术手段伪造等方式侵害他人的肖像权……"通过立法的方式对深度伪造行为予以禁止，防止自然人的肖像权遭受信息技术手段的侵害。

民法典增加对生物识别信息的保护。生物识别信息不仅是个人重要的隐私信息和敏感信息，也常常涉及社会公共利益。例如，大规模收集、采集个人的基因信息，一旦泄露，就会对整个民族的健康等造成威胁。对此，人格权编和侵权责任编规定了相应规则，强化对生物识别信息的保护。

民法典明确对于数据、网络虚拟财产的保护。总则编第127条规定："法律对数据、网络虚拟财产的保护有规定的，依照其规定。"这虽然并不是一个表达了非常具体的价值判断结论的法律规则，但是它表明了民法典明确的价值取向和法律立场——数据和网络虚拟财产是人类从工业文明迈向信息文明之后越来越重要的财产类型。[①]

其次，民法典回应了生态环境保护时代问题。党的十九大提出建设生态文明是中华民族永续发展的千年大计，把坚持人与自然和谐共生作为新时代坚持和发展中国特色社会主义基本方略的重要内容，把建设美

---

① 参见王轶：《民法典回应了21世纪的中国之问和时代之问》，载腾讯网，2020年5月27日。

丽中国作为全面建设社会主义现代化强国的重大目标，把生态文明建设和生态环境保护提升到前所未有的战略高度。

从世界范围来看，我国是首个在民法典中规定绿色原则的国家。总则编第9条将绿色原则规定为民法的基本原则，这既是我国民事立法的一大进步，也表明绿色原则适用于整个民法，贯穿于各分编制度、规则的设计中。物权编第294条规定不动产权利人负有节约资源、保护生态环境的义务；合同编第509条第3款规定了合同当事人在履行合同中应当遵循绿色原则，避免浪费资源、污染环境和破坏生态；民法典侵权责任编第七章单设"环境污染和生态破坏责任"，进一步完善了环境污染和生态破坏责任的相关规定。

再次，民法典回应了经济全球化的时代发展趋势。随着经济全球化的发展，法律的国际化和全球化成为一种势不可挡的发展潮流和趋势。民法典充分顺应经济全球化的发展趋势，全面借鉴两大法系交易规则的最新发展和新的立法经验，为进一步适应经济全球化做好准备。最为典型的是民法典合同编进一步完善了合同交易规则，使其不断与国际通行规则接轨。以民法典合同编为例，一是为顺应电子商务的发展，合同编增加了有关电子商务的规则。比如，第491条第2款、第512条分别就通过信息网络订立电子合同的成立时间、交付时间进行了规定。二是合同编修改了有关交易安全与交易秩序的相关规则。比如，针对无权处分合同的效力，原《合同法》第51条将其规定为效力待定，而合同编第597条将无权处分合同的效力由效力待定修改为有效，更有力地保障交易安全。三是合同编进一步完善了无权代理合同的追认规则。合同编第503条确认了被代理人以实际履行方式对合同的追认，便于国际贸易中无权代理行为的追认，进一步顺应了经济全球化的发展需要。

最后，民法典对于"时代之疾"新冠肺炎疫情作出相应回应。新冠肺炎疫情及其防控措施或者应急处置措施，是新中国成立70多年来从未遇到过的突发事件。对于类似新冠肺炎疫情这样的"时代之疾"，民法典的回应是多方位的。

民法典完善了监护制度，总则编第34条第4款规定针对"因发生突发事件等紧急情况"比如，疫情防控等情况，如果出现了由于监护人不能够去履行监护的职责，导致被监护人处于无人照料状态、衣食无着、生活困难的情形的，要求"被监护人住所地的居民委员会、村民委员会或者民政部门应当为被监护人安排必要的临时生活照料措施"。

民法典完善了疫情之下的征用制度及物业服务企业等的配合义务。物权编第254条明确将"疫情防控"列举为可以进行征用的一个根据，专门把"疫情防控"与"抢险救灾"并列起来，规定如果是出于疫情防控等紧急需要，可以依照法律规定的权限和程序去征用组织、个人的不动产或者是动产。此外，《民法典》第285条第2款、第286条第1款明确物业服务企业和业主的相关责任和义务，增加规定物业服务企业或者其他管理人应当执行政府依法实施的应急处置措施和其他管理措施，积极配合开展相关工作，业主应当依法予以配合。

民法典完善了疫情之下国家订货合同制度。根据《民法典》第494条的相关规定，在疫情蔓延肆虐和采取防控措施期间，口罩、呼吸机、检测仪器等都必须采用特定的方式订立合同。这种特定的方式是国家发布订货任务、指令性任务，然后两个平等的民事主体之间要根据国家订货任务和指令性任务去订立合同。

民法典增加规定了情势变更，完善了合同履行制度。根据民法典总则编第180条关于不可抗力的规定，疫情及其防控措施一并被认定为该条所规定的不可抗力。民法典合同编第533条确认了情势变更制度，鉴于疫情及其防控属于不可抗力规则范围内的事项，由于疫情及其防控导致继续履行合同对于一方当事人显失公平或者不能实现合同目的的，应适用情势变更制度。当事人请求变更或者解除合同的，人民法院应当根据公平原则并结合案件实际情况确定是否予以变更或者解除。

以上是民法典蕴含的引领价值之所在，而这些引领价值尚需在法律实施中获得生命。以民法典增加的情势变更制度为例，在法律条文的宣示意义外，仍需要经过司法实践实现对于社会生活的引领。比如，司法实践中可能会遇到疫情及其防控措施被排除型或者限缩型不可抗力条款排除在不可抗力范围之外的，那么即使导致当事人一方不履行合同义务或者履行合同义务不符合约定，也不得主张情势变更制度的适用。"一个案例胜过一打文件"，对于民事检察工作来说，精准监督也许就是通过一案明确了情势变更制度的具体适用和例外情况，精准监督也许就是通过一次抗诉让民法典所具有的时代引领性充分展现，实现对于一个领域、一个地方、一个时期司法理念、政策、导向问题的引领。因此，实现引领价值既是民法典的时代特色，也是精准监督的实践意义，二者在实现引领价值层面具有鲜明的同一性。

二、民法典的外在形式体系与精准监督的统一性

体系是民法典的生命。自18世纪法典化运动以来，民法典就是以体系性和逻辑性为重要特征，缺乏体系性与逻辑性的"民法典"只能称为"民事法律的汇编"，而不能称为民法典。民法典的体系既包括上述内在价值体系，还包括外在形式体系。从世界范围来看，德国、法国和我国台湾地区等其他国家和地区的传统民法上有两种具有代表性的民法典体系。一是罗马式民法典体系，以《法国民法典》为代表全面吸收了三编的编纂体系，将民法典分为人法、财产法、财产权取得法三编，瑞士、比利时、意大利等国家的民法典采纳了此种模式。二是德国式民法典体系，将民法典分为总则、债法、物权、亲属、继承五编。日本、韩国、希腊、俄罗斯等国家民法典都采纳了德国式民法典体系。此外，世界范围内较为有特色的民法典体系还有：《瑞士民法典》首创"民商合一"的立法体例，《荷兰民法典》就其海运发展的现实需要而单设"运输"一编，《魁北克民法典》出于保障债权的需要而单独设立了"优先

权和抵押权"一编。①

民法典的体系一直是开放和发展的体系。我国编纂民法典，就是通过对我国现行的民事法律制度规范进行系统整合、编订纂修，形成一部适应新时代中国特色社会主义发展要求，符合我国国情和实际，体例科学、结构严谨、规范合理、内容完整并协调一致的法典。这是一部在体系上不局限于德国模式或者罗马模式的民法典，它在注重回应社会现实需求、体现时代发展特色的基础上，有着独特的形式体系与体系创新。由此所彰显的体系化思维与框架，不仅为精准监督、精准司法奠定了体系化找法用法的法律思维基础，也与精准监督所要达到的类案监督等效果相统一。

（一）民法典的外在形式体系与体系创新

1. 民法典的外在形式体系

我国民法典共 1260 条，具体包括总则编、物权编、合同编、人格权编、婚姻家庭编、继承编以及侵权责任编等 7 编。从形式体系来看，民法典具有以下三方面特点：

一是以民事权利为红线构建民法典体系。② 民事权利成为一条红线，贯穿民法典始终，增加了民法典的科学性和内在逻辑性，更全面展现了民法典的权利法特质。民法典总则编采用了提取公因式的方式，将民事权利的主体、客体以及民事权利的行使、保护等基本规则予以提炼。分编则是分别针对物权、合同债权、人格权、婚姻家庭中的权利、继承权以及其他各项权益的保护展开。

---

① 参见王利明：《体系创新：中国民法典的特色与贡献》，载《比较法研究》2020 年第 4 期。

② 参见王利明：《体系创新：中国民法典的特色与贡献》，载《比较法研究》2020 年第 4 期。

二是建立从确权到权利救济的民法典结构。① 无救济则无权利，权利的确认离不开权利的保护。民法典先列举权利，将物权、合同、人格权、婚姻家庭、继承五编并列，以完整保护民事主体的各项权利。同时，民法典将侵权责任编置于最后，通过侵权责任编的规定体现对权利遭受侵害的救济。这符合从确权到救济的一般规律，进一步凸显民法不仅是权利法也是私权保障法，更加适应风险社会强化对受害人进行救济的需要。

三是民法典各编内部按照总分结构建构，分为一般规则和具体规定两部分。② 总分结构不仅体现在民法典的整体结构上，而且体现在各编。各编的"一般规定"通过各编内部的总分结构安排，采取"提取公因式"的方式将共性的规则提炼出来，避免法律规则的重复。在实现立法简约的同时，增强民法典各编的体系性，形成从一般到具体的规则体系。

2. 民法典的体系创新③

与五编制的《德国民法典》相比，我国民法典的编纂体例有三大创新：人格权独立成编、侵权责任独立成编以及合同编发挥债法总则的功能。通过人格权编和侵权责任编的独立设置，更加突出了人的主体地位，真正体现了"一切权利均因人而设立"，使"大写的人"在立法中得以体现，真正实现了"民法中的人的再发现"。

（1）人格权制度独立成编④

在我国民法典编纂之前，大陆法系各民法典尚无独立成编的人格权

---

① 参见王利明：《体系创新：中国民法典的特色与贡献》，载《比较法研究》2020年第4期。
② 参见王利明：《体系创新：中国民法典的特色与贡献》，载《比较法研究》2020年第4期。
③ 参见王利明：《体系创新：中国民法典的特色与贡献》，载《比较法研究》2020年第4期。
④ 参见王利明：《体系创新：中国民法典的特色与贡献》，载《比较法研究》2020年第4期。

规范体系，在民法典之外也没有独立的人格权法。为弘扬以人民为中心理念，全面保护人的生命、身体、健康、尊严等各项权利，我国民法典率全球之先，在民法典体系上进行重要创新，创设了人格权编。①

民法典人格权编共6章、51条，该编在现行有关法律法规和司法解释基础上，从民事法律规范的角度，规定自然人和其他民事主体人格权的内容、边界和保护方式。从形式体系上来说，人格权编是按照总分结构、基于一般人格权和具体人格权的分类构建的人格权法体系，围绕人格权的享有、行使和保护等具体展开。第一章采取提取公因式的方式对人格权中的共通性的规则予以提炼、统一规定，第二至六章分别规定了各项具体人格权的权利内容、权利行使方式，以及与其他权利的协调规则等。

（2）合同编发挥债法总则功能②

我国民法典分则的体系设计并未采纳德国、法国和瑞士的立法模式，没有设置债法总则。而是通过合同编3个分编、29章、526条发挥了债法总则的功能，保持合同法总则体系的完整性与内容的丰富性，这在大陆法系民法典体系中也是一个重要创新。

一是合同编关于典型合同的规则发挥了债法总则的功能。以保证合同为例，我国民法典合同编规定了保证合同，保证合同不仅适用于合同债权的担保，也适用于各种债的担保，有效地将保证纳入民法典体系内。同时，合同履行一章（第四章）对传统债法的必要内容——债的分类进行了规定。

二是合同编对于不当得利、无因管理、单方法律行为等不同于合同但同是债的发生原因的行为规则作出规定。合同编单独设立"准合同"

---

① 参见张雪樵：《树法治自信 立检察自觉》，载《检察日报》2020年5月24日，第2版。
② 参见王利明：《体系创新：中国民法典的特色与贡献》，载《比较法研究》2020年第4期。

分编（第三分编），对不当得利、无因管理制度进行规定，从而避免在债法中割裂各种债的发生原因，使得不当得利与无因管理制度与合同制度有效联系，实现了对法定之债与意定之债的整合。并且，单方法律行为虽与合同具有完全不同的性质，但与合同同为债的发生原因，其履行与违反的后果均可以适用合同法的规则。故单方法律行为被规定于合同订立部分，比如《民法典》第499条，使得单方法律行为没有因为债法总则的缺失而被遗漏。

三是合同编严格区分了债权债务与合同权利义务的概念。比如，在合同编第六章"合同的变更和转让"中，规定了债权转让与债务移转。但对于合同的概括转让，则是采取了"合同的权利义务一并转让"的表述（第556条），这表明债权转让与债务移转可以适用于合同外的债权债务转让，而合同的概括转让仅仅适用于合同关系。此种表述上的区分在维持合同法体系完整性的基础上，也能够使合同编更好地发挥其债法总则的功能。

四是合同编有效统摄了民事合同与商事合同，将一些典型的商事合同如行纪、融资租赁、保理、建筑工程合同、仓储合同等纳入合同编中。因此可以说，民法典合同编融入了商法的要素，对于民事合同与商事合同进行了统一的规定。

（3）侵权责任编独立成编①

21世纪是风险社会，随着新技术、新科技的不断发展和运用，人们承受着由此开启的风险。传统的大陆法系国家将侵权法置于债法之中，这既导致侵权法难以建立自身的逻辑体系，也无法为风险社会所需要的各种损害的救济和预防提供足够的规范。

我国民法典延续侵权责任法的立法经验，按照"总则＋分则"的模式构建其自身的体系，并针对侵权领域出现的新情况，吸收借鉴了有关

---

① 参见王利明：《体系创新：中国民法典的特色与贡献》，载《比较法研究》2020年第4期。

司法解释的规定，对侵权责任制度作了必要的补充和完善。侵权责任编总则规定了普遍适用于各种侵权责任的共通性规则，分则按照归责原则的特殊性、责任主体的特殊性这两条主线，构建了归责原则体系，详细规定了各类侵权行为及其责任，丰富了民事权利的保护规则，完善了权利救济体系，有力回应了风险社会治理的需要，全面展现了民法典的权利法特质。并且，侵权责任编在现行侵权责任法的基础上确立了"自甘风险"规则、"自助行为"制度，明确了交通事故损害赔偿的顺序，完善了生产者、销售者召回缺陷产品的责任。

总的来说，与传统大陆法系债法将侵权作为债的发生原因、围绕债权构建体系的模式相区别，独立成编实现了侵权责任编以权利救济为中心的功能，完善了我国民法典体系，形成了我国民法典以权利为主线、以救济为结尾的特点，体现了从权利保护到权利救济的逻辑顺序，以及民法典由"确权—救济"搭建起的整体框架。

（二）民法典的外在价值体系与精准监督的统一性

精准监督依赖于体系化框架实现精准找法、精准用法，依赖于类型化思维实现类案监督，从而以点带面扩大监督效果。在我国民法典编纂之前，民事法律行为制度、物权制度、合同制度和侵权责任制度先后设立单行部门法，存在诸多法条冲突而同案不同判。民法典通过弥补体系缺漏、去除体系重复、消解体系冲突[①]，最大限度地形成了前述独具特色与创新的外在形式体系，为精准监督、精准司法奠定了体系化的法律框架与类型化的思维方式，为通过精准监督实现"一案带动一片"的放射性监督效果提供了体系基础。

首先，我国民法典的体系化更有利于民事检察人员精准找法。以合同编为例，合同编发挥债法总则功能，便利于法律适用。在办理民事检

[①] 参见张雪樵：《树法治自信 立检察自觉》，载《检察日报》2020年5月24日，第2版。

察监督案件时，对于合同纠纷案件，如果从总则、债法总则、合同规则三个层面寻找法律依据，将给法律适用带来难度，还可能造成规则重复。现在以合同编发挥债法总则的功能，可以有效简化法律规则，避免叠床架屋、找法困难现象。以合同编规则统摄具有共性的债的规范主要是通过准用条款实现的。准用条款扩张了合同编规则的适用范围，使其适用于合同之债。这些准用条款打通了合同规范与非合同之债规范的壁垒，在很大程度上减少了法律适用的烦琐程度，同时也避免了法律规则的过度抽象。①

合同编围绕交易过程形成了自身的完整体系，有利于保护合同法本身的完整性。订立合同首先需要当事人进行磋商，然后进入合同的签订阶段，在合同订立之后，需要判断合同的效力，对于依法成立并生效的合同而言，双方当事人均负有履行合同的义务，在合同履行中还可能产生同时履行抗辩权、不安抗辩权等抗辩权，在不履行或履行不符合约定时，则可能发生违约，甚至导致合同的解除或终止：这种"单向度"使得合同法的规则具有十分明显的"同质性"的特点。② 以合同规范吸收债法总则规范，可以在确保合同法总则完整性的基础上，解决债法共同适用的一些问题，实现法律规则的简约。

其次，我国民法典总分结合、一般与特殊相结合的类型化架构更有助于民事检察人员精准用法。我国民法典不仅在分编上以总分结构贯穿，在每编的设置上也多以总分结构设置，这种总与分、一般与特别相结合的方式，更有助于民事检察人员精准找法。以侵权责任编为例，侵权责任编采用了一般条款与类型化相结合的方式，第1165条第1款规定了过错责任的一般条款，它普遍适用于各类一般侵权形态；同时，侵

---

① 参见王利明：《体系创新：中国民法典的特色与贡献》，载《比较法研究》2020年第4期。

② 参见王利明：《体系创新：中国民法典的特色与贡献》，载《比较法研究》2020年第4期。

权责任编第 1165 条第 2 款、第 1166 条分别规定了过错推定和严格责任原则。其中,一般条款的适用范围极其广泛,从毁损财物到侵害人身,从侵害权利到侵害利益,每天重复发生的成千上万的侵权纠纷都可以适用这个一般条款。对于成千上万的类型侵权而言,检察官在寻求法律依据时,凡是找不到法律的特别规定的,都可以适用过错责任的一般条款;对于一般侵权责任之外的特殊侵权责任,则在归责原则上适用特殊的归责原则。民法典侵权责任编规定了大量的特殊侵权,为检察官、法官提供了准确的法律适用依据。

最后,我国民法典体系化、类型化思维为类案监督奠定了基础。民法典对现行民事单行法律进行系统编订纂修,形成了逻辑缜密的有机整体。例如,合同编就包括格式合同条款在内的合同效力问题规定适用总则编第六章关于民事行为效力的有关规定,以民商事统一规范敦促树立社会诚信意识;物权编第六章就物权的保护赋权权利人依法请求承担其他民事责任,与合同违约竞合情形的权利救济保持衔接等。① 民法典的这一编纂体例为类案检察监督提供了重要指引。最高人民法院发布《关于统一法律适用加强类案检索的指导意见(试行)》对类案的解读为:"与待决案件在基本事实、争议焦点、法律适用问题等方面具有相似性,且已经人民法院裁判生效的案件。"类案的本质在于发生纠纷的基础民事关系的属性相同或相似,据此,类案源于同一法律关系。同一法律关系源于同一经济社会关系,经济社会关系决定法律关系的属性,即经济基础决定上层建筑。民商法中的不同学科是依据不同的独立的经济社会关系划分的,如离婚、夫妻共同财产分割、子女抚养纠纷、收养纠纷等法律关系源于婚姻家庭社会关系;相邻权纠纷、建筑物区分所有权纠纷、确权纠纷等法律关系源于所有权(物权)关系等。案由是讼争法律关系的高度浓缩,同一民法学科中的不同法律关系纠纷成讼后显现为不

---

① 参见张雪樵:《树法治自信立检察自觉》,载《检察日报》2020 年 5 月 24 日,第 2 版。

同案由，不同法律关系是区分不同案由的核心标准，如买卖纠纷案件、运输纠纷案件、施工纠纷案件等，源于案由对应的民事法律关系分别为买卖合同、运输合同、施工合同等。[①] 民法典便是按照不同的经济社会关系形成的属性不同的法律关系，划分成为总则、物权、合同、人格权、婚姻家庭、继承、侵权责任等七编，编以下分章、节，形成了独特的外在形式体系。民法典的外在形式体系结构分明，层次清晰，是区分不同的民事诉讼类案的重要标准，也为实施类案民事检察监督提供了重要指引。

第二节 民法典对民事诉讼精准监督的指引与规制

民法典的颁布施行对民事检察工作必将产生重要影响。从检察职能视角来看，民事诉讼监督的体系化思维方式、法律适用的实体法依据、对民事检察权的规制等均受到深刻影响。

习近平总书记在主持中央政治局学习民法典时指出，"要加强民事检察工作，加强对司法活动的监督，畅通司法救济渠道，保护公民、法人和其他组织合法权益"。习近平总书记的重要指示为推进新时代民事检察创新发展提供了根本遵循，指明了民事检察工作的发展方向。作为一部立足于中国国情和法治实践、回应中国社会现实需求、具有浓厚中国特色的民法典，必将作为中国特色社会主义法律制度的代表，为包括民事检察工作在内的法治实践提供更加坚实的制度基础，并将与民事审判制度、民事检察制度一同形成合力，为推动国家治理体系和治理能力现代化作出应有的法治贡献。

[①] 参见冯小光：《民法典为加强类案监督提供重要指引》，载《检察日报》2020年8月31日，第3版。

一、实体法精准监督依据

民法典是新中国第一部以法典命名的法律，开创了我国法典编纂立法的先河，具有里程碑意义。习近平总书记指出，民法典在中国特色社会主义法律体系中具有重要地位，是一部固根本、稳预期、利长远的基础性法律。在整个社会主义法律体系中，民法典是一部基础性法律，规范各类民事主体的各种人身关系和财产关系，涉及社会和经济生活的方方面面，其在法律体系中的地位具有基础性、统率性作用。民法典对现行民事法律进行系统整合、编订纂修，充分体现了以良法保善治、以法典增福祉的编纂初衷。

民法典为构建民事、行政、刑事等不同法律制度奠定基础，为民事、商事不同法域的融合、衔接作出规定，民法典是行政执法和司法的基本遵循。民法典的施行，为精准监督尊重不同法律制度规律，实现精准监督提供模板。

（一）民法典的制定，全面完善了民商事领域基本法律制度

编纂民法典不是制定全新的民事法律，也不是简单的法律汇编，而是对现行的民事法律规范进行编订纂修，对已经不适应现实情况的规定进行修改完善，对经济社会生活中出现的新情况、新问题作出有针对性的新规定。民法典对现行分散的单行民事立法进行编订纂修，整合民法总则、婚姻法、继承法、收养法、担保法、合同法、物权法、侵权责任法等民事单行法律，同时根据社会发展需要，对原有的法律规范进行了重要修改补充。例如《民法典》第184条规定"因自愿实施紧急救助行为造成受助人损害的，救助人不承担民事责任"，是社会主义核心价值观在具体规则制度层面的生动体现，类似条款很多，诸如《民法典》第153条规定"违背公序良俗的民事法律行为无效"；第185条加强对英雄烈士人格权益保护，弘扬爱国主义精神等。此外，民法典在编纂过程中

充分体现了民为邦本的理念,将人格权独立成编,对人的生命权、健康权、名誉权等民事主体享有的各项具体的人格权进行了规范,而且根据时代发展增加了隐私权、居住权等权利,进一步丰富了民事权利种类。民法典共7编、1260条,各编依次为总则、物权、合同、人格权、婚姻家庭、继承、侵权责任,以及附则。

民法典在编纂体例上最终采取了"民商合一"的模式,将民商事法律关系中一些共性的规则提炼出来,例如契约自由、诚实信用等,对金融担保等商事审判领域的一般规则也作出了规定,一定程度上消除了民商裁判思维之间一些不应有的矛盾。但同时在责任的具体承担上又是区分开来的,如委托与代理产生的法律后果还是有所不同的。民法典的编纂体例有三大创新,即人格权独立成编、侵权责任独立成编以及合同编通则发挥债法总则的功能。

(二)民法典对于以民法等法律规定为前提的犯罪的适用同样具有基础性重要作用

第一,民法典是市场经济体制的基本法,刑法是市场经济体制的最后法律保护。民法典与刑法同是中国特色社会主义法律体系最为重要的法律主干,前者旨在制定社会规则,后者旨在惩罚严重破坏社会规则的犯罪行为,其根本目的都是维护最广大人民的根本利益,完善国家治理体系和治理能力。在相同的法益指引下,民法典与刑法不是两条不相交的平行线,而是两个相交的圆形,刑法对于复杂社会生活和经济生活关系的认识要以民法典为依据和前提,民法典对于严重违约、侵权行为责任的实现和惩罚以刑法为后盾。进一步具体到民法与刑法的关系上,民法以制度构建、行为准则为基础,以违约、侵权责任为救济手段,以保护权利人、赔偿损失为主要责任形式。刑法则是在某种行为对民法法益的侵害严重到一定程度,民事违约责任、侵权责任尚不足以充分保护法益时,将该种行为规定为犯罪,以刑罚手段给予犯罪人最严重的法律后果。

民法典分总则、物权、合同、人格权、婚姻家庭、继承、侵权责任七编，刑法分总则和分则，其中分则共规定了危害国家安全罪、危害公共安全罪、破坏社会主义市场经济秩序罪等十类犯罪。刑法关于十类犯罪的规定，涉及大量破坏公民、法人和其他组织人身、财产权利的犯罪行为，相关基础民事法律关系的认定要以民法典为基础。其中破坏社会主义市场经济秩序罪是涉及民事法律关系最多、最为复杂的一类犯罪。《刑法》第2条和第13条明确将法益保护作为刑法的任务和目的，保护的法益非常广泛，包括国有财产和集体所有财产，公民私人所有的财产等，在私权保护方面与民法法益并无不同。

　　第二，刑法与民法并非公权与私权的绝对鸿沟，两者之间存在天然的内在联系和阶层递进，这种联系通过刑法的谦抑性实现制度安排。刑法的谦抑性体现在立法的补充性和处罚的不完整性，即刑法虽然涵盖了一般部门法保护的法益，但是只有部门法不能充分保护某种法益时，才由刑法保护；刑法并未将所有侵害法益的行为规定为犯罪，而只是将其中部分严重侵害法益（包括侵害重要法益）的行为规定为犯罪。刑法成为保护法益的最后手段。①

　　基于民法和刑法存在相同的法益，递进性保护的关系，因此必然会出现同时违反民法和刑法的严重违法行为，也就是常说的刑民交叉案件。在刑民交叉案件中，既存在刑事犯罪，又存在民事违法，两者之间具有某种重合性。②

　　第三，刑法对于犯罪构成的规定是认定犯罪的唯一标准，民法典对于民事法律关系的规定是准确把握犯罪构成的基础。民事责任和刑事责任性质不同、立法目的不同，具有很强的互补性，多数情况下可以同时追究，特殊情形下根据法律规定优先追究或择一追究为宜。两者责任基于不同的立法目的产生了不同的责任形式，民事责任重补偿，刑事责任

---

① 参见张明楷：《刑法学》，法律出版社2016年版，第20—21页。
② 参见陈兴良：《刑民交叉案件的刑法适用》，载《法律科学》2019年第2期。

重惩罚。对于受损的法益而言，通过补偿恢复法益，通过惩罚预防再次受损，两者不仅不冲突，而且互为补充、不可或缺，形成了从不同侧面进行权利保护、法益保护的完整法律网。对于既违反民法又违反刑法的行为，完全可以同时追究民事责任和刑事责任，刑事诉讼关于刑事附带民事诉讼的制度安排正是集中体现。①

（三）民法典等私法与行政法等公法，共同支撑着国家制度和国家治理体系，公私法规范共同治理的意义愈加凸显

习近平总书记主持中央政治局集体学习时强调："各级政府要以保证民法典有效实施为重要抓手推进法治政府建设，把民法典作为行政决策、行政管理、行政监督的重要标尺。"张军检察长要求："检察机关要从依法行政的高度，以民法典为参照，进一步加强行政检察工作。"

民法典不仅加强了对民事权利和民事活动体系的规定，也确立了其与行政法、社会法等部门法的协调关系。民法典中有200多条内容与行政检察监督密切相关。民法典涉及征收征用类条款约21条，内容大都涉及因公共利益导致公民私权利受损的保护，例如，《民法典》第238条规定的物权损害赔偿请求权、第243条规定的征收补偿、第267条私人合法财产的保护、第338条承包地的征收补偿等，这些都进一步强调了行政机关在作出涉及该类公民权益的征收、征用等行为时应当依法进行，遵守法律的规定。

民法典强调公共利益需与时势相结合，第245条规定因抢险救灾、疫情防控等紧急需要，依照法律规定的权限和程序可以征用组织、个人的不动产或者动产，这实际上是结合新冠肺炎疫情防控工作，明确了"疫情防控"作为紧急需要的事由。

民法典中涉其他行政行为类的法律规范，主要包括行政履职、服务

---

① 参见郑新俭、罗曦：《经济犯罪检察工作中贯彻落实民法典的若干问题》，载《中华人民共和国民法典学习读本》，中国检察出版社2020年版，第25—33页。

性行政等内容，如《民法典》第32条规定的公职监护人、人格权编规定的人格权不受侵害，第1254条规定的公安机关对高空抛物坠物等致害责任人的及时调查和查清责任人的职责，等等。这些规定在民法典中有60多条，为行政机关划定了权力边界，规定了履职义务。民法典中涉及其他行政行为类的规定，将有力推动行政机关更加注重行政服务，强调积极为民服务。①

（四）民法典的颁布实施对司法实践产生重大影响

民法典颁布之前，很多调整民事法律的重要规则不能通过民事法律的方式表现出来，从而留下了法律调整的空白。一些法律空白一般是通过部门规章即地方性规章予以填补。一些规章难免出现不当限制公民权，或者变相扩张行政权的现象。民法典的颁布，可以避免民法规范与行政法规、地方法规等的矛盾冲突，保障适用法律统一性。比如，民法典通过清晰、细化的法律规定填补了很多法律空白；澄清了很多含混不清的法律适用原则；总编与各分编、各分编之间形成结构严谨的法律体系，所有这些变化必然会压减制定司法解释的空间，明晰法官、检察官享有的裁量权，有利于统一司法执法标准和执法尺度。

二、体系化精准监督思维

民法典体系化思维方式对于全面准确实施精准监督意义重大。民法典七编具有非常严谨的逻辑体系。总则编是民法典的开篇之作，对民法典其他各编起统领作用。总则编按提取公因式的方式，提炼和归纳出民法普遍适用的一般性规则、基本原则、概念和制度。民法典中有一根主线即民事权利的确认和保护，主线为权利，即权利贯穿始终。总则规定

---

① 参见张相军、马睿、高鹏志：《以贯彻实施民法典为契机 进一步做实新时代行政检察工作》，载《中华人民共和国民法典学习读本》，中国检察出版社2020年版，第16—24页。

的权利主体就是民事主体。民事权利的列举就是民事权利体系的构建。法律行为和代理就是围绕民事权利的行使展开的,时效是关于民事权利的限制。总则是关于民事权利行使和基本规则的确定。从物权到合同、人格权、婚姻家庭、继承解决的是对物权、合同债权和婚姻家庭的权利、继承权的全面系统的确认和保护。第七编侵权责任编是对前面各编所确定的各项权利的兜底保护,主要保护绝对债权。可以看出,整个民法典的体系是围绕这样一个以权利为中心构建起来的。总则编基本沿用了 2017 年实施的民法总则,而民法总则又是重点以 1986 年制定的民法通则为基础,采用我国民事立法传统体例,从民法的私法属性出发,以体系化为方法,以民事权利为核心,以民事法律关系为基础,对民事主体、民事权利体系、民事法律行为、民事责任和诉讼时效等基本民事法律制度作出规定,为民法典其他各编的体系化和科学化编纂奠定了坚实的基础。

(一)民法典带来体系化思维方式

民法典是体系化的产物,为法官、检察官、律师提供了体系化的思考方式。例如,夫妻一方出卖共有房屋,不是简单的合同问题,还涉及夫妻共有财产的认定问题,还可能涉及物权中的善意取得问题以及婚姻法上共有财产的认定问题,等等。适用民法典,就可以从整个民法典的规则来考量这样一个简单的案例,而不是分别从单行法中考虑合同问题、物权问题、婚姻法问题。只有通过体系化的思考,才能最终解决好案件。又如,《民法典》第 1113 条规定,"有本法第一编关于民事法律行为无效规定情形或者违反本编规定的收养行为无效。无效的收养行为自始没有法律约束力"。一个条文,将第一编总则与第五编婚姻家庭编串起来了。在民法典中,有 49 个条款属于引致条款,在体系化的前提下,引致条款一定要和相关条款结合起来适用,从而有助于正确处理案件。

（二）民法典基于贯穿性、基础性作用产生体系化效应，以便于达到统一法律适用及公正高效审理案件的目的

实践中困扰我们的一大难题就是"同案不同判"。"同案不同判"产生的原因是多方面的，其中一个很重要的原因是裁判依据不同。单行法都是在不同的时期制定的，不同时期立法者强调的、观察的角度是不一样的。难免会出现各单行法的表述、规则等发生矛盾、冲突、不一致现象。已有的250多部单行法律，多数都是民商事法律规范。一个民事法律行为，有多部法律、法规予以调整，如何适用法律，确实是一大难题。如现实生活中大量的网购，出现纠纷，是适用消费者权益保护法，还是适用网络管理规范，抑或是合同法、物权法等，极不统一。民法典施行后，有助于统一法律适用。民法典将原先由民法总则、物权法、合同法、婚姻法、继承法、侵权责任法等散落在各单行法中的民事法律制度规范系统整合、编纂修订，使得民商事的基本规则统一、一致起来，形成了一部体系化、系统化的法典，在很大程度上弥合了单行法间的矛盾和冲突，解决了法官裁判时找法用法适法问题。

民法典本身就是以典籍方式展现的自成体系、相互衔接、有机联系的民法宝典，民法典展现的体系化的思维方式是作为法律实践科学的民事检察所必须吸收、借鉴的思维模式。民法典是基本的民事法律规范，是基本的裁判依据。无论是法官、检察官还是律师，都应当在一个平台上即从民法典中寻找法律依据。民法典的颁布施行，消除了找法的不一致、不统一现象。"法典在手，办案无忧。"民法典之所以称为典，其带来的好处是便于找法。民法典，既为法官找法提供便利；又限缩法官自由裁量权。在处理民商事纠纷时，主要从民法典中寻找裁判依据。判断司法人员的业务能力有多高，很大程度上看他对于民法典的理解和运用能力。民法典将成为法律人在适用法律时共同讨论的平台，在此基础上寻找依据，展开讨论。这将极大提升法官、检察官等司法人员裁判、适

用法律的能力，极大提升国家机关工作人员行政执法的能力。

（三）民法典对司法体系产生深刻影响

以民法典权利规定为界限，客观公正履行刑事检察职责，依法保障人权。刑事检察同民事权利的保护密切相关，检察机关要深刻领会民法典的体系化思维，通过履行批准逮捕、提起公诉职责，坚决惩治侵害人身权、财产权、人格权的犯罪行为，办好刑事附带民事诉讼案件。加强刑事立案监督和侦查活动监督，严格区分罪与非罪界限，妥善办理刑民交叉案件，既惩治刑事犯罪，又保障民事权益，坚决防止以刑事案件名义插手民事纠纷、经济纠纷，特别是要防止违规采取查封、扣押、冻结等侦查措施和强制措施，侵犯自然人和各类组织的财产权、人身权。坚决监督纠正涉产权冤错案件，保护企业家财产和人身安全。①

办案中，既不能利用刑事手段插手民事纠纷，也不能用刑事责任替代民事责任，并且刑事责任也实现不了民事责任的作用和功能。对于民事纠纷案件，刑事手段的介入不仅对过错方是滥用刑罚的不公平行为，而且对受害方同样也实现不了其恢复原状、弥补损失的要求。对于同时违反民法和刑法的犯罪案件，在行使检察权追诉犯罪、追究刑事责任的同时，要注意尊重、保护、帮助被害人依法行使民事权利，追究被告人民事责任，实现弥补损失的要求。

民法典中有不少关于行政机关履行职责的规定，如《民法典》第1254条关于高空抛物的调查中新增规定，明确了公安机关对高空抛物的调查义务，是要求公安机关履职的法律基础。《民法典》第1034条至第1039条新增了个人信息保护制度。对个人信息权利侵犯到一定程度时，就构成了对公共秩序的违反，需要行政权力介入并加以防范。同时，行政机关还要在政府信息公开中履行对涉及公民个人隐私信息的保密义

---

① 参见郑新俭、罗曦：《经济犯罪检察工作中贯彻落实民法典的若干问题》，载《中华人民共和国民法典学习读本》，中国检察出版社2020年版，第25—33页。

务，非经当事人同意不得公开相关信息。民法典所规定的公民权利保护需要通过规范行政行为加以保障。

民法典对弱势群体保护产生深刻影响。例如，《民法典》第128条规定，"法律对未成年人、老年人、残疾人、妇女、消费者等的民事权利保护有特别规定的，依照其规定"。该条是关于特定群体民事权利保护的衔接性规定。为充分保障未成年人、老年人、残疾人、妇女、消费者合法权益，我国制定了未成年人保护法、残疾人保障法、妇女权益保障法等特别法予以保护，对这些法律中有特别规定的，应从其规定，以保证法律之间的协调统一。

（四）体系性逻辑下的共同性规则、一般性条款和但书规则

从体系性的角度来看，我国民法典的每一编都规定了一般规定或者通则性规定，甚至在有些章节之中也有一般规定。其实总则本身就是一般规定，总则中间也还有一般规定。同时，在整个民法典中，我们会发现还有一些具体的法条，它不是解决一般性问题的，而是解决一个类型或者一大批问题的。我们把这种法律规则称为一般条款，它要对所有相关的法律事务发挥统率作用。在体系性逻辑下，我们还要看到一个非常重要的问题，就是但书规则。所谓但书，就是排除性条款，即在某些特殊情况下共同性规则、一般性规则是不适用的，而必须适用法律上的另外规定。

民法典不仅在立法技术上体现了法典化、体系化，强调了编纂的逻辑性，同样也要求司法裁判者树立系统适法的裁判思维，在充分认识总则编对于民法典起到统辖作用的同时，注意一般条款、特殊条款、但书条款的理解适用和内在逻辑，避免单一化思维。

三、全方位精准监督范围

民法典将改革发展的成果通过法律固化下来，规定的民事权利种类

更加健全和充实，民事权利体系更加完备，权利保护和救济规则更加完善，权利保护机制更加健全有效。民法典规定了民事主体、民事权利、民事法律行为、民事责任等民事基本制度，确立了物权、合同、人格权、婚姻家庭、继承、侵权责任等民事具体制度，是保证国家制度和国家治理体系正常有效运行的基础性法律规范，有利于更好地发挥法治固根本、稳预期、利长远的保障作用。

（一）民法典七编的丰富内涵有助于对民事审判实施全方位的精准监督

"总则编"系统梳理总结有关民事法律的实践经验，提炼民事法律制度中具有普遍适用性和引领性的规则而形成。"总则"是民法立法指导思想、民法一般原则和民法基本法理的体现，规定民事活动必须遵循的基本原则和一般性规则，总则编是对分编内容的高度概括，对整个民法体系发挥统领的作用。总则编基本保持延续民法总则的结构和内容不变，根据民法典编纂体系化要求对个别条款作了文字性修改，并将"附则"部分移到民法典的最后。民法典总则编第1条再次明确了"弘扬社会主义核心价值观"是民法的立法宗旨，是调整民商事法律关系的基本价值取向。民法典将24字的社会主义核心价值观集中浓缩融入第4条至第9条，分别规定了平等、自愿、公平、诚信、依法、公序良俗和绿色文明原则，同时又将核心价值观自然、全面地融入民法典各分编中，使其成为整部法律的有机组成部分。分编以权利为中心依次展开：

"物权编"，保护所有权的规定。物权是民事主体依法享有的重要财产权。物权法律制度调整因物的归属和利用而产生的民事关系，是最重要的民事基本制度之一。按照党中央提出的完善产权保护制度，健全归属清晰、权责明确等现代产权制度的要求，规定了物权制度基础性规范，包括平等保护等物权基本原则，物权变动的具体规则，以及物权保护制度。如扩大担保合同的范围、删除有关担保物权具体登记机构的规定等。

"合同编",保护债权的规定。在现行合同法的基础上,贯彻全面深化改革的精神,坚持维护契约、平等交换、公平竞争,促进商品和要素流动,完善合同制度。如完善电子合同订立规则、完善合同履行制度、落实绿色原则等。

"人格权编",保护公民人格权和人格尊严的规定。在现行有关法律法规和司法解释的基础上,从民事法律规范的角度规定自然人和其他民事主体人格权的内容、边界和保护方式。如明确规定人格权受到侵害后的救济方式,规范与人体基因、人体胚胎等有关的医学和科研活动并明确规则等。

"婚姻家庭编",权利主体在婚姻家庭中的权利义务。以原婚姻法、收养法为基础,在坚持婚姻自由、一夫一妻等基本原则的前提下,结合社会发展需要,修改完善了部分规定,并增加了新的规定。如完善最有利于未成年子女原则、夫妻日常家事代理权,增加离婚冷静期制度、夫妻共债共签、扩大被收养人范围等。

"继承编",权利主体享有的继承权。根据我国社会家庭结构、继承观念等方面的发展变化,在原继承法的基础上,修改完善了继承制度,以满足人民群众处理遗产的现实需要。如修改遗嘱效力规则、完善遗赠扶养协议等。

"侵权责任编",权利救济法。在总结实践经验的基础上,针对侵权领域出现的新情况,吸收借鉴司法解释的有关规定,对侵权责任制度作了必要的补充和完善。如确立"自甘风险"规则、规定"自助行为"制度等。

"附则",明确了民法典与婚姻法、继承法、收养法、担保法、合同法、物权法、侵权责任法、民法总则的关系。

民法典将民事法律规范系统整合、编纂修订,形成一部内在统一、规则明确的法典,消除了各种单行法之间的矛盾和冲突,为检察机关履行法律监督职责提供了体系更完备、规范更明确、尺度更统一的法律武器。民法典系统构建了对自然人、法人和非法人组织的全方位保护体系，特别是在民事权利保护方面有许多制度创新。比如，人格权独立成编，全面加强对包括自然人和个人信息在内的人格权保护；创设居住权制度；增加保理合同、物业服务合同、合伙合同等典型合同，确立绿色原则、征收补偿原则、自甘风险原则，建立政府兜底的监护制度，赋予农村集体组织以法人地位，确认数据和网络虚拟财产权，降低业主大会门槛，明确高空抛物的损害责任，鼓励救助等内容，这些新规定丰富了民事权利的范围和内涵，新的司法需求必然增多。特别是民事诉讼范围进一步扩大，相应地，民事诉讼监督范围也将进一步扩大。

（二）加强执行监督，实施全方位的精准监督

一是贯彻民法典以人民为中心及平等保护的基本理念，对人民群众反映强烈的违法拍卖、超标的执行、消极执行、错误分配财产、违法处置被执行财产等违法行为加大监督力度。对于消极执行、选择性执行、错误分配财产损害申请执行人利益，违法拍卖、超标的执行、违法处置被执行财产严重损害被执行人的合法权益的，检察机关均应当予以监督，以回应新时代人民群众的司法需求。

二是推动法检两院继续深化信息共享。执行工作的信息化建设既是解决执行难问题的重要手段，也是推进国家治理体系和治理能力现代化的重要一环。目前，最高人民法院、最高人民检察院已就建立全国执行与法律监督工作平台、进一步完善协作配合工作机制达成一致意见。各级检察机关要充分利用信息共享平台在获取案件信息及数据统计方面的优势，加强案件监督的主动化、规范化，对符合依职权监督条件的案件主动启动监督程序，提升监督高度；同时加强数据统计反映出来倾向性、趋势性问题的分析研判，及时发现人民法院在案件执行及管理中存在的问题，积极提出类案监督意见或工作建议，促使法院完善相关制

度,拓展监督深度。

三是加强对民事非诉法律文书执行中违法情形的监督,从源头上促进仲裁和公证严格依法规范进行。要关注和加强对赋强公证债权文书及仲裁调解书的审查监督,增强发现虚假诉讼线索的敏锐性。赋强公证债权文书及仲裁调解是虚假诉讼的多发领域,办案中要注重调查核实,增强发现问题的能力,对涉及虚假诉讼和虚假公证的案件除建议法院不予执行或执行回转外,还应向有关仲裁及公证机构或其主管部门提出监督意见,同时对涉嫌违法犯罪的线索进行移送,推动社会诚信体系建设。

四是坚持监督与支持并重的监督理念,加强检法两院合作,共同推进执行难问题的解决。执行难问题成因复杂,既有客观的执行不能,也有因执行不规范引发的执行难。如何集合各方力量,深化联动机制建设,加强执行难综合治理,需要认真思考积极谋划。一方面要加大对违法执行的监督力度,促进依法规范执行,遏制执行乱;另一方面也要加大对执行工作的支持力度,对于法院采取执行措施正确、当事人申请监督理由不充分的案件,检察机关要旗帜鲜明地支持法院依法执行,耐心向当事人释法说理,维护司法权威和司法公信。对于执行监督中查获的被执行人财产线索及时移送执行法院,将拒执犯罪线索移送侦查机关,共同打击拒执行为。

四、法律思维与法律意识

法律思维是从事法律相关的工作人员一种特定的思维方式,在进行决策的过程中法律人按照法律来考虑,是一种对于问题进行分析解决的思维方式。简单来说,民法典背景下的法律思维就是以民法典为依据分析和思考问题,以民法典规定的法律规则作为标准,综合考察各种法律现象的一种规范性思维。

法律意识是一种比较特殊的社会意识体系,也是一种主观把握方式,可能对法律产生各种心理要素,如理性、情感、意志以及信念等。

民法典背景下，要养成民法典法律思维的习惯，学会用民法典相关内容去思考和看待问题，提高依照法律办事的依赖性和自觉性，为正确适用法律提供思想保证。

"法与时转则治。"法治不会一成不变，司法理念必须与时俱进。民法典有助于提升检察官精准监督的业务水平，以习近平法治思想为指导，领悟法条背后的"法理"，将民法典的精神内涵、基本理念融入检察机关司法办案中，贯穿法律监督全过程，引领检察工作创新发展。

（一）深刻领会民法典的精神内涵，推动检察机关法律监督理念跟进更新

1. 坚持以人民为中心、人民至上

民法典调整规范民事主体之间的人身关系和财产关系，其本身就是以人民为中心发展思想在立法领域的重要制度成果。新时代，人民群众的权利意识和法治观念日益增强，检察办案中要正确理解、贯彻落实好民法典关于人民权益保障的规定，要充分体现平等保护当事人的民事权利，回应人民群众的法治需求。比如，《民法典》第187条规定，"民事主体因同一行为应当承担民事责任、行政责任和刑事责任的，承担行政责任或者刑事责任不影响承担民事责任；民事主体的财产不足以支付的，优先用于承担民事责任"。这被称为"民事责任优先原则"，突出体现了人民至上的立法理念和价值追求。检察办案中要正确理解、贯彻，尤其是办理刑事附带民事诉讼案件，要充分体现依法平等保护当事人的民事权利；办理财产型执行监督案件时，发现未按这一原则处置涉案财产的，要及时提出监督意见。

2. 坚持把社会主义核心价值观融入司法办案

民法典最大亮点之一，就是以立法形式表达、传承社会主义核心价值观。特别是把权利平等、生命无价、人格尊严、保护英烈、公序良俗、诚实守信等价值理念固化为法律规定，体现了鲜明的价值导向。以

贯彻实施民法典为切入点，把社会主义核心价值观作为司法办案的灵魂，融入法律监督全过程，使司法活动既符合法律规范又符合道德标准，促进法治与德治有机融合，更好守护公平正义，弘扬美德善行。

3. 坚持平等保护

平等是民法典的核心原则，是全部民事法律制度的基础。平等保护首先要有观念认同，才可能在检察司法中落实。贯彻平等保护理念，在履行法律监督职责中，坚持平等保护自然人、法人、非法人组织，内资外资、国企民企及大中小微企业等各类民事主体，坚持依法保障企业权益与促进守法合规经营并重；平等保护民事主体的生命健康权、财产安全、交易便利、幸福生活、人格尊严等方面的权利，促进民法典赋予民事主体的各项权利得到切实保障。

4. 坚持用规则和法治引领社会治理

民法典通过体系化的规则对民事主体的权利、义务、风险、责任进行科学规范，注入遵守规则、尊重权利、信守契约、公序良俗等价值元素，为保障契约自由、促进公平竞争、保护交易安全和秩序营造良好法治环境。检察机关立足职能，通过司法办案和检察建议等途径参与社会治理，让人民群众认识到民法典既是保护自身利益的法典，也是必须遵循的规范，增强规则意识，恪守法律秩序和公序良俗，养成法治观念和法治意识。

（二）坚持民法典法律思维、法律意识，深化、落实精准监督

1. 检察机关在贯彻实施民法典中肩负双重责任

既要在办案中严格践行民法典，又要通过法律监督保障民法典统一正确实施。结合贯彻实施民法典，培育、养成权力监督与权利救济相结合的民事检察思维，确立法定性与必要性相结合的民事检察监督标准。民事诉讼监督不仅监督审判权，也是当事人权利救济的重要途径；不仅考虑是否符合监督的法定条件，还要考虑监督的必要性，选择合适的监

督方式。张军检察长指出，民事检察方面，对不支持监督申请的案件，要做好维护司法权威工作，把道理讲清楚，当事人就更容易接受一些。对其中的一些典型性、引领性案件，则要提升精准抗诉的能力。精准抗诉要理解社会需求，掌握法律本意，把握法院类案裁判情况。

2. 坚持精准履行监督职责

民事法律关系纷繁复杂，检察机关要聚焦突出问题，精准履行监督职责，及时监督纠正与民法典精神和规定不相符的司法裁判，维护司法公正和人民群众合法权益。要注重优先选择在司法理念和增强公众法治理念方面有纠偏、创新、进步、引领价值的典型案件，监督一件，促进解决一个领域、一个地方、一个时期民事法治理念和司法理念、政策、导向的问题，充分发挥对类案的指导作用。做到案件事实认定清楚、法律适用正确，在此基础上根据案件具体情况，选择适当的监督方式。

3. 以贯彻实施民法典为契机，提升民事检察官精准监督的业务水平

民法典的颁布实施为民事检察实现精准监督提供了契机。民事检察应当助力民法典的准确有效贯彻实施，学用民法典创新民事检察新理念，坚持将民法典法律思维、法律意识融入民事检察工作中，补齐民事检察短板。

精准监督是尊重民事检察监督的活动规律，取得以点带面放大效应的行之有效的工作方法，是对民事检察应当实施重点监督的精辟概括，是今后一段时期民事检察工作的方向。民事检察人员要主动适应民法典出台给民事检察工作提出的新任务、新要求，以贯彻实施民法典为契机，着力提升民事检察专业化水平。一方面，要自身努力钻研民事法律业务，同时聚焦民事业务能力短板来优化专业培训，通过专业知识的培训、专业方法的掌握、专业技术的运用，着力弥补民事检察知识弱项、能力不足、经验盲区，确保我们的专业素养始终能跟上时代节拍，堪当时代重任。另一方面，要充分借助外脑外力提升民事检察工作品质，为提高全国检察机关办理民事案件质效，实现精准监督，最高人民检察院已建设检察民事行政专家咨询网,并从专业律师、专家学者中选聘咨询专家3000余名。专家咨询网充分贯彻了智慧借助原则,旨在发挥专业律师、专家学者等外脑外力的人才优势作用,提升民事检察工作能力和品质,适时将在全国推广运行。

第四章 精准监督理念指导下民事检察监督制度的构建

第一节 民事诉讼精准监督模式的确立

一、精准监督标准的界定

（一）法定性标准与必要性标准

民事诉讼精准监督应当坚持法定性标准与必要性标准相结合。法定性标准是就民事诉讼监督的依据而言的，主要是指检察机关应当依据《民事诉讼法》第207条的相关规定来审查民事裁判结果和民事审判活动的违法性。必要性标准是就民事诉讼监督的效果而言的，主要是指检察机关应当结合监督的社会效果、裁判作出时的司法政策和社会背景等因素对监督的必要性进行审查，在对相关因素综合考量后再作出是否予以监督的决定。例如，对于终审判决在认定事实或适用法律方面存在一定错误，但实体判决结果正确或者相对公正的，一般不宜进行监督；对于终审判决存在程序瑕疵，但未影响实体判决结果的，一般不宜进行监督；要适当偏重办案的社会效果和政治效果，以能否实现监督的目的来判断，其着眼点不应局限于个案公正，而应立足于整体法律价值的实现；要适当兼顾判决作出时的司法政策以及相关司法政策出台的社会背景，切忌机械监督、就案办案；要适当尊重法官的自由裁量权，对于法官行使自由裁量权有一定的合理依据，但在比例分配方面稍有不当的案件，一般不宜进行监督。

在民法典实施背景下，通过对监督标准的适当把握，把精准监督理念落实到具体的办案工作中。一是要处理好民事诉讼监督的原则性与灵活性之间的关系。民事诉讼监督要做到敢于监督、依法监督、规范监督，同时也要做到善于监督，即要从民事诉讼和检察监督的特点出发，运用恰当的监督方式和方法，正确把握检察监督介入的时机、方式和程度，做到"敢抗"并"抗准"，实现监督的政治效果、社会效果、法律效果的有机统一。二是要处理好审判权监督与矛盾纠纷实质性化解之间的关系。民事检察监督所设置的办案程序，既在于依法监督法院行使审判权，又在于通过监督程序的运转，依法保护当事人的合法权益并实质性地化解双方当事人之间的矛盾。三是要增强息诉意识，并注重开展和解息诉工作。对于不予监督的案件，要加强释法说理，与相关部门分工协作、互相配合，开展服判息诉工作，化解社会矛盾，维护社会稳定和司法权威。

（二）监督标准的适用原则

第一，民事诉讼精准监督不是选择性监督。强调办理在司法理念方面有纠偏、创新、进步、引领价值的典型案件，旨在扩大民事诉讼监督的影响力，有效树立监督权威，并非选择性监督。只要案件符合法律规定的监督条件，均应予以监督，这是民事诉讼监督的原则和底线。精准监督是在"四大检察"发展不平衡、对法院的监督权威尚未有效树立的情况下所采取的一种司法策略，是对当前有限的民事诉讼监督资源的合理运用，是做强民事检察工作的有效途径。

第二，民事案件的典型性不同于刑事案件的典型性。刑事案件往往与人的自由与生命密切相关，其本身易引起关注而成为有影响力案件，监督一案即可达到影响一片、教育社会面的目的。民事案件多与人的经济利益相关，虽然物权、合同、侵权、劳动、公司等民商事领域有着丰富庞杂的法律适用规则，但具体的个案在实践中影响力较小。对此，进行精准监督的思路应当是先从普通个案中总结和发现可能影响一个领域、一个地方、一个时期司法理念与政策导向的问题，进而把案件办成典型性案件，从而发挥对类案的指导作用，切忌根据民事诉讼监督案件的标的大小和社会影响判断案件是否具有典型性。

二、民事诉讼精准监督的方式

理念是指导、引领检察机关办好案件的思想和灵魂。理念要与时俱进、常思常新，因为社会是发展的，司法办案总会遇到新情况。[①] 抗诉、再审检察建议、检察建议、支持起诉等监督方式的充分运用，尤其是检察建议的刚性落地落实，有助于提升民事检察工作的公信力，同维护社会公平正义、维护司法公正、参与社会治理创新、服务经济社会发展有机统一起来，实现司法办案最佳的法律效果、政治效果和社会效果。最高人民检察院《2018—2022年检察改革工作规划》明确了完善抗诉、再审检察建议、纠正意见、检察建议等多元化监督格局。全国人大常委会法制工作委员会在《关于人民检察院在开展民事行政诉讼监督中可否采用提出纠正意见的监督方式问题的意见》（法工办发〔2019〕72号）中指出，抗诉、纠正意见、检察建议的适用范围及其程序，依照法律有关规定执行。民事诉讼法、行政诉讼法以及其他法律未规定人民检察院在行使对民事、行政审判活动和民事、行政执行活动的法律监督职权时可以提出纠正意见，因此，人民检察院不应采取提出纠正意见的方式。

（一）抗诉与再审检察建议的适用范围

关于抗诉与再审检察建议的适用，应坚持精准监督，优先选择在司法理念方面有纠偏、创新、进步、引领价值的典型案件提出抗诉，发挥对类案的案例指导作用，对不具有典型性、确有错误的个案，以再审检

[①] 参见张军：《关于检察工作的若干问题》，载《人民检察》2019年第13期。

察建议的方式促进法院纠正。一是从政策引导方面来看，最高人民检察院在《关于深入推进民事行政检察工作科学发展的意见》中指出："检察机关发现人民法院已经发生法律效力的民事行政判决、裁定确有错误或者发现民事调解书损害国家利益、社会公共利益的，应当提出抗诉或者再审检察建议；不宜提出抗诉或再审检察建议以及不适用再审程序的，可以通过检察建议等方式进行监督。""应当区分不同情形，合理运用提请抗诉和再审检察建议：提请抗诉一般适用于案件比较重大或者裁判确实明显不公、发生了重大错误的情形；再审检察建议主要适用于已经发生法律效力的判决、裁定虽有错误，但实体处理上错误并不严重或突出等情形。"二是从法律规定方面来看，《监督规则》第81条①至第85条对于再审检察建议和提请抗诉的适用情形作出了适当区分。实体法上的"适用法律确有错误"和"审判人员审理该案件时有贪污受贿，徇私舞弊，枉法裁判行为"两种情形，以及在程序上排除了"判决、裁定是经同级人民法院再审后作出"和"判决、裁定是经同级人民法院审判委员会讨论作出"两种情形，一般应当提请上一级人民检察院抗诉，但是，如果检察机关与同级法院协商一致，同级法院愿意自行纠正错案的，那也应当允许同级检察院发出再审检察建议。

从《民事诉讼法》第207条关于监督事由的规定来看，民事裁判结

---

① 《人民检察院民事诉讼监督规则》第81条规定："地方各级人民检察院发现同级人民法院已经发生法律效力的民事判决、裁定有下列情形之一的，可以向同级人民法院提出再审检察建议：（一）有新的证据，足以推翻原判决、裁定的；（二）原判决、裁定认定的基本事实缺乏证据证明的；（三）原判决、裁定认定事实的主要证据是伪造的；（四）原判决、裁定认定事实的主要证据未经质证的；（五）对审理案件需要的主要证据，当事人因客观原因不能自行收集，书面申请人民法院调查收集，人民法院未调查收集的；（六）审判组织的组成不合法或者依法应当回避的审判人员没有回避的；（七）无诉讼行为能力人未经法定代理人代为诉讼或者应当参加诉讼的当事人，因不能归责于本人或者其诉讼代理人的事由，未参加诉讼的；（八）违反法律规定，剥夺当事人辩论权利的；（九）未经传票传唤，缺席判决的；（十）原判决、裁定遗漏或者超出诉讼请求的；（十一）据以作出原判决、裁定的法律文书被撤销或者变更的。"

果的监督事由大致可以分为适用法律错误类、事实认定错误类、程序违法类、审判人员违法类。根据《监督规则》第 83 条①，对涉及适用法律错误类与审判人员违法类监督事由的案件，原则上应当提请上一级人民检察院抗诉。对涉及事实认定错误类和程序违法类监督事由的案件，原则上以向同级人民法院提出再审检察建议为宜，但是以下两种情况除外：一是案件比较重大或者裁判确实明显不公、发生了重大错误的情形，一般应当提请上一级人民检察院抗诉；二是原裁判是经同级人民法院再审后作出的，或者原裁判是经同级人民法院审判委员会讨论作出的，一般应当提请上一级人民检察院抗诉。再审检察建议旨在加强同级监督，合理配置司法资源，解决民行检察业务"倒三角"问题。对涉及事实认定错误类和程序违法类监督事由的案件适用再审检察建议，由同级人民法院在查清事实或认清程序违法性的基础上自行纠错，既有利于发挥同级人民法院在查清事实等方面的相对优势，又有利于减少检察监督过程中的对抗性，符合我国司法权运行的规律和实际情况。

（二）类案监督检察建议

民事诉讼法明确规定了检察建议的监督方式，实现了检察建议监督方式的法定化。依照《民事诉讼法》第 215 条②第 2 款和第 3 款规定，

---

① 《人民检察院民事诉讼监督规则》第 83 条规定："地方各级人民检察院发现同级人民法院已经发生法律效力的民事判决、裁定具有下列情形之一的，应当提请上一级人民检察院抗诉：（一）原判决、裁定适用法律确有错误的；（二）审判人员在审理该案件时有贪污受贿，徇私舞弊，枉法裁判行为的。"

② 《民事诉讼法》第 215 条规定："最高人民检察院对各级人民法院已经发生法律效力的判决、裁定，上级人民检察院对下级人民法院已经发生法律效力的判决、裁定，发现有本法第二百条规定情形之一的，或者发现调解书损害国家利益、社会公共利益的，应当提出抗诉。地方各级人民检察院对同级人民法院已经发生法律效力的判决、裁定，发现有本法第二百条规定情形之一的，或者发现调解书损害国家利益、社会公共利益的，可以向同级人民法院提出检察建议，并报上级人民检察院备案；也可以提请上级人民检察院向同级人民法院提出抗诉。各级人民检察院对审判监督程序以外的其他审判程序中审判人员的违法行为，有权向同级人民法院提出检察建议。"

可以将检察建议分为两种类型：一是第 215 条第 2 款规定的检察建议，适用于对能够通过再审程序纠正的生效判决、裁定和调解书的监督；二是第 215 条第 3 款规定的检察建议，适用于对审判程序中审判人员违法行为的监督。虽然《民事诉讼法》第 215 条没有使用"再审检察建议"这一名称，但鉴于再审检察建议与其他检察建议相比具有一定的特殊性，且已经在实践中探索开展多年，因此，《监督规则》继续沿用了"再审检察建议"名称，以区别于其他类型的检察建议。

检察机关在对类案进行审查的过程中，发现类案中存在的普遍性问题，可以在履行监督职能的同时针对这些问题向有关部门发出类案监督检察建议，促使其开展治理、改进工作，进而有效防范和化解重大风险。类案监督检察建议一方面有利于提高民事检察精准监督的质效，另一方面有利于推动社会治理体系建设，有效防范化解风险，从而把民事检察的制度优势转化为司法治理效能。以民事虚假诉讼监督为例，一是民间借贷领域的虚假诉讼案件，多数存在当事人恶意串通、伪造欠条或借款协议、人为制造转账痕迹等行为，并积极获取人民法院出具裁判文书。如傅某民间借贷纠纷案，郎某将其房屋出售给康某后，面对房价暴涨即欲违约，双方由此产生纠纷诉至法院。一审判决郎某继续履行合同并配合康某过户，郎某不服提出上诉。二审期间，郎某为对抗再次败诉风险，阻却人民法院将其房屋强制执行给康某，在代理律师的指挥、策划下通过多地多次转账，虚构了其向傅某借款 300 万元的事实，继而由傅某对郎某提起民间借贷诉讼。傅某得胜诉判决后，立即申请对涉案房屋进行查封拍卖，致使郎某与康某房屋买卖合同纠纷一案的生效判决无法执行。

二是建设工程领域的虚假诉讼案件，多数表现为承包工程的个人为达到索要工程款目的，通过伪造证据、捏造提供劳务等方式，以农民工名义对其本人和相关单位提起诉讼，以期让相关单位承担连带责任。如许某等七人劳务合同纠纷系列案，挂靠人许某在向被挂靠单位北京某建筑装饰工程有限公司索要20万元工程款未果的情况下，与其妻张某、其子等七人恶意串通，并指使该七人依据捏造的劳务关系及许某伪造的欠薪条、考勤簿、工资表等证据，分别提起诉讼，要求该公司和许某连带给付劳务费。针对民间借贷、建设工程等虚假诉讼高发领域，检察机关应通过发出类案监督检察建议的方式，建议人民法院继续强化虚假诉讼甄别意识和能力，主动加大依职权调查取证力度，对实施或参与虚假诉讼行为的当事人及其代理人，依法采取相关处罚措施，予以惩戒。

三、检察机关"诉中监督"的探索

（一）检察机关"诉中监督"的法律地位

民事检察是否有必要和可能以独立第三方身份参与到民事诉讼中实施法律监督。汤维建教授在《论检察机关对民事诉讼的诉中监督》中对民事检察"诉中监督"划分为依当事人申请再审、依职权、法院通知三种方式参诉，提供了学理上依据。[①]"检察院参与民事诉讼，对当事人的诉权行为既可以起到监督作用，也可以起到保障作用。"[②]"检察机关的诉中监督仍处于与当事人、与法院相平行、相平等的地位，它既不是当事人也不是当事人的代理人，也不是高高在上的纯粹的传统意义上的监督者，相反，无论它执行着何种诉讼职能，它均属于民事诉讼中的一

---

① 参见汤维建：《论检察机关对民事诉讼的诉中监督》，载"中国民商法律网"，http://old.civillaw.com.cn/Article/default.asp?id=46469，最后访问时间：2021年4月15日。

② 汤维建：《论检察机关对民事诉讼的诉中监督》，载"中国民商法律网"，http://old.civillaw.com.cn/Article/default.asp?id=46469，最后访问时间：2021年4月15日。

方独立诉讼主体,其身份是中立的。"① 也有学者提出,构建民事诉讼"三权制衡"的新机制。"所谓三权制衡,是指诉权、审判权和检察权三种权能在各自的范围内合理运行从而形成一种客观上的合力,最终司法公正的一种机制。"② "三权制衡的目的并不在于形成诉权、审判权与检察权的三种权力(权利)的相互制约或者相互牵制的局面,而在于最大限度地释放各自的潜在功能,以实现效率和公平的最终目标。"③

哪些民商事案件适宜检察机关参诉?"例如涉及国有资产处置的案件、涉及公共利益的案件、涉及未成年人或者不具有诉讼能力人的案件、涉及群体性纠纷的案件以及适用特别程序审理的案件,等等。法院还可以根据案件具体情况和需要,依职权决定通知检察院参加诉讼。作为当事人行使诉权的内容之一,在其认为必要时,有权申请检察院参加诉讼,而检察院也应当拥有主动参加诉讼的特定权利。"④ 就此,也有观点认为,"在民事诉讼中,私权是启动民事诉讼的主因和必要条件,有诉权,必有诉权的行使;而民事检察权在民事诉讼中并不是必然介入。但民事检察权一旦介入,其与诉权即存在交叉并存的情况,在行使上存在取与舍、先与后的界限把握"。⑤

(二) "诉中监督"的历史沿革

从人民检察发展历程看,"诉中监督"是人民检察的优良传统,

---

① 汤维建:《论检察机关对民事诉讼的诉中监督》,载"中国民商法律网",http://old.civillaw.com.cn/Article/default.asp?id=46469,最后访问时间:2021年4月15日。

② 赵旭东:《论诉权、审判权、检察权在民事诉讼中的制衡关系》,载《政治与法律》2009年第6期。

③ 赵旭东:《论诉权、审判权、检察权在民事诉讼中的制衡关系》,载《政治与法律》2009年第6期。

④ 赵旭东:《论诉权、审判权、检察权在民事诉讼中的制衡关系》,载《政治与法律》2009年第6期。

⑤ 王莉:《论民事检察权的边界》,载《人民检察》2011年第5期。

应结合民事审判与民事检察实际予以发扬传承。从人民司法走过的历程看，1939年4月，陕甘宁边区政府颁布实施《高等法院组织条例》，将检察职权分为检察长职权和检察员职权①两部分。1946年10月颁布的《检察条例》规定的检察职权分为10项②，与《高等法院组织条例》相比，《检察条例》保留了原有的侦查权、公诉权、公益诉讼权、协助自诉权（并对内容进行细化）；增加了监督权内容，包括违宪行为之监督；违反行政行为之监督。原监督判决之执行，包括刑事判决和民事判决，改变后的规定使得检察人员监督民事判决之执行没有了法律依据。

1943年《晋察冀边区法院组织条例》规定，检察官职权为"实施侦查、提起公诉、协助自诉、实行公诉、担当自诉及指挥刑事裁判之执行；其他法令所定职务之执行"。1948年1月，晋冀鲁豫边区设立审检厅，负责"不服二审民事判决而上诉的案件，不再受理一、二审民、刑案件；死刑案件的复审复判；检举和通缉罪犯"。1947年6月，关东行政公署颁布的《关东各级司法机关暂行组织条例（草案）》规定，关东所有机关、社团，无论是公务人员还是一般公民，对于法律是否遵守之最高检察权，均由检察官实行之。是最接近检察机关为法律监督机关的定位表述。检察官职责为实施侦查、处分，提起公诉，实行上诉，协助自诉，担当自诉人，指挥刑事裁判之执行；其他法令所定职务之执行。

---

① 检察员职权包括八项：案件之侦查；案件之裁定；证据之收集；提起公诉，撰拟公诉书；协助担当自诉；为诉讼当事人或公益代表人；监督判决之执行；在执行任务时，如有必要，得咨询当地军警帮助。检察权可分为四类：侦查权；公诉权；公益诉讼权和协助自诉权；监督判决执行权。

② 检察职权分为十项：刑事法规内之事项；宪法内所规定人民权利义务，经济财政及选举等之违反事项；行政法规内所定之惩罚事项；一般民事案件内之有关公益事项，如土地租佃、公营事业、婚姻等；实施侦察；提起公诉或提付行政处分；协助自诉；担当自诉；指挥刑事判决之执行；其他法令所定职务之执行。

1951年9月,《中央人民政府最高人民检察署暂行组织条例》全面传承《检察条例》规定内容,涉及民事检察"对于全国社会和劳动人民利益有关之民事案件及一切行政诉讼,均得代表国家公益参与之"。修订为"代表国家公益参与有劳动人民利益之重要民事案件及行政诉讼"。上述规范性文件在条文内容、文字表述等上存在差异,但协助自诉,担当自诉,为诉讼当事人或公益代表人,监督判决之执行等规定是一致的。通过提起民事公诉、在民事诉讼中实施监督、民事执行监督等多元形式履行法律监督职能。

随着国家经济社会发展,公民法律意识增强等,民事案件激增;立案登记制改革后案件数量进一步增加。当下,相比民事审判权而言,民事检察权在理念、机制、手段和方法等诸多方面相对薄弱,难以实现对民事审判的有效监督。按照"缺什么补什么"原则,从制度安排角度看,当务之急是补强民事检察权短板,推动刑事、民事、行政、公益诉讼检察工作全面协调充分发展。

(三)"诉中监督"的必要性分析

"所谓诉中监督,在时间维度上就是指在诉讼程序启动后、诉讼结果产生前由检察院所实施的法律监督。"① 本书认为,检察机关适度介入民事诉讼,施行有限的"诉中监督"是必要的。

第一,《民事诉讼法》第14条规定,人民检察院有权对民事诉讼实行法律监督。其中的"民事诉讼"应有之义是指民事诉讼全流程,毫无疑问包括"诉中监督"。依《民事诉讼法》第215条第3款规定,各级检察院有权对审判监督程序以外的其他审判程序中审判人员的违法行为实施法律监督。此规定,即为典型的"诉中监督"规定,主要是指对违法人员的监督。因缺少与之配套的法律规定等原因,该"诉中监督"措施尚未全部落地实施;实务中,司法人员违法监督仍以事后监督为主,

---

① 汤维建:《民事诉中监督的立法进步》,载《检察日报》2013年6月25日。

亟须激发该制度的活力,以彰显立法本意。

第二,《刑事诉讼法》第 8 条规定,人民检察院依法对刑事诉讼实行法律监督。两部法律在监督原则上并无差异,但在监督措施,特别是"诉中监督"部分,差异巨大。刑事检察权包含决定逮捕权、审查起诉权、求刑权、侦查权、审判和刑罚执行监督权等。刑事诉讼流程中的检察监督涵盖立案,一审、二审程序,死刑复核程序,再审程序,刑罚执行程序等。此外,检察机关享有认罪认罚从宽制度主导权。刑事检察权内涵丰富,包括对刑事诉讼实行全流程、立体式的检察监督,刑事检察权的不同权能与不同阶段的检察监督之间可相互借力,相互补漏,形成一组完整的刑事检察监督的权力体系,形成"1+1>2"的组合效应。国家之所以如此配置刑事检察权力,旨在实现审判权、检察权、侦查权之间分工负责、互相配合、互相制约的宪法定位,以保证准确有效的执行法律。

第三,实现构建统一办案业务共享平台,实时把握审判运行态势和规律。如该项改革措施落地实施,民事检察对民事诉讼适度介入实施有效"诉中监督"即具有了现实的基础。

第四,目前,经济社会发展及立案登记制改革,法院每年受理的新类型民事案件及疑难复杂案件数量激增,大城市的中级法院及中心城区的基层法院的民事法官难以应对,案件质量难以保障。为落实中央政法委书记郭声琨提出的"推进加强对民事案件审判的检察监督制度机制建设,对重大案件发挥检察一体化优势,拓宽监督的广度和深度"的工作目标。制度安排上,需进一步细化检察监督手段、方式,赋予民事检察以"诉中监督"权限并明确民事检察、民事审判、诉权三权间的边缘界限。

四、民事案件分类法律监督

民事案件分类法律监督,是指检察机关办理民事案件实行专业化办理，按照一定的分类标准将民事案件分为多种类型案件，某一类案件由民事检察部门某一检察官或者检察官办案组专门负责承办的一种办案机制。构建民事案件分类法律监督机制，由某一检察官或者检察官办案组专门承办某一类型民商事案件的监督职责，可以通过对某一类型案件的专门审查和办理，达到对于此类监督案件的专业法律知识储备和熟练的业务能力，从根本上提高民事诉讼监督能力和监督质效，树立民事检察监督权威。

(一) 理论依据

民事审判活动的要素就是审判权与诉权，追求的目标就是公正与效率。诉权作为救济权，是向法院提出请求的权利，是公民平等享有的宪法权利，包含程序和实体两方面。程序意义上的诉权是指向法院请求行使审判权，实体意义上的诉权是指保护民事权益或者解决民事纠纷的请求，构成了法院审判的对象和既判力的客观范围。司法实践中，当事人行使诉权请求司法救济的民事案件类型（区分为不同的案由）繁多：既有民法范畴的传统民事案件，又有经济法范畴的民事商事案件，还有社会法范畴的民事案件以及介乎民法与行政法意义上的行政协议间的民事案件等。例如，民间借贷与金融借款，同属借款合同，但分属于不同法域，特点、规律不同，适用的法律也不同。金融借款是公民、法人向商业银行借款，受到中央银行法、商业银行法、银行监管法等法律规制，属经济法范畴。在金融领域，国家应对金融市场实施适度干预，中国人民银行享有运用货币政策工具对金融市场调控的权限，强调维护金融市场公平竞争秩序，强调维护国家金融安全，强调金融对国家宏观或微观经济的调节作用等，旨在维护国家经济利益，属公共利益范畴，并不特别强调私权为本理念。民间借贷属民法范畴，强调个人本位，强调当事人地位平等，尊重当事人真实意思表示，尊重当事人作出的程序或实体上的处分决定，强调原则上国家不干预私权等，属于传统意义上的私权范畴。综上,尊重分属于不同法域的民事案件的特点和规律,实行民事案件分类监督指导,符合经济社会活动规律,符合民事审判活动规律和基础法理。

(二)案件数据类型化检视

根据2017—2019年全国民事诉讼监督案件办理情况,2017年全国检察机关共受理民事生效裁判监督案件47006件,排在前5位的案件类型分别为合同纠纷、物权纠纷、劳动争议、侵权责任纠纷、婚姻家庭继承纠纷;① 2018年全国检察机关共受理民事生效裁判监督案件58117件,排在前5位的案件类型分别为合同纠纷、物权纠纷、劳动争议、侵权责任纠纷、婚姻家庭、继承纠纷;② 2019年全国检察机关共受理民事生效裁判监督案件76900件,排在前5位的案件类型分别为合同纠纷、物权纠纷、劳动争议、侵权责任纠纷、婚姻家庭、继承纠纷。③

通过对数据样本的分析可以得出:一是民事检察受理的申请监督案件数量排名顺序分别为借款合同、买卖合同、房屋买卖合同、劳动争议、劳务合同、施工合同,上述案件占全部收案数的50%以上。二是通过对民间借贷数据进行分析,发现近年来民间借贷案件数量激增,排全国法院收案和全国检察监督收案总数第一。三是根据近年来法院的收案数据分析,占比最大的民事案件类型为合同纠纷、婚姻家庭、侵权责任、劳动争议、知识产权权属、侵权纠纷。以此数据样本作为分析基

---

① 数据来源:最高人民检察院第六检察厅统计数据。其中,合同纠纷24856件、物权纠纷5493件、劳动争议5175件、侵权责任纠纷3340件、婚姻家庭继承纠纷2210件。
② 数据来源:最高人民检察院第六检察厅统计数据。其中,合同纠纷33379件、物权纠纷5594件、劳动争议5477件、侵权责任纠纷3480件、婚姻家庭、继承纠纷2248件。
③ 数据来源:最高人民检察院第六检察厅统计数据。其中,合同纠纷48741件、物权纠纷5998件、劳动争议5712件、侵权责任纠纷4388件、婚姻家庭、继承纠纷2575件。

础，在民事检察司法实践中，建立科学、完善的民事案件分类法律监督体系，有利于方便当事人申请民事检察监督，有利于统一民事案件法律监督的法律适用标准，有利于在检察受理环节对民事检察监督案件进行分类管理，是对民法典等民事法律关于民事权益保护相关规定的具体贯彻落实。

(三) 专业化办案组

掌握办理民事检察监督的相关专业知识、把握民事诉讼的运行特点和规律等，需要众多学科知识，需要一定的生活阅历、司法实务经验，还需要经验与知识融会贯通的综合运用能力。学习民法典，不仅要读懂法条的文义内容，还要读懂法条背后的法理、法律精神等，才能在民事检察实践中做到运用自如。为加强民事检察的专业化建设，提高监督水平，提升监督层次，增强检察公信力，根据民事诉讼监督案件的具体分类，可以在民事检察部门内部成立专业化办案组，实行类案办理，精准监督。在四级检察院之中，最高人民检察院、省级检察院、市级检察院一般应当设置四个专业化办案组（目前，市级以上检察院民事检察部门一般具有四名以上员额检察官，一般具备设置3—4个专业化办案组的条件）；县级检察院应根据本地区具体情况进行设置。具体设置专业化办案组时，应当测算本地区案件类型的具体情况以及监督案件的数量大小进行拆分组合。检察实践中，有的地方检察机关打破基层民事检察部门检察官以地域为主的配置模式，实现市以下基层民事检察人员的统筹安排，实行民事检察监督类案专业化办理组，将案件审查与专业化分工结合起来，打破"倒三角"的办案结构，逐步培养一批专业化的办案队伍。

第二节 检察案例指导制度

一、检察指导性案例的功能定位

(一) 检察指导性案例的形成机制

1. 检察案例指导制度溯源

1954年3月,最高人民检察署副检察长在第二届全国检察工作会议上所作的《关于过去检察工作的总结和今后检察工作方针任务的报告》中提出:"从处理各种典型案例中,总结案例,积累经验,使之逐步成为制度。"[1] 这一时期,最高人民检察院将各地上报的案例汇编成《检察业务参考资料》印发各地检察机关,希望各地通过交流,推动检察工作的开展。[2]《最高人民检察院公报》自1989年创刊起即常态化刊布案例的做法,使检察机关的典型案例正式以检察公共产品的形态进入大众的视野。2003年,最高人民检察院发布《关于加强案件管理的规定》,其中要求"每年要组织业务交流和案例研讨,对带有普遍意义的案件进行深入分析,及时编纂和印发对办案工作具有指导意义的案例",案例工作的制度化设计开始萌芽。

2. 检察案例指导制度的建立和发展

2010年,最高人民检察院和最高人民法院先后出台了《关于案例指导工作的规定》,以发挥示范引领作用、促进严格公正司法、保障法律统一正确实施为己任的案例指导制度正式确立。2014年,党的十八届四

---

[1] 闵钐编:《中国检察史资料选编》,中国检察出版社2008年版,第517页。
[2] 参见最高人民检察院办公厅1956年10月编印的《检察业务参考资料》(侦查工作案例之一、之二)。

中全会在《中共中央关于全面推进依法治国若干重大问题的决定》中明确提出"加强和规范司法解释和案例指导，统一法律适用标准"，案例指导工作被写入了党和国家的大政方针。时至今日，无论是最高人民检察院公布的指导性案例、典型案例，还是各级检察机关及其内设业务部门发布的典型案例，都在检察司法实践中发挥着不可或缺的引领作用。2019年修订的《人民检察院组织法》第31条规定，最高人民检察院可以对属于检察工作中具体应用法律的问题进行解释，发布指导性案例。2019年4月，最高人民检察院印发了再次修订的《关于案例指导工作的规定》，标志着检察案例指导制度进一步完善。

（二）检察指导性案例的功能价值

1. 指导性案例是具有中国特色的社会主义司法制度的组成部分

检察案例指导制度是最具中国特色的一种司法制度，其借鉴国外的判例法，但又不照搬判例法。根据宪法和人民检察院组织法对人民检察院的功能定位，人民检察院是国家的法律监督机关，因此，检察案例指导制度应严格限定在法律适用范围内。检察案例指导制度，是顺应中国司法实践提出的迫切需要，也是顺应世界两大法系逐渐融合的发展大趋势，其以制定法为主，以案例指导为辅，在不影响制定法作为主要法律渊源的前提下，借鉴判例法的一些具体做法。2010年7月，最高人民检察院发布《关于案例指导工作的规定》，该规定的出台标志着检察案例指导制度从萌芽走向制度化，既是对过去全国各地检察机关调研工作的总结和终点，更是一个新制度运行的开始和起点。

2. 明确类案法律适用规则，统一法律适用标准

"同案不同判"是我国司法实践中客观存在的顽疾，其不仅对司法统一造成严重破坏，对司法权威和司法公信力也产生重要影响。司法中的案例直接来源于实践，而法律适用的过程就是将抽象的法律条文具体化运用于个案的过程。造成"同案不同判"的原因是多方面的，其中最

重要的原因在于制定法本身的原则抽象而导致的对法律的多元理解以及法律漏洞的存在。"我们生活在一个变幻不定的世界里。现行的法律体系即使适合今天的文明,也不可能满足明日文明的需求。社会是变动不居的。正因为如此,在此变动不居的条件下,法律不可能经久不变……无论我们是否希望变化永远存在。"① 指导性案例是对制定法的弥补,是在制定法缺乏或制定法不明确、有争议的情形下,通过具体案例的方式,解决司法实践中遇到的问题,并为以后类似案件的审理提供指导性依据。案例指导制度的核心是旨在通过"指导性案例"的模本或标本作用,解决"同案不同判"的问题。"寻求法律的静态与动态的协调即法律体系自身的和谐,最终实现法律体系与社会变迁的和谐,就是案例指导制度所具有的实质正义价值。"② 同时,检察指导性案例还契合了新一轮司法责任制改革关于落实"谁办案谁负责,谁决定谁负责"的要求,有助于提高检察办案质效,彰显检察公开公正。

3. 有利于提升民事检察的监督能力

党的十八届四中全会审议通过的《中共中央关于全面推进依法治国若干重大问题的决定》提出,加强和规范司法解释和案例指导,统一法律适用标准。最高人民检察院《2018—2022年检察改革工作规划》明确提出,要创新检察案例指导制度。民事检察部门通过树立"一个案例胜过一打文件"的理念,积极做好优秀案例的征集、初选、报送等工作,通过组织开展优秀案例的评选,对易发、多发问题,疑难复杂案件、有重大影响案件,以及监督点位精确、监督效果优良案件进行收集整理,指导、引领检察机关找准民事检察监督规律特点,促进办案质量提升。案例指导制度是检察官个体经验凝聚成为群体经验在程序上的保

---

① [美]本杰明·N. 卡多佐:《法律的成长——法律科学的悖论》,董炯、彭冰译,中国法制出版社2002年版,第91页。

② 房文翠:《法律统一适用内在约束力研究》,厦门大学出版社2018年版,第181页。

障机制。一方面，案例指导制度是统合检察办案经验的制度保障，有利于实现实体公正和程序公正；另一方面，案例指导制度有利于加强对检察职业共同思维的培养和法律实践技术的训练。各级检察机关民事检察团队通过在办案过程中学习、参照适用指导性案例，进一步统一和规范民事检察监督标准，整体提高民事检察的监督能力，从而实现办案质量变革、效率变革、动力变革，以优质、精准、高效监督推动促进解决一个方面、领域或时期司法理念、政策、导向的问题。

4. 有利于宣传民事检察工作，促进完善社会治理体系

用典型案件引领法治、促进治理是检察办案的更高追求。最高人民检察院于2019年5月21日发布广州乙置业公司等骗取支付令执行虚假诉讼监督案等五件指导性案例（检例第52—56号），以加强指导规范民事虚假诉讼的案件办理，是对"在监督中办案、在办案中监督"等新理念的具体落实。坚持以案释法、以案普法和先进典型宣传为重点，推出一批民事检察工作与服务大局民生相结合的典型案例，通过适应互联网传播大势，推动民事检察宣传媒体融合发展，形成资源集约、协同高效的全媒体宣传工作机制，打造四级检察院宣传矩阵，最大程度地拉近民事检察工作与人民群众的距离，让人民群众切实感受到法治和检察温度，最大程度地提升民事检察宣传的传播力、引导力和公信力。

（三）检察指导性案例与典型案例的关系

一般来说，指导性案例和典型案例均属检察机关案例指导制度中的案例范畴。发布指导性案例如同发布司法解释一样，既是最高人民检察院代表检察机关行使的职权，更是在特定情境下检察机关必须承担的职责；发布典型案例是最高人民检察院领导下级检察院工作的重要形式和加强案例指导工作的重要体现。狭义的典型案例[①]则与指导性案例在制

[①] 典型案例有广义和狭义之分，从广义上讲，指导性案例来源于典型案例，亦可视作典型案例。

发主体、内容、效力等方面存在不同之处。一是在制发主体上，发布指导性案例是法律明确规定赋予最高人民检察院的专有职权，必须经过案例指导工作委员会筛选备选案例、检委会审议备选案例等法定程序，并在最高人民检察院公报和官网正式发布才可生效；而典型案例则可由最高人民检察院和省级检察院的各业务部门在本条线、本辖区范围内发布。二是在内容上，指导性案例涉及事实认定、证据运用、法律适用、政策把握、办案方法等多个方面，对检察机关办理类案具有"准司法解释"的指导意义。典型案例有助于促进法律适用标准统一，总结推广办案经验，为办理类似案件提供参考，是开展对下业务指导的重要方式方法。在解决法律适用疑难方面，发布典型案例与制定修改法律、发布司法解释等其他方式相比，具有及时灵活、生动具体、立体全面的独特优势。三是在效力上，指导性案例具有"应当参照"的效力，具有填补法律和司法解释"空白"，澄清法律适用疑难的特殊功能，可以说，指导性案例中的"要旨"具有"准司法解释"的作用。检索有无类似的指导性案例是办理具体案件的工作要求，是否参照适用等情况应当写入案件审查终结报告，不参照适用的，还应当报请上级检察机关批准；而典型案例则无此效力和工作要求，在办案中仅作为一种参考和借鉴。

二、检察指导性案例的参照适用规则

最高人民检察院《关于案例指导工作的规定》第15条规定："各级人民检察院应当参照指导性案例办理类似案件，可以引述相关指导性案例进行释法说理，但不得代替法律或者司法解释作为案件处理决定的直接依据。"

（一）"类似案件"的判断

对于"类似案件"的判断，从哪些方面或要素进行比较，法学理论界和实务界主要有以下观点：一要素说认为，只有两案在事实上相似即关键事实类似，先例的判决理由才能适用于本案；① 由于待决案件与指导性案例的构成要件相似，所以应用于指导性案例的法律同样可以被应用于待决案件。② 二要素说认为，"类似案件"的相似性比对主要从案件事实构成和所涉法律关系入手；③ 同样案件指在定性分析上确定待决案件的事实与指导性案例的事实在整体性质上是否涉及相同的法律问题，④ 以及在定量分析上看两个案件的具体情节是否可以视为相同。三要素说认为，类似性指与待决案件具有类似因素的案例，包括案件事实、争议焦点、法律关系和争议的法律问题相类似。⑤

本书认为，"类似案例"应指在基本案情和法律适用方面与指导性案例大致类似的案例。首先，《〈最高人民法院关于案例指导工作的规定〉实施细则》第9条明确规定："各级人民法院正在审理的案件，在基本案情和法律适用方面，与最高人民法院发布的指导性案例相类似的，应当参照相关指导性案例的裁判要点作出裁判。"由于最高人民检察院《关于案例指导工作的规定》的实施细则尚未出台，因此，上述规定具有一定的参考价值，即"类似案件"是指待决案件与指导性案例在基本案情和法律适用方面相类似。其次，这种认定也符合指导性案例在司法实践中的适用实际。类似案件的判断，既有事实问题，又有法律问题；既不是单纯的事实比较，也不是单纯从定义、概念出发进行类比的逻辑作业，而更多的是从案件和法律的意义，从法律拟规范的生活事实

---

① 参见何家弘主编：《外国司法判例制度》，中国法制出版社2014年版，第63页。
② 构成要件是具有法律意义、成为法律评判对象的事实，尤其是根据法律确定案件事实性质的关键点或争议点。参见张骐：《中国司法先例与案例指导制度研究》，北京大学出版社2016年版，第198页。
③ 参见孟祥磊、徐平：《论类比推理在案例指导制度中的适用》，载《法律适用》2015年第8期。
④ 参见张志铭：《中国法院案例指导制度价值功能之认知》，载《学习与探索》2012年第3期。
⑤ 参见王利明：《成文法传统中的创新——怎么看案例指导制度》，载《人民法院报》2012年2月20日。

的本质中得出。①

(二)"应当参照"的内涵

最高人民检察院《关于案例指导工作的规定》第15条中各级人民检察院在办理类似案件时"应当参照"指导性案例,可以认为检察机关在办理案件的基本案情和法律适用问题与指导性案例相类似的情况下,应当参考指导性案例归纳的要旨,作出案件处理决定。"参照"的是指导性案例的要旨及其规则、体现的法律价值和精神。最高人民检察院制定关于案例指导工作的规定,其目标在于"促进检察机关严格公正司法,保障法律统一正确实施",在检察案例指导制度的框架内,指导性案例虽然不能具有英美判例法上的法律拘束力,但也不能止于仅仅因检察官的个人意愿而受前案影响的内在说服力上,否则就难以发挥指导性案例的真正价值和作用。应在正确理解指导性案例的基础上,将指导性案例体现的基本法律精神转化为案件办理的精准司法判断。

(三)"参照"的范围

对于指导性案例的参照范围,根据《〈最高人民法院关于案例指导工作的规定〉实施细则》第9条的规定②,其参照范围限于裁判要点。对于检察指导性案例的参照执行,是对整个案例的参照,还是对"要旨"参照执行?本书认为,由于检察指导性案例由标题、关键词、要旨、基本案情、主要争议问题、检察机关监督情况、指导意义、相关规定组成,其中"要旨"部分作为抽象化的规则,类似司法解释的作用,检察指导性案例的参照范围应限于"要旨"部分。因为,如果一个指导

---

① 参见[德]亚图·考夫曼:《类推与事物本质——兼论类型理论》,吴从周译,学林文化事业有限公司1999年版,第91页。

② 《〈最高人民法院关于案例指导工作的规定〉实施细则》第9条规定:"各级人民法院正在审理的案件,在基本案情和法律适用方面,与最高人民法院发布的指导性案例相类似的,应当参照相关指导性案例的裁判要点作出裁判。"

性案例中有几个具有指导价值的要点,但"要旨"中只采纳了其中的一个要点,则说明最高人民检察院只认定该要点具有普遍指导意义。因而,根据检察案例指导制度的规定,要旨是唯一参照部分,不得超越或突破要旨去参照,以此保证司法解释和适用法律的统一性与权威性。

(四)"参照"的方式

根据最高人民检察院《关于案例指导工作的规定》第15条的规定,检察机关应当参照指导性案例办理类似案件,可以引述相关指导性案例进行释法说理。对于参照指导性案例的,应在检察文书中进行释法说理,这符合全方位检察公开的要求,也便于人民群众对检察工作进行监督。但是需要明确的是,根据最高人民检察院《关于案例指导工作的规定》第15条的规定,指导性案例不得代替法律或者司法解释作为案件处理决定的直接依据,因为指导性案例不属于正式的法律渊源,不能在法律文书中作为处理案件的直接依据,只能作为释法说理的论据来引述。

三、检察指导性案例的构建思路

做好新时代检察案例指导工作,应当充分认识检察指导性案例的重要作用,认真贯彻习近平法治思想,以精准监督理念为指导,准确把握检察工作面临的新形势新任务新问题,着力加强检察机关案例指导制度构建。

(一)适时研究制定实施细则

虽然2019年4月最高人民检察院在《关于案例指导工作的规定》中对"应当参照"指导性案例作出明确定,但并未进一步规定违反案例指导制度的后果,也未对参照适用指导性案例的具体条件、方式和效力作出明确规定。应当在适当的时机研究制定最高人民检察院《关于案例指导工作的规定》的实施细则，对指导性案例的效力准确定位，进一步协调好指导性案例与司法解释之间的关系，明确规定指导性案例的效力仅次于司法解释，对同类案件具有事实、制度上的拘束力，可以通过上诉、抗诉、申诉、审判监督等诉讼机制赋予指导性案例"应当"参照适用的效力。并且，适时将指导性案例所确立的法律适用规则通过一定程序上升为司法解释或者规范性文件，以此更好地统一法律适用标准，以达到激活指导性案例活力的效果。

（二）明确指导性案例的判断规则与援引规则

建立案例指导制度的目的是通过规范"同案同判"以保障法律统一正确实施，这里就涉及相似性的判断，只有在"同案"的基础之上，才能参照并适用指导性案例"同判"。相似性判断方法主要是指运用类比推理的方法，通过比较分析待决案件与指导性案例在主要事实、主要法律适用问题以及主要争议问题之间是否具有相似性，只有二者之间具有相似性，才能参照并适用指导性案例，进而实现"同判"的适用效果。如果指导性案例在司法文书中得不到规范正确的援引，案例指导制度将形同虚设。明确指导性案例的判断规则与援引规则，不仅仅是一个技术问题，更是一个制度运行的问题，直接影响到指导性案例效力和作用的发挥。在相关实施细则中，应当详细规定承办检察官在制作工作文书、法律文书时，应查找所办理案件相类似的指导性案例要旨并在相关报告中载明是否参照适用并阐述理由，对于当事人、律师提交指导性案例作为诉讼请求根据的，应当进行书面回应，落实提交检察委员会讨论的复杂疑难案件主动检索指导性案例报告制度。

（三）建立指导性案例数据库

在当前科技条件下，做好检察案例指导工作，离不开数据库的支撑，检察机关应当积极利用信息网络技术，建设智能化的检察指导性案例数据库，实现快捷检索、类案推送、结果比对、数据分析、裁判文书提取等智能化办案辅助。在检察案例收集与检索方面，要借鉴中国裁判文书网、北大法宝、无讼、法信等法律数据库的技术和经验，建立全国检察案例数据库，其中，最高人民检察院案例数据子库包括三类案件：最高人民检察院发布的指导性案例和典型案例、最高人民检察院内设业务部门发布的典型案例。各省级检察院的检察案例数据子库包括三类案件：本省级检察院、本省级检察院内设业务部门和本省地市级检察院发布的典型案例。通过全国检察案例数据库的建设，有助于提高指导性案例的查阅和检索便利，在提升案例的辨识度的基础上，方便检察官、法官、律师、当事人和社会公众的检索和使用。

(四) 建立指导性案例考评激励机制

建立指导性案例激励机制，提高参照适用积极性，应当提高司法人员参照适用指导性案例的收益，同时降低其应用的成本。一方面，完善对检察官办理案件和其他检察业务的质量、效率、效果等的考核评价，将推荐、入选、参照适用指导性案例纳入员额检察官绩效考核系，在检察官职级晋升、评选检察业务专家方面优先考虑，提升检察官创制、应用指导性案例的成就感。另一方面，通过上诉、抗诉、申诉、审判监督等诉讼程序以及上级检察机关案件质量评查监督，强化参照适用指导性案例的刚性。

第三节 精准监督体系化思维考量下的改革路径

一、全方位公开的检察办案机制

对民事诉讼实施精准监督的重要意义在于价值引领，只有最大限度检务公开，向各方当事人告知权利义务和联系方式，畅通各方当事人充分表达诉求的渠道，才能真正实现价值引领的功能。"可以说通过司法公开实现的社会的监督，是目前最符合司法规律，也最能防止司法责任制演变为司法官暗箱操作的措施。"① 近年来，最高人民检察院倡导民事检察实行公开听证，公开检察监督文书，公开民事检察相关业务数据，畅通并拓宽当事人向检察官表达诉求的渠道，疑难复杂案件实行资深律师在线论证或法律专家线下论证等充分公开措施，民事检察在阳光下运行，接受社会各界监督。将民事检察公信力的提升同维护社会公平正义、维护司法公正、参与社会治理创新、服务经济社会发展有机统一起来，实现司法办案最佳的法律效果、政治效果和社会效果的有机统一。

（一）公开审查

公开审查是阳光检务的核心环节，便于公众知晓民事检察权运行模式、检察权行使方式、如何保护公民享有的诉权等，便于社会公众对民事审判权、民事检察权行使情况实施监督。推进公开审查是实现公平正义的重要途径，也是提升民事检察公信力的重要抓手。可以说，公开审查一直是民事检察追求的价值目标。

1. 公开审查的范围和标准

民法调整的是平等主体之间的人身和财产关系，这决定了民事诉讼活动主要解决的是当事人之间的权利义务分配问题，也进一步决定了人民检察院的民事诉讼监督活动应当遵循民法和民事诉讼的基本规律，尊重当事人的意思表示和处分权。对有重大社会影响或者申请人缠诉闹访等民事检察监督案件，经检察机关审查认为确有必要的可以适用公开审查程序的案件，可以公开审查，但对于涉及国家秘密、商业秘密或者个人隐私的、申请人不愿意进行公开审查的以及具有其他不适合公开审查

---

① 龙宗智：《影响司法公正及司法公信力的现实因素及其对策》，载《当代法学》2015年第3期。

情形的案件，则不应公开审查。民事检察部门应明确公开审查的范围和标准，拓宽公开审查的渠道，让人民群众更多地"零距离"接触民事检察，感受司法公正。

2. 公开审查的内容

首先，在案件审查过程中，探索民事检察办案数据及程序信息应全部公开，在案件审结归档后，法律文书、电子案卷数据一般应公开。其次，探索建立公开便民信息机制，依托智慧民事检务建设，搭建微信信息推送平台，将民事检察监督案件流程及办案节点信息自动推送给当事人及其代理人，着力打通民事检察便民服务"最后一公里"，建立智慧民检推送平台。通过深化民事案件公开审查，引导当事人理性选择最终纠纷解决方式和尊重认同民事检察监督结果，让人民群众真正感受到智能化司法带来的便捷高效优质民事检察服务。今后，随着公开审查运行机制的进一步完善，民事检察将逐步实现全流程的公开透明。

（二）法律文书公开

法律文书公开是检察机关追求公平正义的重要举措，检察机关应顺应时代发展，满足人民群众司法需求，让人民群众有更强获得感的现实要求。为切实增强办案的透明度，保障人民群众对检察工作的知情权、参与权和监督权，检察机关应加大文书审查力度，创新公开文书审查方式，不断提升法律文书公开力度。通过强化法律文书公开力度，主动接受社会监督，让司法办案更透明，使民事检察监督更加规范。

首先，转变公开理念，强化民事法律文书公开力度。认真学习贯彻《人民检察院案件信息公开工作规定（试行）》，[1] 引导民事检察办案人

---

[1]《人民检察院案件信息公开工作规定（试行）》第18条规定："人民检察院制作的下列法律文书，应当在人民检察院案件信息公开系统上发布：（一）人民法院所作判决、裁定已生效的刑事案件起诉书、抗诉书；（二）不起诉决定书；（三）刑事申诉复查决定书；（四）最高人民检察院认为应当在该系统发布的其他法律文书。人民检察院不得在案件信息公开系统发布内部工作性文书。"

员树立"应公开法律文书未公开视为案件未办结"的理念,坚持公开为常态、不公开为例外的原则,强化案件信息公开力度。其次,规范法律文书公开程序,提升公开效率。对法院生效判决书、裁定书登记梳理,明确案件信息公开底数,结合流程监控子系统,逐项填写文书类型、承办人、判决生效时间、公开时间等内容,对文书的名称、格式、落款等细节进行检查,保护当事人合法权益,力求公开内容准确无误。

(三) 权力监督与权利救济并重的案件审查模式

"检察权是一项单独的、典型的国家公权力,作为一项以国家强制力为后盾的、以法律监督为制度支持的国家权力。"[1] 民事诉讼监督的本质是检察机关对法院行使审判权的监督,是检察机关对公权力监督的重要内容之一。检察机关进行民事诉讼监督的最终目的在于纠正法院在审判权行使过程中的违法行为及由此带来的不法后果,具体表现为民事裁判结果监督和审判人员违法行为监督。[2] 民事检察应当从监督民事审判权角度出发,一是坚持监督本位,在依法强化民事检察的同时,规范对审判权的监督;二是坚持意思自治原则,依法保障当事人的诉权;三是民事检察权应正当行使,充分履行宪法赋予的检察职能。

民事检察的核心是对公权力的监督,即对法院审判权和执行权的监督,但从业务属性上来讲,民事检察仍是对民事法律问题的判断和民事法律规定的适用问题,并直接涉及当事人合法权益的保护问题。对当事人私权利的救济是检察机关进行审判权监督带来的客观效果。检察机关加强民事诉讼监督,在一定程度上契合了当事人对私权利救济的需求,

---

[1] 孙谦:《中国的检察改革》,载《法学研究》2003年第6期。
[2] 广义上的民事诉讼监督包括民事裁判结果监督、审判人员违法行为监督和执行监督等内容,狭义上的民事诉讼监督仅包括民事裁判结果监督和审判人员违法行为监督。从最高人民检察院检察长张军2018年10月24日在第十三届全国人大常委会第六次会议上作的《最高人民检察院关于人民检察院加强对民事诉讼和执行活动法律监督工作情况的报告》相关表述来看,系采狭义内涵。

但不能据此将检察机关定位为当事人私权利的救济机关，这亦有违"人民检察院是国家的法律监督机关"这一宪法定位。在审查当事人申请监督的个案问题的同时，应聚焦群众反映较为强烈的重点突出问题，依法强化依职权监督，回归民事检察的监督本位。

民事诉讼精准监督并未改变民事诉讼监督的本质，而是对监督标准、监督质效等提出了更高的要求。全面贯彻实施民法典，必须培育权力监督与权利救济相结合的民事检察思维，才能实现对监督标准、监督方式、监督程序和监督机制的变革和重塑，把精准监督的各项要求落到实处。例如，强调民事诉讼精准监督的公权力监督本质，可以为检察机关扩大依职权监督找到法理依据，从而克服目前民事诉讼监督案源过多依赖当事人申请监督所带来的弊端，进而为办理虚假诉讼监督案件和复查案件、实现精准监督的目标提供制度保障。民事诉讼监督不仅监督审判权，也是当事人权利救济的重要途径，要考虑监督的必要性，选择合适的监督方式，以此体现区分原则。

二、案件繁简分流机制

繁简分流是指在民事检察监督领域，以精准监督理念为指导，检察机关对于受理的各类案件按照案件性质的难易繁简程度实行分类办理，适用不同的办案程序的一种办案机制。为了实现精准监督的工作目标，最高人民检察院第六检察厅出台了《关于实行案件繁简分流暂行工作办法》，大力推进繁简分流，分类制定办案流程和评价标准，就所办理的省级检察院提请抗诉案件、最高人民法院诉讼结果监督案件、复查案件实行繁简分流，根据具体情况分别适用简易程序和普通程序，确保繁案精办、简案快办。

（一）案件繁简分流工作机制的深化

实行案件繁简分流，有利于优化司法资源配置，全面促进司法公正，提升司法效能，满足人民群众多元、高效、便捷的纠纷解决需求，维护当事人合法诉讼权益。最高人民检察院制定《2018—2022年检察改革工作规划》，其中针对民事检察工作明确提出："建立繁简分流的办案机制，提高办案效率。"实行案件繁简分流是大势所趋，检察机关应当按照司法责任制综合配套改革的相关要求，深入推进案件繁简分流、轻重分离、快慢分道，使检察官将有限精力真正投入重大、疑难、复杂案件以及在司法理念方面有纠偏、创新、进步、引领价值的典型案件办理中，实现民事诉讼精准监督。例如，四川省检察院出台案件繁简分流办法，明确简易程序和普通程序适用案件类型，探索借鉴"二八定律"，利用20%的人力资源办理80%的简单案件，利用80%的人力资源办理20%的复杂案件，实现简案快审、繁案精审。

（二）案件繁简分流操作规程的细化

目前，正在适用的《关于民事诉讼监督案件简化办理程序的若干规定（试行）》，对繁简分流的规定仍较为原则，缺乏细化的操作规程。下一步，要遵循司法规律推进繁简分流，根据案件事实、法律适用、社会影响等因素，确定案件适当的办理程序，规范完善不同程序之间的转换衔接，做到繁简得当，努力以较小的司法成本取得较好的法律效果。要推进分案环节的甄别分流，科学制定简单案件与复杂案件的区分标准和分流规则，采取随机分案为主、指定分案为辅的方式，实现分案工作有序高效。探索监督文书繁简分流，复杂案件的监督文书应当围绕争议焦点进行有针对性的说理，简单案件推广使用令状式、要素式、表格式等简式法律监督文书，进一步简化说理。

（三）办案司法责任制的优化落实

最高人民检察院制定的《关于完善人民检察院司法责任制的若干意见》强调，要"健全司法办案组织，科学界定内部司法办案权限，完善司法办案责任体系，构建公正高效的检察权运行机制和公平合理的司法责任认定、追究机制，做到谁办案谁负责、谁决定谁负责"①，并对检察长、检察官、检察官助理等各类检察人员的职责权限予以明确规定。②在实行繁简分流的情况下，为落实办案司法责任制，对各类检察人员的职责权限应当予以进一步细化，制定责、权、利清晰明确的正面和负面权力清单，形成各层级检察官行使检察监督权全程留痕的监督制约机制，确保民事检察权内部运行的每个环节都受到监督和制约。

（四）案件审查程序的规范完善

1. 简化调卷程序，建立调阅诉讼卷宗副卷制度

调卷作为检察机关最常用的调查核实手段，这一问题能否得到全面保障将直接关系到调查核实权的行使程度及效果。2010年，最高人民法院办公厅、最高人民检察院办公厅共同印发了《关于调阅诉讼卷宗有关问题的通知》（以下简称《调卷通知》），明确规定了调阅卷宗的程序和条件。《调卷通知》明确规定"人民检察院在办理法官涉嫌犯罪案件、抗诉案件、申诉案件过程中，可以调阅人民法院的诉讼卷宗"，并在第2条中规定"凡是通过查阅、拷贝电子卷、复制、摘录等方式能够满足办案需要的，不再调阅诉讼卷宗"。

2019年7月19日，政法领域全面深化改革推进会明确要求，探索建立检察机关调取法院诉讼卷宗正、副卷审查的制度。民事审判、执行

---

① 参见最高人民检察院《关于完善人民检察院司法责任制的若干意见》。
② 最高人民检察院《关于完善人民检察院司法责任制的若干意见》第17条规定："检察官依照法律规定和检察长委托履行职责。检察官承办案件，依法应当讯问犯罪嫌疑人、被告人的，至少亲自讯问一次。下列办案事项应当由检察官亲自承担：（一）询问关键证人和对诉讼活动具有重要影响的其他诉讼参与人；（二）对重大案件组织现场勘验、检查，组织实施搜查，组织实施查封、扣押物证、书证，决定进行鉴定；（三）组织收集、调取、审核证据；（四）主持公开审查、宣布处理决定；（五）代表检察机关当面提出监督意见；（六）出席法庭；（七）其他应当由检察官亲自承担的事项。"

的一些关键信息均留存在副卷中，为加强对民事诉讼的精准监督，应增加"人民检察院认为确有必要，可以依照有关规定调阅人民法院的诉讼卷宗副卷，并采取严格保密措施"的规定，其中"确有必要"应当界定为指检察机关办理虚假诉讼监督、审判人员违法监督等案件需要进一步了解合议庭讨论意见、审批意见等特殊情形，并强调对于调取的诉讼卷宗副卷，应当采取严格保密措施。

通过繁简分流机制确定办案重点，改变所有案件一律调卷审查、均等用力的习惯做法，对原裁判明显没有错误的监督申请，采用简易程序快速办理，重点对原裁判存在错误可能或者重大疑点案件进行精细审查，做到简案快办、繁案精办。对在司法理念方面有纠偏、创新、引领价值的典型案件要坚决依法予以监督，力求达到"办理一案影响一片"的效果。

2. 严格规范案件办理周期

中止审查，主要是考虑到民事检察的本质是对公权力的监督，与人民法院的审判、执行活动是解决当事人之间的纠纷存在本质区别，出现法律规定的情形之一时，应当由人民检察院在审查案件的过程中根据情况决定是否中止审查。一般而言，民事诉讼监督程序一旦开始，就应当依照程序连续进行，只有在出现某种无法克服和难以避免的特殊情况时才能暂时停止。因此对其他可以中止审查的情形，应当依照足以影响到民事诉讼监督程序继续进行的程度把握。实践中，民事检察部门滥用中止审查条款，导致民事办案周期过长的现象屡有发生，为简化诉讼环节、提高办案效率，此次《监督规则》明确了中止审查的案件适用情形，规定不得滥用中止审查方式不当延长办案期限。

三、以法治思维推进民事检察听证

（一）树立参与社会治理创新的理念

2013年，党的十八届三中全会通过《中共中央关于全面深化改革若干重大问题的决定》,正式提出"完善和发展中国特色社会主义制度,推进国家治理体系和治理能力现代化"的科学命题,同时首次提出"社会治理"概念和"提高社会治理水平"命题,强调"创新社会治理,增强社会发展活力,提高社会治理水平",要求"创新社会治理体制,改进社会治理方式,加快形成科学有效的社会治理体制"。[1] 2014年,党的十八届四中全会通过《中共中央关于全面推进依法治国若干重大问题的决定》,进一步提出"推进多层次多领域依法治理……推进基层治理法治化"[2]的要求。党的十九大报告提出加强与创新社会治理的理念,强调打造共建共治共享的社会治理新格局。习近平总书记在中央政法工作会议上首次提出"社会治理现代化"命题,要加快推进社会治理现代化,努力建设更高水平的平安中国。[3]

社会治理现代化为民事检察工作提供了发展空间,民事检察工作担负着促进公平正义、增进人民福祉的重任,与现代社会治理有高度的契合点。《中共中央关于全面推进依法治国若干重大问题的决定》在"保障人民群众参与司法"的宏观规划中特别提到:"在司法调解、司法听证、涉诉信访等司法活动中保障人民群众参与。"民事检察听证作为司法听证的重要组成部分,也承担着保障人民群众参与司法的功能。张军检察长指出,要做强民事检察工作,进一步拓宽思路、积极作为,将民事检察工作做得更实更富成效。民事检察听证制度可以邀请人大代表、政协委员、人民监督员、居委会代表等社会人士参与,这是检察机关促

---

[1] 《中共中央关于全面深化改革若干重大问题的决定》,载本书编写组编著:《〈中共中央关于全面深化改革若干重大问题的决定〉辅导读本》,人民出版社2013年版,第49—50页。

[2] 《中共中央关于全面推进依法治国若干重大问题的决定》,载本书编写组编著:《〈中共中央关于全面推进依法治国若干重大问题的决定〉辅导读本》,人民出版社2014年版,第28—37页。

[3] 参见张洋:《习近平在中央政法工作会议上强调全面深入做好新时代政法各项工作促进社会公平正义保障人民安居乐业》,载《人民日报》2019年1月17日。

进检务公开、接受人大监督、人民群众监督的有效途径，有利于民事检察工作赢得社会的认可，实现民事检察工作的双赢多赢共赢。重视并不断完善民事检察听证制度，是积极作为、做强民事检察工作的重要组成部分，有助于检察机关规范办理民事裁判结果监督案件。此外，通过充分发挥大数据功能，深入思考如何善于发现、把握和解决好民事诉讼监督案件背后的深层次社会问题，主动强化参与社会治理的路径和方式，灵活采取立法建议、检察建议、法治宣传、调查报告等形式，推进司法解释乃至法律的制定修改和健全完善，向党委政府提出意见建议，逐步促进解决社会面上的问题，推动社会治理法治化、现代化。

（二）民事检察听证的实践根基

近年来，检察机关转变工作方式，深化民事检察公开听证，对于适合开展公开听证的重大、疑难、复杂和当事人矛盾冲突较大的裁判结果监督案件，积极组织公开听证，以听证工作践行新时代"枫桥经验"，切实让人民群众在检察监督办案中感受到公平正义。如内蒙古自治区人民检察院六部向全区下发了《关于在全区开展民事检察听证工作的通知》，要求全区各级院组织开展听证工作，借助各方力量，释法说理，妥善处理案件，化解矛盾。呼和浩特市、呼伦贝尔市、兴安盟、鄂尔多斯市、阿拉善盟等多地召开了29场次案件听证会，部分案件当事人达成和解，部分案件在一定程度上缓解了当事人之间的矛盾。如呼伦贝尔市检察院召开刘某与某公司买卖合同纠纷案公开听证会，邀请当地税务机关的专家参加听证，该专家就当事人争议的税务方面的专业问题进行了专业解答，当事人表示充分理解，对检察官高度重视群众诉求、耐心细致办理案件表示感谢。

对于重大疑难复杂案件，有效运用公开听证，实现精准监督。如嵊州市检察院办理某农贸市场破产程序监督案时，邀请法学专家公开听证，在此基础上发出检察建议，最终促使调整破产分配方案。杭州下城区院办理违法拍卖海域使用权执行监督案时组织公开听证、互联网专家咨询，使监督更加精准。如甘肃省检察院选择争议较大、有影响力的案件通过召开听证会的方式，听取双方当事人及社会各方代表的意见建议，既能让当事人充分表达诉求，尊重和保障当事人的诉讼权利，又能精准确定案件争议焦点，避免民事检察监督审查书面化，扩大民事抗诉公开范围，以公开促公正。以民法典实施为契机，加大听证工作力度，有利于实现司法公开、透明监督，对促进矛盾化解有重大意义。

（三）民事检察听证的程序启动和案件范围

1. 启动民事检察听证程序的决定

民事检察听证程序，是指人民检察院在审查民事诉讼监督案件过程中，依照有关规定，由承办案件的独任检察官或检察官办案组根据案件办理实际需要，在检察机关设置的专门听证场所，按照一定的规则和程序，充分听取各方当事人意见，公开审查核实相关证据、查明案件事实的公开审查活动。《监督规则》第 54 条规定启动民事检察听证的条件，[①] 是检察机关认为"确有必要"时，依职权进行启动。启动听证程序的职权主义，是检察权区别于审判权的重要表现。决定是否启动公开听证程序一般应建立在以下工作的基础上：一是调卷、阅卷；二是通过电话或面谈方式听取当事人意见，进一步了解案情；三是根据案件需要调取相关证据，或依职权进行调查核实；四是独任检察官办案单元或检察官办案组进一步研究案情，综合案情决定是否启动公开听证程序。此外，检察听证前，承办案件的检察官应先围绕申请人申请监督的请求、

[①]《人民检察院民事诉讼监督规则》第 54 条规定："人民检察院审查民事诉讼监督案件，认为确有必要的，可以组织有关当事人听证。人民检察院审查民事诉讼监督案件，可以邀请与案件没有利害关系的人大代表、政协委员、人民监督员、特约检察员、专家咨询委员、人民调解员或者当事人所在单位、居住地的居民委员会、村民委员会成员以及专家、学者等其他社会人士参加公开听证，但该民事案件涉及国家秘密、个人隐私或者法律另有规定不得公开的除外。"

事实与理由和其他当事人答辩意见，结合原一审、二审法院归纳争议焦点的有关情况，归纳申请检察监督阶段案件事实方面的争议焦点，征询双方当事人意见，并根据双方意见对争议焦点进行调整。

2. 案件范围

根据《民事诉讼法》第 137 条①等相关法律和司法解释规定，除涉及国家秘密、个人隐私等依照法律规定不得公开的案件外，其他民事诉讼监督案件一般都可以适用公开听证进行公开审查。对于民事裁判结果监督案件，可以引导在以下几类案件中进行听证。一是拟作出不支持监督申请决定，但存在申诉信访压力的案件。对于这类案件，有必要启动听证程序。在公开的听证程序下，让当事人发表意见，由检察官、听证参与人进行释法说理，进而促成案结事了，化解申诉信访矛盾。二是案情复杂、在事实认定或法律适用方面存在较大争议的案件。为查清案件事实，检察机关可举行听证，让案件双方当事人充分发表意见。同时，借助专家、学者等听证参与人的专业意见，辅助检察机关对案件作出更加准确、恰当的判断。三是涉及国家利益、社会公共利益的案件。这类案件通常属于检察机关需要依职权进行监督的案件，检察机关可以通过启动听证程序，提升监督的社会效果和准确性，增强检察机关的司法公开性和社会参与性，提高人民群众对检察机关司法办案的认可度。四是检察机关拟作出抗诉决定或者再审检察建议的案件。

（四）民事检察听证程序的完善

根据案件具体情况，公开听证程序可以邀请与案件没有利害关系的人大代表、政协委员、人民监督员、特约检察员、专家咨询委员、人民调解员或者当事人所在单位工作人员、居住地居民委员会委员以及专

---

① 《民事诉讼法》第 137 条规定："人民法院审理民事案件，除涉及国家秘密、个人隐私或者法律另有规定的以外，应当公开进行。离婚案件，涉及商业秘密的案件，当事人申请不公开审理的，可以不公开审理。"

家、学者等其他社会人士参加。听证开始前书记员宣布听证纪律，核对当事人及其委托代理人身份，宣读当事人诉讼权利义务。会前准备工作就绪后，书记员宣布全体起立，请检察官入席，向检察官报告听证前准备工作完毕，提请进行听证。

1. 听证调查程序

听证调查一般按照下列顺序进行：一是检察官助理简要宣读一审、二审以及申请再审裁判文书内容；二是申请人陈述申请监督请求、事实与理由；三是其他当事人陈述；四是检察官归纳案件事实方面争议焦点；五是当事人围绕争议焦点进行举证、质证；六是当事人对争议焦点之外的新证据或其他有争议的事实进行举证、质证，并发表相关意见；七是检察官宣布听证调查结束。

听证过程中的举证、质证和认证，在检察官主持下一般根据证据不同情况分别进行：一是一审、二审法院庭审中出示过的证据以及在听证前准备会议中无争议的证据，听证过程中采取列举式、组团式出示，当事人或其委托代理人只要列举证据目录、名称即可，同时对该组证据拟证明的事实简要归纳，发表举证、质证意见；二是一审、二审法院庭审中以及听证前准备会议中未出现的证据，或者当事人新获取的证据，或检察机关调取的证据，应当单独出示，组织各方当事人质证并发表意见；三是在争议焦点之外，当事人有新证据或有其他事实争议的，应当单独进行举证、质证，并发表相关意见；四是检察官可以随时向各方当事人发问，经检察官许可，当事人可以向对方发问。

2. 听证辩论程序

听证制度的设计目的之一，在于权力机关实施的行为可能会损害、改变当事人利益时，通过听证程序听取当事人意见，保障当事人发表意见的权利，[①] 为权力机关的有关行为提供依据。如果在作出决定前不给

[①] 参见张昌辉：《司法听证：群众参与价值及其运作》，载《政法学刊》2017年第4期。

其他当事人发表意见的机会,则不符合民事诉讼法规定的辩论原则,会给其他当事人带来提起案件再审的"突袭"。① 听证辩论一般按照下列顺序进行:一是检察官宣布进入听证辩论阶段;二是双方依次发表辩论意见;三是检察官宣布辩论结束,进入和解与最后陈述阶段。

此外,听证辩论阶段应主要围绕案件法律适用方面的焦点,特别是与争议焦点有关的法律适用问题展开辩论。当事人对事实和证据的认定产生的争议属于听证调查的内容,一般不应作为听证辩论的范围。辩论原则上两轮,如果一方或双方当事人有新的意见,可以开展第三轮辩论。通过听证程序,检察机关向当事人释明查清的新事实、抗诉争议焦点等,让申请人和其他当事人充分发表意见,可以有效提高程序的正当性和抗诉的精准性。

3. 听证结果的采用

第一,对于听证过程中经过举证、质证后检察机关认证的新证据,可以作为检察机关认定案件事实的依据。第二,听证中,除涉及身份关系、国家利益、社会公共利益外,当事人及其代理人承认的对己方不利的事实和认可的证据,可作为认定案件事实的依据,但当事人反悔并有相反证据足以推翻的除外。第三,拟作出不支持监督申请决定的,听证结果可以作为检察机关释法说理和息诉息访的依据。

听证结束后作出审查处理决定阶段主要包含下列内容:一是案件应当经集体讨论,参加集体讨论的人员应当对案件事实、适用法律、处理意见等发表明确意见并说明理由。集体讨论意见应当在全面、客观地归纳讨论意见的基础上形成。集体讨论形成的意见,仅作为员额检察官或者检察官办案组作出决定的参考意见。二是拟作出不支持监督申请决定的,经办案小组或检察官联席会议讨论后,由检察官在职权范围内决定。三是拟提出监督意见或拟提请上级院监督的,经办案小组研究后,

---

① 参见邱联恭:《口述民事诉讼法讲义》(2017年笔记版),元照出版有限公司2017年版,第109—110页。

报分管院领导决定，必要时提请检察官联席会议讨论，或者报分管院领导提请本院检察委员会研究后决定。四是作出决定后，可以进行公开宣告，也可以通过检察专递送达各方当事人。

适用检察公开听证程序一般应注意以下几个问题：一是听证阶段的举证、质证、辩论、发表意见、发问等环节，要平等赋予各方当事人权利。二是听证过程中，当事人有不恰当、不文明或有其他过激言行的，检察官应当立即予以制止。三是检察官任何情况下都可以宣布恢复听证调查，如发现新的证据，或发现前面没有查清的情况等。认为查清后，宣布听证调查结束，恢复听证辩论或最后陈述阶段。四是公开听证原则上一案一次。如确有必要，可视案件审查的需要，再次安排补充听取陈述。

四、坚持强基导向，构建多层次多维度的工作格局

（一）统筹发展"四大检察""十大业务"

1. 全面协调充分发展理念

在 2019 年 1 月 17 日全国检察长会议上，张军检察长指出"检察机关法律监督总体布局将实现刑事、民事、行政、公益诉讼检察并行，检察机关法律监督职能行使将进一步优化"。[①] 为贯彻落实十三届全国人大三次会议决议关于"推动刑事、民事、行政、公益诉讼检察工作全面协调充分发展"的要求，张军检察长强调要坚持党的绝对领导、坚持以人民为中心的同时，针对性要求"推动刑事、民事、行政、公益诉讼检察工作全面协调充分发展"。

"在过去的二十多年里，检察机关以反贪为主为重的现象相当大的范围内存在，导致反贪与其他工作不平衡，首先是刑事检察与民事检

---

① 金园园：《以落实、稳进、提升为检察工作总基调推动各项法律监督工作全面协调充分发展——全国检察长会议述要》，载《人民检察》2019 年第 2 期。

察、行政检察、公益诉讼检察工作发展的不平衡。"① "全面协调充分发展"不是平均,不可能也没有必要做到人员和办案量平均,而是要让"四大检察"都得到充分的发展,发挥应有的作用。

2. 民事检察统筹发展的路径

全国检察机关贯彻实施民法典工作会议上提出了"四大检察"融合发展的理念,要求必须坚持系统性思维,把民法典的精神和原则融会贯通于"四大检察"中。民事检察既要从其他检察业务中借力实现自身高质量发展,也要助力其他检察业务,通过内部衔接、相互耦合,推动"四大检察"融合式发展。对民事检察而言,一是要注重在审判违法监督中加强与有关刑事检察部门的协作与配合,逐步建立案件线索、处理结果双向移送工作机制,明确移送条件、衔接程序、配合方式,实现对事监督与对人监督相结合;二是要在依法监督审判权、救济民事主体合法权益的同时,兼顾社会公益保护,通过加强虚假诉讼监督维护诉讼秩序,增强司法公信力;三是对于刑民交叉、行民交叉案件,要统筹考虑民事责任与刑事责任、行政责任的衔接问题,处理好民事赔偿与刑罚适用、民法保护与行政保护的关系,达到"以民济刑、以行安民、以刑促民"的效果;四是在办理民事检察监督案件中,要创新发展新时代"枫桥经验",善于运用民法典的有关规定和民法基本原理,厘清各方间的法律关系和法律责任,引导当事人在法律框架内达成和解协议,实现案结事了人和。

(二)建立民事检察一体化办案机制

1. 一体化办案机制的实践价值

第一,民事检察一体化办案机制有助于解决整合四级院的办案资源。因同级监督等制度安排原因,裁判结果监督案件数量呈倒三角形,

---

① 谢鹏程、陈磊:《职能深刻调整激发理论研究前行:2018年检察理论研究综述》,载《人民检察》2019年第2期。

案件主要集中在最高检察院、省级检察院；因强制执行一般由一审法院负责，执行监督案件主要集中在基层检察院。因而在工作机制上，统筹条线上的四级民事检察力量，充分发挥不同层级检察机关的优势，相互衔接，相互配合，才能在现有资源基础上取得最佳的监督效果。针对基层检察院办案力量不足、经验缺乏和力度不够等问题，上、下级检察院可以采取整体联动形式，也可以由上级院组织基层院联合办案，集中力量打好攻坚战。对具有重大影响或办案阻力较大的案件，上级院可以进行挂牌督办，分担基层院办案压力。民事检察一体化办案机制有助于整合办案资源，提高办案效率，发挥好基层检察院基础性作用，解决司法办案"倒三角"问题。

第二，民事检察一体化办案机制有助于在延伸监督深度上下功夫。在具体办案中，有助于充分发挥检察机关上下一体化、内部一体化办案机制，围绕审判程序的重点环节、关键节点和人民群众反映强烈的问题开展监督，调查核实错误生效裁判、调解书背后隐藏的审判人员违法和其他犯罪线索，按照规定及时向有关单位和部门移送。如郑州市中原区检察院办理的牛某某、王某某与张某某等6起民间借贷纠纷虚假诉讼监督案，该院刑事检察部门在审查逮捕牛某某等人期间，将可能存在虚假诉讼的案件线索移送民事检察部门审查处理。该院充分运用调查核实权，最终查明牛某某等人以原告身份提起的6起案件均系当事人为实现"套路贷"犯罪目的而恶意制造的虚假诉讼，遂向法院发出再审检察建议，法院全部采纳，改判撤销原调解书。

2. 一体化办案的组织形式

一是组建专案型办案团队，聚合各地区、各层级检察机关民事检察办案力量，是从依靠"单线作战"到重视一体化协作办案的理念转变，也是个案监督高效、精准、统一的重要保障。现阶段，各级院受案范围、审查重点、监督方式均存在诸多差异，而工作模式、思维习惯和监督角度的不同也会产生不同的认知和判断。因此，对跨区域、跨层级、具有重大影响、社会关注度高的案件，由上级院统一指挥、统一调配各地区、各层级的民事检察条线办案力量组成办案团队，有助于最大限度地发挥整体优势。

如四川省成都市检察院出台了《全市民行检察监督一体化办案机制》《全市民事行政检察调查核实工作办法》《虚假诉讼监督办案指引》等，切实加强全市民事检察资源有效整合；高新、锦江、金牛、青羊、武侯、双流、龙泉等基层院率先建立民行案件联动机制，对案件线索移送、协助调查核实、跨区域联合办案、定期通报信息等问题达成沟通共识，打破案件信息壁垒。专案型办案团队的组建，由案件受理院向上级院民事检察部门提出申请，上级院民事检察部门根据个案情况，决定由上级院派员直接参与下级院的案件办理，或指令下级院派员直接参与上级院的案件办理。办案团队人员数量为单数，讨论形成的处理意见，应当报请检察委员会讨论决定。

二是组建法律问题研究团队。民事诉讼案件涉及法律关系纷繁复杂，法律问题层出不穷，对民事检察工作是巨大的挑战。现阶段，各级院民事检察部门办案水平参差不齐，仅依靠自身力量，短时间内很难全面协调充分发展，因此，有必要调动精通业务、善于办理疑难复杂案件的各级院民事检察实务人才参与到法律问题的研究中，并通过统一的动态管理和统筹，提升整体办案水平。组建法律问题研究团队，在全国民事检察人才库中选派成员组成。研究团队不直接参与办案，仅对个案所涉法律问题以座谈和研讨的方式进行研究，有必要的可以要求相关案件承办检察官参加会议并介绍案情。研究团队形成的研究意见，仅供案件承办检察官或办案团队参考，不影响检察官办案独立性。相关监督案例应定期汇编成册，为统一办案标准提供参考。研究团队成员完成选派任务的，工作业绩应列入该检察官年度绩效考核业绩以及人才库成员一案一档的档案资料中。

三是组建类案监督研判团队。类案监督是推进民事检察监督深入发展，提升民事检察监督效果和辐射效应的重要路径。针对同类案件、同类问题、不同判例，组建一类案件研判团队，聚焦热点、集中审理、重点监督，有助于发挥民事检察监督能动性、对事性、普遍性和建设性的特点和优势。省级院民事检察部门根据各级院定期报送的类案监督情况，审定类案问题，确定研究议题。建立宏观指导为主、微观指导为辅的上级检察院监督指导办案模式，运用大数据管理平台，出台季度或年度业务运行态势报告、类案办案工作指引、案例参考智能推送、监督线索信息、审查方法共享等，实现监督指导精准化、信息共享高效化。类案监督研判团队根据研究议题，分设不同的专业小组进行类案评析。各专业小组应致力于通过办案积累同类型案件的实践经验，及时掌握最新法律法规及政策，关注司法实践的新动态及相关判例，并按期完成议题研究报告。类案监督研判团队根据各专业小组的议题研究报告，出具是否需要进行类案监督的评析意见，供民事检察部门参考。

（三）提升民事检察队伍精准监督能力

新时代民事检察工作，对"坐堂办案"的办案模式提出了挑战，开启了与当事人面对面、开放式的办案新模式，增强了检察官司法办案的亲历性，也对检察官能力素质提出了更高要求，倒逼检察官及时更新监督理念，更加透彻、精准地把握案情、分析证据和适用法律，不断提升专业化素养。同时，通过有机融合释法说理等工作，做到以法为据、以理服人、以情感人，促使检察官不断增强群众工作能力、风险防控能力和矛盾化解能力。

1. 以民法典的贯彻落实为契机强化队伍专业化水平

民商事案件因不同性质法律关系划分为不同案由的案件，具有不同的属性、特点和规律，掌握办理民事检察监督的相关专业知识、把握民事诉讼的运行特点和规律等，不仅需要众多学科知识，以及一定的生活阅历、司法实务经验，还需要经验与知识融会贯通的综合运用能力。可以说，民事诉讼和执行活动监督需要很强的民事法律素养、专业知识和实践能力，但部分地区民事检察部门尤其是基层院，民事检察队伍的知识结构不尽合理，民商法专业的人员比例不高，有的对民事审判和民事法律不熟悉，把握法律政策、办理新型案件、释法说理、群众工作等能力不强，高层次、专家型人才匮乏。

学习民法典，不仅要读懂法条的文义内容，还要读懂法条背后的法理、法律精神等，才能在民事检察实践中做到融会贯通，运用自如。要以民法典的贯彻落实为契机，提高民事检察人员的法律监督能力，建设高素质、专业化的民事检察队伍。要区分不同性质民商事案件的规律及特点，有重点地提升民事检察人员的监督能力。组织开展民法典、修订后民事诉讼监督规则专题培训。

2. 基层民事检察监督能力的夯实

基层检察工作是全部检察工作的基础。张军检察长在第十五次全国检察工作会议上强调的，检察工作正在融入、检察人正在经历"时代之变"，必须从基层着手、从基础做强、从基本能力抓起。

一是加强办案组织建设。因受机构编制数量等限制，部分基层院采取了民事行政公益诉讼检察三合一的模式，甚至同时承担其他检察职能，员额检察官配置不足，在统筹协调几项工作时难免顾此失彼。部分基层院在检察官员额有限的前提下，也没有专职从事民事检察业务的检察官助理。首先，要根据基层院的实际情况，合理安排人员力量，配齐配强民事检察队伍，市州院要确保民事检察业务有专门的办案组织，基层院要确保至少有 1 名员额检察官专职从事民事检察工作，确保专人专职；[①] 其次，加强人才引进，人才是做好一切工作的前提和基础，当前

---

① 如吉林省院高度重视专业团队建设，对基层院提出了具体要求，就是分三步走，即"369步骤"：第一步，就是要有 3 名员额检察官，以便分别办理承接民事、行政、公益诉讼案件。检察官的数量，可以包括院领导、专委、部门负责人，关键是人要到位。第二步，就是要争取配套到 6 个人。第三步，条件允许的院，加上文员再配到 9 个人，这才能形成 3 个办案组。

要把人才队伍建设作为加强基层民事检察工作的重中之重来抓。积极广纳贤才，以有效的激励和使用机制形成"人才虹吸效应"。

二是强化案例意识。习近平总书记强调，"一个案例胜过一打文件"。一个优秀的典型案例在统一司法认识、传导办案经验、宣传办案成效方面具有重要价值。我们要充分认识典型案例的作用，一要加强对指导性案例的学习应用。深入领会指导性案例蕴含的民事监督办案要领和原则、办案方法、办案思路、办案经验，提升自身的办案能力。二要树立经典案例培塑意识。增强对典型案例的敏感性，对具有典型案例潜质的案件，办案中要按照典型案例的标准，有意识地将相关工作做深做细做实，避免因时过境迁而影响总结提炼效果。三要以办理精品案件为基础，打造优秀的专业化办案团队。要超前谋划，对具备精品案件条件的案件，精案精办、快审快办，办出成效，办成经典。对具备建成优秀专业化办案团队的办案组，要重点培树，配齐配强力量，加强能力培训，发挥办案规范化示范作用。

三是结合工作实际开展各类专题培训，科学设置培训课程，注重政治培训和业务培训有机结合。加强基层民事检察人才队伍建设，狠抓业务培训，以实用、好用为原则，坚持缺什么练什么，差什么补什么，多举措抓好业务培训，努力补强民事检察知识。条件成熟的地区，可以选派干警到法院民事审判庭和执行局跟班学习，通过实战快速提高办案水平。要注意梳理民事检察监督中的热点、难点问题，通过业务讲堂、专题研讨、案例实训、案件评查等多种形式提升办案专业化水平。要推行检察官教检察官培训模式，提升民事检察人员的线索发现能力、调查核实能力和证据甄别能力。有条件的地区可以组织开展模拟办案，选取已办结的典型案件，组织检察官从线索评估、制订调查方案开始，还原办案全过程，增强实战技能。

五、注重系统观念，构建业务数据实时共享机制

强化现代科技成果与民事检察工作的深度融合，充分认识大数据完

整性、开放性和相关性等复杂性思维,① 逐步适应5G、云计算、区块链、物联网、人工智能等新技术带来的民事检察工作应用新空间,提升民事检察工作的智能化水平。主动打破部门界限,通过构建公检法大数据办案平台等途径,实现数据驱动、人机协同、跨界共融的民事检察智能化办案模式,把人工智能的客观精准性与检察官的主观能动性有机结合起来,把司法办案科学决策和案件预警风险有机结合起来,避免案件事实判断偏差和法律适用认知错误,推动民事检察司法办案由单向管理转为双向互动,由经验思维向数据思维转变,大幅度提高司法办案的质量和效率,不断增强民事检察工作的前瞻性和规律性。同时,利用智能化手段形成集检察宣传、检务公开、检察服务、监督评估、理论实务研究等功能于一体的民事检察公共服务平台,为领导决策科学化、司法办案精细化、公众服务高效化提供有力支持。

(一)民事检察与民事审判数据共享平台

为适应新时代科技革命发展趋势,推进民事检察工作由信息化向智能化发展、由传统办案模式向智能办案模式跃升,应运用智能化手段推动民事检察工作实现跨越式发展。整合检察统一业务应用系统和法院办案系统相关数据,推进实现全国检法民事办案数据的"聚、通、用",着力解决网上调卷、文书送达、裁判结果监督案件数据自动提取等问题,切实提高办案效率,确保各项监督数据及时、准确、完善,为检察机关同步开展民事检察监督提供便利。一方面,及时引入法院的案例数据库。法院的案例数据库经过多年建设,已经颇具规模,并且多数案例与检察工作有关,对于检察官的办案工作可以起到参考或者借鉴作用。本着"开放共享、为我所用"的原则,探索实现"两高"案例数据库互联互通。另一方面,以推进全国跨部门大数据办案平台为契机,与审

---

① 参见卞宜良:《大数据思维变革对司法裁判的启示》,载《检察日报》2019年4月30日,第3版。

判机关、公安机关共同研发司法大数据可视化分析系统，为统一司法办案标准、案件动态跟踪、自动预判案件风险、服务社会治理创新等方面提供支持。例如，贵州、浙江等省检察机关率先开展与公安、法院的信息互联互通，为开展民事检察监督提供阅卷、法律文书自动生成等方面提供便利。

（二）民事检察与公安部门数据共享平台

民事检察部门与公安部门的数据共享主要体现在虚假诉讼监督领域。虚假诉讼既侵犯真实权利人的合法利益，又浪费司法资源、扰乱正常司法秩序，损害司法公正和司法诚信。党的十八届四中全会《关于全面推进依法治国若干重大问题的决定》明确提出，要加大对虚假诉讼的惩治力度。近年来，全国民事检察部门不断加大虚假诉讼案件查办力度，促使纠正了一批错误裁判，维护了司法权威和司法公信。如威海市院建立虚假诉讼案件办理互联互通机制，在虚假诉讼办案数据化建设上协调公安机关实现刑事数据共享交换、建立全市虚假诉讼线索统一管理机制、借助威海市公共信用信息平台将虚假诉讼行为纳入公共信用信息归集清单，为检察机关虚假诉讼监督案件办理信息化建设拓宽了思路。因办理虚假诉讼监督案件需要，检察机关需要向当事人或者案外人调查核实有关情况。针对虚假诉讼隐蔽性强，调查难度大等问题，近年来，成都市检察机关积极构建"智慧民事"平台，实现与"12309"检务平台、全国裁判文书网、检察统一业务系统等无缝对接，借助信息化手段发现虚假诉讼案件线索，实现数据共享共治。

检察机关发现国家工作人员参与虚假诉讼活动的，应将其违法违纪线索移送有管辖权的机关处理。因此，在监督线索发现机制上，要加快建立与纪检监察机关和职务犯罪侦查部门的线索双向移送机制，找准检察监督的深层次切入口。目前，检察机关依据工作职能和业务需要，积累了一定的外部数据资源或信息查询渠道，线索发现系统可以整合利用这部分资源,把系统筛查出的线索信息与检察机关掌握的外部数据进行关联分析、数据碰撞,改变传统开展调查核实的工作模式,依托信息化、智能化手段的运用,挖掘更多有价值的数据信息。

(三)检察系统数据共享平台

1. 民事检察办案数据一体化信息共享

在民事案件审查中,承办检察官可通过搜索涉案当事人,查询相关案件检察机关审查处理的情况,了解当事人的背景资料,发现引发纠纷的焦点矛盾,对案件予以全面评估。承办检察官也可通过搜索民事检察办案中的同类型案件,查询不同区域、不同时段、同类型案件的办案情况和相关的法律文书等,借鉴办案经验,通过分析、比较和研究找准案件切入点。如安徽省检察机关智能辅助办案系统中,探索建立了基于争议焦点的新型检索方式,目前已经梳理了超过1000个争议焦点,覆盖离婚、民间借贷、房屋买卖、金融借款、物业服务合同、劳动合同、房屋租赁、买卖合同、建筑工程施工合同、生命权健康权身体权纠纷等数十个案由,方便检察官办案参考。

在案件审查过程中,办案数据及程序信息应全部公开,在案件审结归档后,法律文书、电子案卷数据一般应公开,情况特殊的,经受理院分管检察长批准后可以不公开。上级院民事检察部门也可通过平台及时了解下级院的受理情况、办案动态及监督后的反馈情况,从而及时调整指导重点等。再如,河南省新乡市检察院"智慧民行"辅助办案系统,已积累互联网数据40余万条,4000余万份公开裁判文书、120余万条法律法规,实现了大数据与民事检察工作的深度融合。支持检察官快速查看判决文书、相关法律条文、案件关联人物、一审二审关联等基本信息,并从指导性案例、类似案件、裁判法官类案三个维度进行个案的偏离度分析。①

此外，在民事检察类案监督情形下，检察官可通过搜索电子档案资料，全面分析类案监督涉及的个案情况，实现类案梳理和实践研究。如宁波市检察院针对类案监督需要类案数据库的特点，充分运用现代信息技术，自主研发"N+1"检察监督系统，收录120余万份法院生效裁判文书，以类案识别的实质要素或者组合为关键词，即可进行相应检索。例如，在审查沈某控告某基层法院剥夺其代理人资格一案中，发现根据相关规定，沈某在该案中确实不符合诉讼代理人资格，但从沈某称其之前一直可以在法院从事诉讼代理这一线索，通过平台检索，发现由其作为诉讼代理人的案件有百余件。宁波市人民检察院基于此现象并通过进一步数据检索，发现公民违规代理诉讼案件66人1562条案件线索。经交办核查，查明全市有270多起民事诉讼案件中的公民代理不符合法律规定。

2. 检察机关同级职能部门的数据共享

依托统一业务应用系统和电子案卷归档系统，可以实现检察机关各同级职能部门之间的信息共享。如民事检察案件中发现犯罪线索的，民事检察部门与刑事检察部门的信息共享，可以及时了解线索移送后的动态情况，便于跟踪和反馈；对涉及执行、审判人员违法，民事检察部门与控告申诉部门、案件管理部门的信息共享，可以及时发现案件线索，拓展案源；涉及民刑交叉、行刑交叉的案件，各检察部门之间的数据共享，可以便于各部门及时掌握案件情况，形成检察一体化的办案模式。各级职能部门数据信息共享应当设置开放条件，开放内容一般限于数据及程序信息。结论性文书及档案资料需经审批程序后方能访问查看，但不允许下载、打印和复制；此外，系统应保存访问端口记录，一旦发生泄密，即可追根溯源，追究问责。

---

① 参见赵志刚、金鸿浩：《智慧检务概论：检察机关法律监督的科技智慧》，中国检察出版社2018年版，第110页。

第五章　民事诉讼精准监督的立法完善

近年来，民诉监督案件呈现数量持续上升、疑难复杂案件增多、虚假诉讼屡禁不止、息诉化解难度大等特点，人民群众对民主、法治、公平、正义、安全、环境等方面的新期待新需求在民事检察工作中日益凸显。加上现代生活的急剧变化、语言的开放性特质等因素必然加剧了法律的不确定性。"立法能具体尽量具体，能明确尽量明确，以增强法律的可执行性和可操作性，用更精细化的立法调整、引领纷繁复杂的社会关系。"①

第一节　民事检察监督范围和手段的完善

一、对民事调解书的监督与完善

民事诉讼法规定对调解书抗诉和提出再审检察建议的条件是损害国家利益、社会公共利益（以下简称"两益"），但因对"两益"的理解不一，导致检察机关很难按照这一条件提出抗诉或再审检察建议。民事诉讼法明确规定，人民法院调解应当遵守自愿、合法原则，违反自愿原则与合法原则的调解活动也是人民法院对调解书进行再审的法定条件，

---

① 张鸣起：《学习十九大报告重要法治论述笔谈——推进科学立法、民主立法、依法立法，以良法促进发展、保障善治》，载《中国法学》2017年第6期。

检察机关也应当对之监督，但由于上述原因，又难以监督。由于民事诉讼法并未规定人民检察院可以对调解违反自愿原则或者调解协议内容违反法律的情形提出抗诉和再审检察建议，实践中，如果人民检察院发现人民法院作出的生效民事调解书存在违反自愿原则或者调解协议内容违反法律规定的，应当依照对审判程序监督的规定采用检察建议的方式进行监督。同时，在对虚假诉讼的调解案件进行监督时，也遇到了类似的问题。为了解决这一问题，避免对于"两益"的理解争议，建议增加规定："人民检察院发现同级人民法院已经发生法律效力的民事调解书违反自愿原则、调解协议的内容违反法律的，可以参照《中华人民共和国民事诉讼法》第二百零八条、第二百一十五条的规定，向同级人民法院提出再审检察建议，或者提请上一级人民检察院抗诉。"

二、民事检察调查核实权的规制与保障

调查核实是民事诉讼法赋予检察机关的一项重要监督手段。《民事诉讼法》第217条规定："人民检察院因履行法律监督职责提出检察建议或者抗诉的需要，可以向当事人或者案外人调查核实有关情况。"建议结合该规定，对人民检察院调查核实权进一步予以细化。

一是实践中检察机关对当事人反映法院逾期不作出再审裁定、超期不执行、怠于履职等不作为问题，仅凭阅卷和向当事人调查核实，难以准确认定事实以及判断是否存在违法情形，因此建议参考《人民检察院行政诉讼监督规则》第58条规定[①]，明确检察机关根据办案需要可以向

[①] 《人民检察院行政诉讼监督规则》第58条规定："人民检察院因履行法律监督职责的需要，有下列情形之一的，可以向当事人或者案外人调查核实有关情况：（一）行政判决、裁定、调解书可能存在法律规定需要监督的情形，仅通过阅卷及审查现有材料难以认定的；（二）审判人员可能存在违法行为的；（三）人民法院行政案件执行活动可能存在违法情形的；（四）被诉行政行为及相关行政行为可能违法的；（五）行政相对人、权利人合法权益未得到依法实现的；（六）其他需要调查核实的情形。人民检察院不得为证明行政行为的合法性调取行政机关作出行政行为时未收集的证据。"

相关审判、执行人员了解有关情况，听取意见；二是建议增加"向银行业金融机构、不动产登记机构、市场监督管理部门等单位或者个人查询、调取、复制相关证据材料"的规定；三是调查核实的措施种类较多，不同的措施在法律程序的约束方面不同，应当按照检察官权力清单的规定，根据不同情形确定实施调查核实的审批主体。

实践中，调查核实权的行使应当把握以下几个原则：第一，调查核实权的行使应当与公权力监督属性相适应，不应当超越监督职能，为一方当事人收集证据，即调查核实的事项应当与判断人民法院民事诉讼行为是否符合法律规定有关。例如，人民法院对审理案件需要的主要证据，当事人因客观原因不能自行收集，书面申请人民法院调查收集，人民法院未调查收集的，已经可以认定属于违反法律规定的行为，人民检察院不需要行使调查核实权，对当事人申请收集的证据予以收集。第二，调查核实应当是通过阅卷、审查现有材料难以认定或者其他确有必要进行调查核实的情形，才可以行使。第三，调查核实是民事诉讼监督案件的通用手段，在民事诉讼监督案件中，确有必要调查核实的均可采用适当的调查核实措施。

三、民事虚假诉讼监督的强化

《中共中央关于全面推进依法治国若干重大问题的决定》明确提出，要加大对虚假诉讼的惩治力度。近年来，全国检察机关民事检察部门不断加大虚假诉讼案件查办力度，促使纠正了一批错误裁判，维护了司法权威和司法公信。《最高人民检察院第十四批指导性案例》明确指出，虚假诉讼的民事调解有其特殊性，此类案件以调解书形式出现，从外表看是当事人在处分自己的民事权利义务，与他人无关，但其实质是当事人利用调解书形式达到了某种非法目的，获得了某种非法利益，或者损害了他人的合法权益。当事人这种以调解形式达到非法目的或获取非法利益的行为，利用了人民法院的审判权，从实质上突破了调解各方私益的范畴，所处分和损害的利益已不仅仅是当事人的私益，还妨碍了司法秩序，损害了司法权威，侵害了国家和社会公共利益，应当依法监督。对于此类虚假民事调解，检察机关可以依照民事诉讼法的相关规定提出抗诉。鉴于最高人民检察院指导性案例具有"应当参照适用"的效力，同时为解决检法两院对此问题的争议，建议将该指导性案例所体现的规则上升到司法解释层面，明确规定检察机关对虚假民事调解书可以依法提出再审检察建议或者抗诉。

在此基础上，建议进一步明确"虚假诉讼行为妨害司法秩序，浪费司法资源，损害司法权威和司法公信力，应当认定为损害国家利益、社会公共利益"；增加"当事人通过虚假诉讼获得人民法院民事调解书，人民检察院应当依法进行监督"的规定。此外，由于虚假诉讼案件的特殊性，决定了受害人在举证上的困难。检察机关如果简单适用民事诉讼中"谁主张谁举证"的证据规则来判断是否进行监督，不利于维护司法公正和正常的诉讼秩序。因此建议增加规定检察机关在办理涉嫌虚假诉讼案件中的调查核实义务，有利于引导各级检察机关积极开展调查核实工作，查明案件真实情况，有力打击民事虚假诉讼。

第二节　民事（再审）检察建议程序的立法建议

一、目前存在的主要问题及原因分析

（一）法律法规层面

一是法律规定较为原则，制度刚性不足。《民事诉讼法》第215条规定，检察机关发现生效裁判有第207条规定的十三种情形之一的，或

者发现调解书损害"两益"的，可以向同级法院提出再审检察建议，但对相关工作机制、运作程序、效力保障等未作具体规定，并且由于未明确再审检察建议的法律后果，使再审检察建议不具有强制性，一方面导致部分案件不能进入再审程序；另一方面影响了检察机关提出再审检察建议的积极性，同抗诉相比，再审检察建议的权威性、执行力不足。

二是再审检察建议的适用标准不明确。民事诉讼法明确将再审检察建议作为与抗诉并列的法定监督方式，但第215条对提出抗诉和提出检察建议的情形未进行明确区分。《监督规则》对两者的适用范围进行了适度区分，但这种区分仅是指引性的，并不具有强制效力，对于采用哪种监督方式依赖于监督机关的选择。

三是"再审前置"程序的设置待优化。《民事诉讼法》第216条规定当事人向检察机关申请监督需再审前置，无论是申请同级法院再审还是申请上级法院再审，如果裁定驳回再审申请，则通过再审检察建议这种相对柔和的监督方式进行监督的难度会有所增加。相较于抗诉，再审检察建议不必然启动再审，因此，对于符合抗诉条件的案件，检察机关往往倾向于提出抗诉。

四是再审检察建议的审批程序宜简化。民事诉讼法并未规定再审检察建议必须经检委会决定。《监督规则》规定再审检察建议须经检委会决定，其初衷在于保证再审检察建议工作开展初期的办案质量。经过多年实践，如果不论案件是否疑难复杂，继续要求所有的再审检察建议都要经检委会决定，程序比提请监督更为烦琐，不利于提高办案效率。

（二）制度运行层面

一是案件线索来源匮乏，监督范围不够广。依职权监督案件，是否损害"两益"没有明确的标准，在不涉及刑事案件的情况下，是否符合民事检察的案件受理范围存在分歧，对于部分确有错误的判决裁定无法受理。二是再审检察建议采纳率统计标准需进一步明确。相较于抗诉案件采纳率以抗诉后再审结果是否采纳抗诉意见为标准,法院采纳再审检察建议的再审裁判结果在实体上是否采纳了再审检察建议的内容也应当纳入再审检察建议的评价维度。三是再审检察建议备案制度有待落实。民事诉讼法明确规定再审检察建议需向上级检察院备案,实践中再审检察建议备案制度并未有效开展,存在下级不报或者晚报的情况。四是就案办案,跟进监督意识不强。从办案数据来看,检察机关对再审检察建议的采纳情况分析、跟进不足,多采取一次监督的原则,跟进监督工作未能有效开展,鲜有对法院未采纳再审检察建议后跟进监督提请上级院抗诉的案件。

(三) 检法两院协同机制层面

一是对再审检察建议的受理程序和处理标准不统一。对于检察机关提出的再审检察建议,有的法院由立案庭统一接收,有的由院办公室负责接收,然后再转相关业务庭室办理,部分地方法院并未确定针对再审检察建议的专门性审查处理机构。二是法院立案环节实体审查前置。检察机关将再审检察建议书和相关案卷材料送达法院后,除对案卷材料是否齐全进行程序性审查之外,对案件进行实体审查,在审查后认为"案件裁判确有错误"才启动再审程序。三是受上级法院驳回再审申请裁定的影响。向法院申请再审是当事人向检察机关申请监督的前置程序,人民法院裁定驳回当事人申请后,当事人向检察机关申请监督,法院更倾向按照上级院的裁定对案件进行审查。四是检法两院的部分认识分歧,主要体现在法律关系认定、举证责任分配、法律适用等方面。如虚假诉讼损害"两益"的认定、新证据效力等问题的评判标准不能形成统一认识,在此情况下,法院通常不会采纳再审检察建议。

二、完善民事(再审)检察建议程序的具体路径

一是拓宽再审检察建议的适用范围,扩大检察机关依职权监督的范

围，对"两益"的理解需做扩大解释，明确检察机关对当事人存在虚假诉讼等妨害司法秩序行为的案件应当依职权启动监督程序，并增加兜底条款。二是明确再审检察建议和提请抗诉两种监督方式之间的关系。针对现行法律规定再审检察建议与提出抗诉情形存在重合的情况，研究制定再审检察建议和提出抗诉区分适用工作指引，增加指引的可操作性。三是强化再审检察建议程序规范，在制发再审检察建议过程中要注重办案流程的规范化和文书制作的规范化，同时规范再审检察建议的审查程序、案件讨论程序、审批程序、文书格式、档案标准等，让再审检察建议规范化运行，实现办案规模与监督实效并重。四是增强再审检察建议的说理性，在案件审理过程中，加强再审检察建议法律层面的说理性，参照抗诉书的规范、标准加强文书说理，力争做到语言运用准确、证据分析透彻、法律论证严密，保证再审检察建议的质量，确保问题提到点子上，提高再审检察建议的采纳率。五是加强再审检察建议的备案和跟进监督机制。通过备案制度，上级检察机关及时掌握下级检察机关再审检察建议的发出、回复及采纳情况。检察机关发出再审检察建议后，及时与法院沟通案件办理情况，督促法院按期回复。对于经督促法院仍不回复的情形，应提请上级院抗诉。检察机关在收到"不予再审裁定"后应及时总结研究，对于符合监督条件的，应及时提请上级机关跟进监督，发挥上级院跟进监督作用。六是建议检法两院明确再审检察建议的审查机制。对再审检察建议的适用情形、程序规定、处理方式、证明标准等，应制定详细可操作的规范性文件，对法院受理和审查的具体部门和程序、是否需要提交审委会决定、回复的具体程序、法律效力等进行全面的规定，保障再审检察建议的规范操作。明确再审检察建议不经审委会讨论直接裁定再审，再审检察建议符合受理条件的，人民法院应当裁定再审；确立检察长列席审委会讨论再审检察建议案件，人民法院召开审判委员会讨论再审检察建议案件的，应当通知人民检察院检察长列席；建议法院采纳再审检察建议裁定再审的案件通知检察机关派员出席法庭；建议完善检法两院的考核机制和指标；建议再审裁判文书应体现检察机关在办案中发挥的积极作用，再审判决、裁定应当载明案件来源、审查意见、审查结果、采纳检察建议的情况和法律依据。

第三节　支持起诉制度的立法规范

全国检察机关民事检察部门坚持理念先行，自觉用习近平新时代中国特色社会主义思想指导检察履职，结合贯彻实施民法典的契机，遵循权力监督与权利救济相结合的民事检察思维，主动适应形势变化，主动适应人民群众日益增强的权利意识和法治需求，积极探索完善检察机关民事支持起诉职能。

一、"国家义务与公民权利"框架下的支持起诉职能辨析

从法治国家发展的趋势层面观察，国家义务与公民权利已发展成为法治国家与公民关系的基础，成为助推国家治理体系和治理能力现代化的根本。在"国家义务与公民权利"逻辑架构下，支持起诉职能是检察机关的一项义务。《民事诉讼法》第15条规定："机关、社会团体、企业事业单位对损害国家、集体或者个人民事权益的行为，可以支持受损害的单位或者个人向人民法院起诉。"该条规定是关于检察机关支持起诉职能的原则性规定，《人民检察院组织法》第2条的规定则是法律对检察机关支持起诉职能的一种概括性授权。上述两项规定是检察机关支持起诉职能的法律依据。可以说，支持起诉作为检察机关的一项职能符合宪法、法律的规定。检察机关支持起诉作为检察权的重要权能，从性质上讲，体现了检察机关履行法律监督职能的本质内涵，是检察机关行使法律监督权的根本体现和必要延伸。

习近平总书记强调，全面依法治国最广泛、最深厚的基础是人民；

推进全面依法治国根本目的是依法保障人民权益。支持起诉作为检察机关践行司法为民理念的重要载体，体现了社会现实的要求，具有合理性与必要性。检察机关支持起诉的目的是维护民事权益受损的国家、集体及个人的利益，通过支持起诉帮助当事人排除行使诉讼权利的各种阻碍性因素，将可以通过诉讼解决的民事纠纷，最大限度地纳入诉讼范畴，以此发挥民事诉讼解决矛盾纷争、保护民事主体合法权益的功能。通过支持帮助当事人行使诉权，从而根本上保障当事人合法权益的实现，不仅有利于实现社会的公平正义，更是体现了以人民为中心的发展思想。检察机关有必要从支持起诉入手，逐步参与民事诉讼活动，为监督民事诉讼活动等职能的行使创造条件。

二、检察机关支持起诉的对象和范围廓清

张军检察长指出，对未成年人、农民工、贫困群体等民事主体通过诉讼维护自己合法权利的，要加大支持起诉力度，体现司法温度。检察机关支持起诉在保护弱势群体权益方面发挥着重要的价值。从各国民事诉讼改革的共同发展方向上看，均主张为贫困群体、消费者、环保主义者谋求合法的权利，且更加关注权利的实效性以及权利人行使权利的具体路径。基于此，结合近年来检察机关支持起诉工作，广泛探索对于弱势群体的司法保护，并以此来确定支持起诉的案件范围。在弱势群体合法权益受到侵犯的情形下，由于其自身往往属于风险承受能力、诉讼意识和举证能力较弱一方，合法权益受破坏和受污染环境行为直接侵害的公民个人往往难以提起环境诉讼，在以形式平等为价值目标的民事诉讼框架中，常常处于实质不平等的地位，检察机关支持起诉的目的就在于平衡民事诉讼结构，从而根本上实现民事诉讼的实质平等。

检察实践中，关于弱势群体的范围，可以包括以下几种情形：领取最低生活保障金的；在养老院、孤儿院等社会福利机构中由政府供养的；因自然灾害或者其他不可抗力等原因造成经济困难，无力支付法律

咨询费用的；在城镇务工的农民工；其他确需给予法律支持与帮助的人员。检察机关支持起诉的案件范围可以包括：因拒不支付劳动报酬、社会保险金、人身损害赔偿金等提起民事诉讼的；因追索抚养费、赡养费、养老金、抚恤金、最低生活保障金等提起民事诉讼的；因购买、使用种子、农药、化肥等农业生产资料造成损害而请求赔偿提起民事诉讼的；因预收消费款纠纷由消费者提起民事诉讼的；其他确有必要支持起诉的情形。

三、检察机关支持起诉的制度架构

（一）检察机关支持起诉的原则

一是尊重当事人处分权原则，即在诉讼主体权益确有损害事实且有起诉意愿的情形下，检察机关才能支持起诉；二是尊重审判独立原则，即检察机关在履行支持起诉职能的过程中，不能干扰法院审判权的独立行使；三是穷尽救济原则，即应先建议有关组织支持起诉，其他组织拒绝或者无力支持起诉时才由检察机关介入；四是支持和解原则，即检察机关应将实质化解矛盾纠纷放在首位，将社会调解与检察办案相结合。

（二）检察机关支持起诉的方式

诉前支持是目前实践中检察机关民事支持起诉工作最主要的方式，即通过在民事诉讼前期，对诉讼能力欠缺的一方当事人提供法律方面的支持，以平衡当事人双方的诉讼能力来实质化解纠纷矛盾。民事权利受到侵害而没有得到及时救济的情形，往往自始肇因于权利受害人欠缺向人民法院提起民事诉讼的条件，无法获得司法援助的途径。一方面，检察机关对当事人提起民事诉讼所涉及的法律知识和诉讼内容有针对性地进行讲解研判，帮助其增强运用法律和诉讼途径解决纠纷的能力；另一方面，检察机关在特定条件下可以通过指导当事人收集证据的方式方法，从而补强当事人收集证据的能力；当诉讼主体存在经济困难的情形，检察机关也可通过请求减免诉讼费、申请法律援助、撰写诉讼文书等形式给予当事人适当的支持和帮助。

检察机关支持起诉职能应贯穿于整个民事诉讼全过程。需要注意的是，一般情形下，检察机关不宜依职权主动代替一方当事人调取证据。但在符合民事诉讼法等相关规定的情形下，检察机关可以依法开展调查取证，可以根据案情依法采取查询、调取、复制相关证据材料、询问当事人或者案外人等调查核实措施开展调查活动。在赋予检察机关在支持起诉过程中享有调查核实权的同时，也应有一定的限制。首先，对其调查核实措施应有严格限制，不享有任何特权；其次，调查核实的范围应有一定的限制，即当事人因客观原因不能自行收集的证据；最后，检察机关在支持起诉过程中调取的证据需要经当庭质证才可作为法院裁判的依据。此外，为了确保检察机关支持起诉职能效果的发挥，如在一方当事人不及时履行生效民事判决时，检察机关仍应继续给予诉讼主体一定的法律支持和帮助，对人民法院执行过程进行跟踪监督，以确保支持起诉取得实效，切实维护被支持弱势群体的合法权益。

（三）检察机关支持起诉的程序规制

目前，支持起诉工作尚未形成一套完整科学的程序规范。因此在今后的理论研究与检察实践中，需要从支持起诉工作的程序启动、案件审查办理、出庭支持起诉等多方面加以规制完善，从而统一规范提供法律咨询帮助的方式、支持起诉法律文书类型、出庭等各程序环节。第一，案件受理阶段，检察机关负责控告申诉的部门对案件线索和材料进行形式审查，符合受理条件的，受理并移送负责民事检察的部门进行实质审查。第二，案件审查阶段，检察机关对于支持起诉的案件，应当按一定的标准和原则进行审查，在审查过程中可以采取必要的调查措施，并且应履行一定的告知程序，即检察机关决定支持起诉后应当通知所有利害关系人。检察机关审查后决定支持起诉的，应当制作《支持起诉决定书》，在作出决定后 7 日内，同调查取得的证据材料一并送达受理诉讼的人民法院；检察机关审查后认为对于不符合支持起诉条件的，应当制作《不支持起诉决定书》，应说明不予支持起诉的理由，在作出决定后 15 日内发送当事人。第三，支持起诉的办案期限，在遵循民事检察监督案件办案期限的基础上，综合考量支持起诉案件的特殊性。第四，出庭支持起诉方面，检察机关出庭支持起诉的主要职责是出庭宣读《支持起诉决定书》，对检察机关调取的证据予以出示并予以说明，除此之外不参与法庭审理的其他环节，以保障双方当事人在诉讼权利和诉讼地位方面的平等。

第四节　民事检察和解

"2012 年民诉法修改后，检察监督成为息诉的后端关口，承担了更多的释法说理、化解矛盾纠纷的重要职责，在此过程中，检察机关引导当事人和解息诉，在实践中得到更为广泛的适用。"① 民事检察和解不是民事诉讼监督的方式，但作为民事诉讼监督的一种工作机制，是检察机关在实践中探索出的一种新的纠纷解决方式，符合现代司法理念，是法律监督方式的理性发展，也是检察机关履行职责的必然要求。通过在监督环节上设立利益干预和救济机制，不仅能够降低当事人的诉讼成本，节约司法资源，而且能够有效化解社会矛盾，把民事检察监督转化为社会治理的效能，体现司法温度和检察担当作为。

---

① 王莉：《更新监督理念做好新时代民事检察和解工作》，载《检察日报》2021 年 2 月 24 日，第 7 版。

一、民事检察和解的价值和范式

（一）当事人私权自治的本质要求

检察和解属于司法和解，通过当事人对其争议纠纷的合意解决，调整法院生效裁判决定的当事人之间的实体权利义务。[①] 检察和解，是当事人的意思自治在抗诉阶段具体运用的体现。当事人的意思自治，是一种充分的自治，当事人处分自己诉讼权利和权利，贯穿案件的始终。由于法律文书确定的权利与其他方式设立的民事权利在本质上都是当事人的权利，当事人在法律规定的范围内有权处分，只要不损害社会公益，不侵犯他人合法权益，其处分权应当得到最大限度的尊重和保护。对当事人有和解意愿的，检察机关可以引导当事人自行和解，不能基于息诉服判强行主持和解，检察和解应充分体现当事人的意思自治。

（二）司法效益价值的根本需要

"司法作为国家司法机关的活动，它要求司法机关一方面能以最小的成本支出解决业已发生的违反法律秩序的纠纷，即纠纷能在法律的公平、公正、合理的基础上得到完善的解决；另一方面也要能够保证通过法律的适用，使法律秩序得到正常健康地运转。"[②] 对于法治社会来说，成本和效益的平衡应该成为维持其正常运作的基本尺度。当事人申请监督后，检察机关经过审查，符合条件的启动监督程序，再加上法院再审的时间，整个过程需要一定的办案周期和时间成本。采用检察和解方式解决纠纷，一方面可以避免因为程序烦琐而给当事人带来的诉累；另一方面也能够节约司法资源，提高司法效率。

---

① 参见汤维建：《民事检察法理研究》，中国检察出版社 2014 年版，第 213—216 页。

② 孙林：《法律经济学》，中国政法大学出版社 1993 年版，第 212 页。

（三）完善社会治理体系的重要途径

党的十九大报告提出加强与创新社会治理的理念，强调打造共建共治共享社会治理新格局，努力建设更高水平的平安中国。"在我国目前已经建立的社会矛盾纠纷多元化预防调处化解综合机制中，人民调解、行政调解、司法调解、行业性调解等均属于消解社会矛盾的方式和路径。"① 检察机关通过把握和解决好民事诉讼监督案件背后的深层次社会问题，落实新时代"枫桥经验"要求，融入多元化纠纷解决体系，主动强化参与社会治理的路径和方式，引导人民群众通过检察和解有序参与司法办案，实现从源头上堵塞社会管理漏洞、化解社会矛盾、维护社会和谐稳定等任务。

二、民事检察和解面临的问题与困惑

（一）法律依据不健全

依据现有法律规定，检察机关实现民事法律监督权的方式是抗诉、检察建议等，并没有关于民事检察和解的含义、适用程序等相关制度的明确规定，民事检察和解是在司法实践中逐渐形成的一套制度。一方面，与刑事诉讼法明确规定刑事和解制度不同，② 现行民事诉讼法未明确规定有关民事检察和解的具体条款；另一方面，《监督规则》第51条规定，检察院在办理民事诉讼监督案件过程中，当事人有和解意愿的，可以引导当事人自行和解。根据该规定，当事人自行达成和解是检察机关终结审查的法定事由，未对民事检察和解制度作出明确规定。

---

① 王昱：《用法治思维、法治方式和检察智慧做好民事检察和解》，载《检察日报》2021年2月24日，第7版。

② 《刑事诉讼法》第289条规定："双方当事人和解的，公安机关、人民检察院、人民法院应当听取当事人和其他有关人员的意见，对和解的自愿性、合法性进行审查，并主持制作和解协议书。"

（二）案件范围不清晰

现有法律规定对适用民事检察和解的案件没有明确规定，实践中主要存在以下争议：一是适用民事检察和解办理案件是否包括原审生效裁判无错误，不符合抗诉条件的案件，如法院生效裁判无明显错误，但是当事人系亲属、邻里等关系密切，且存在和解可能的案件；二是适用民事检察和解办理案件是否包括原审生效裁判确有瑕疵的案件，但是不符合抗诉条件的案件；三是适用民事检察和解办理案件是否包括原审生效裁判确有错误，符合抗诉条件但当事人之间能够和解的案件。

（三）适用程序及法律效力不明确

一方面，现有法律规定没有明确民事检察和解的具体程序，检察机关应适用何种程序以及如何救济等问题均不明确。另一方面，检察机关主持下签订的和解协议的效力难以认定，遭遇一方当事人悔约时，司法机关难以追究其法律责任，目前没有任何的强制力可以对违约方施以追责，而执行原判决则对非违约方又不一定公平，非违约方能否依据和解协议重新起诉，这使和解协议效力面临尴尬的处境。

三、明确民事检察协议的效力和案件范围

目前，民事检察和解的法律规定仍不健全，远不能满足司法实践的现实需要，与当前检察机关所承担的深入推进防范化解重大风险的职责不相适应，应进一步在法律法规层面完善检察和解制度，确认和解协议效力，将其纳入多元化纠纷解决体系。

（一）适用民事检察和解的案件范围

建议明确规定以下几类案件可积极促进当事人和解：一是裁判结果虽有错误，但错误部分的数额较小，对当事人的实体权益无重大影响

的;二是裁判结果虽有瑕疵(例如,责任比例划分不当、自由裁量权行使失当等),但并未达到抗诉标准或者抗诉预期效果不甚明显的;三是发生在亲属之间、邻里之间的纠纷,经劝解当事人有和解希望的;四是裁判结果虽然正确但难以执行的,被申请人(胜诉一方)愿意让渡部分权益以换取执行的;五是双方当事人均有和解意愿的其他案件。上述案件适用检察和解程序,不仅有利于化解矛盾纠纷,而且可以节约司法资源,提高司法效率,实现精准监督与案结事了的双向关照。

(二)民事检察和解协议的效力

在案件符合和解条件时,由当事人一方或双方主动向检察机关提起和解申请,检察机关在充分尊重双方当事人意愿的前提下引导双方进行和解。"不能认为民事检察和解是一般民法意义上的民事和解,应与法院调解相区别,也不能等同于执行和解,更不能代替审判和解。"[1] 民事检察和解协议的效力是检察和解制度的核心,民事检察和解协议产生于检察机关的案件审查阶段,具有公权力引导的因素,和解协议履行完毕的,检察机关应当终结审查,就同一事由再次申请监督的,不再受理。检察和解协议的产生本身具有公权力保障的性质,当事人出于对检察机关的信赖才会选择的方式和解,建议在立法上赋予民事检察和解协议强制力,并规定当事人不履行和解协议时的权利救济程序。

---

[1] 张怀才:《从三方面入手规范民事检察和解》,载《检察日报》2021年2月24日,第7版。